“十三五”国家重点图书出版物出版规划项目

U0871772

面向未来的交通出版工程

# 城市道路非常规交叉口优化设计与控制

马万经　赵　靖　著

同济大学出版社
TONGJI UNIVERSITY PRESS

图书在版编目(CIP)数据

城市道路非常规交叉口优化设计与控制 / 马万经，赵靖著. --上海：同济大学出版社，2018.10
"十三五"国家重点图书出版物出版规划项目
ISBN 978-7-5608-7863-8

Ⅰ.①城… Ⅱ.①马… ②赵… Ⅲ.①城市道路—公路交叉—最优设计 ②城市道路—公路交叉—交通控制 Ⅳ.①U412.37

中国版本图书馆CIP数据核字(2018)第249022号

上海市高校服务国家重大战略出版工程项目

**城市道路非常规交叉口优化设计与控制**

马万经　赵　靖　著

责任编辑：陆克丽霞
责任校对：徐春莲
封面设计：陈益平

出版发行　同济大学出版社　　www.tongjipress.com.cn
（上海市四平路1239号　邮编：200092　电话：021-65985622）
经　　销　全国各地新华书店
排　　版　南京新翰博图文制作有限公司
印　　刷　浙江广育爱多印务有限公司
开　　本　787 mm×1 092 mm　1/16
印　　张　11.75
字　　数　293 000
版　　次　2018年10月第1版　　2018年10月第1次印刷
书　　号　ISBN 978-7-5608-7863-8
定　　价　68.00元

# 前　　言

汹涌而来的机动化和城市化，迅速推动着以机动车交通拥挤为典型特征的交通问题在世界范围内愈演愈烈。诚然，越来越多的研究表明，增加供给并不能从根本上解决交通拥堵问题，但提升有限道路资源利用效率的技术和方法，仍具有重要的、不可替代的作用和价值。对于非常规交叉口的探索和研究，正是在这一背景下产生和发展的。

顾名思义，非常规交叉口大多在整体设计布局、交通流通行方式和交通控制模式等方面异于常规交叉口；其核心思想在于通过非常规的设计和控制手段解决常规交叉口的时空资源利用不均衡、不充分问题。该模式不需要拓宽交叉口空间，却能改善交通拥堵，效费比高，灵活性强，因而引起了越来越多的关注。然而，非常规交叉口是本领域较为新颖的研究，目前仅有少数成果发表，且集中在非常规交叉口设计思想的分析、交通流运行组织的逻辑说明（如交叉口各个交通流运行轨迹分析）和揭示该模式下交叉口的通行能力等指标的变化规律等方面。这些研究对于推动新型通行模式的发展起到了重要的作用，然而尚有如下理论问题亟待解决：

(1) 非常规交叉口能够解决什么样的交通拥堵问题，对道路空间条件和交通需求模式有什么要求，对节点、关联干线乃至相关路网有哪些潜在影响，如何准确定量刻画这些影响；

(2) 非常规交叉口下驾驶员会有怎样的反应和行为，反过来，驾驶员的反应和行为对新型模式会有什么影响，如何进行定量分析；

(3) 与传统通行模式相比，非常规模式增加了信号灯，会带来哪些可能的冲突，如何考虑多模式交通流及其随机性，如何实现新型模式空间设计和时间设计的最优化，并适应于交通流的变化。

因此，如何面向多模式交通流，基于交通效率、交通运行可靠性、节能减排和驾驶员适应性等多角度，解析新型通行模式的影响，建立其适应性判别条件，并实现该通行模式的最优化设计，最大程度地发挥其优势并实现其与关联常规交叉口协同运行，有效地预防可能带来的交通拥挤转移或交通安全等问题，是亟待解决的关键理论问题。

自 2007 年以来，研究团队即针对不同类型的非常规交叉口设计和控制方法展开探索。研究工作先后得到了住房和城乡建设部项目“面向节能减排的城市道路交通优化设计关键技术研究”(2015K5006)、霍英东青年教师基金“交叉口新型通行模式适应性与优化方法研究”(151076)和国家自然科学基金“道路交通设计与优化”(51722309)等的资助，在此向住房和城乡建设部、霍英东基金会和国家自然科学基金委致以诚挚的感谢！

本书中的许多想法得益于诸多前辈高屋建瓴的指点，感谢同济大学的杨晓光教授和吴兵教授，感谢美国加州大学伯克利分校的 Carlos F. Daganzo 教授和美国亚利桑那大学的 Larry Head 教授。本书的许多研究得益于我们研究团队中研究生的相关研究，他们极具探索性的工作极大地丰富了本书的内容，在此，向谢涵洲、陆燕、李莉、刘烨、郑喆、黄望月等表示真诚的感谢！

本书试图直面上述那些亟待解决的问题，做出系统而深刻的回答，促进非常规交叉口的理论研究体系的完善，并为其实践应用提供指引和借鉴。

本书在撰写过程中参考了很多研究者的研究成果，所参考的研究成果都列于本书的参考文献中了，在此，也向被引用成果的作者表示衷心的感谢！

非常规交叉口是一个相对新颖的领域，还有诸多问题仍在探索之中。此外，由于作者水平有限，本书中可能存在不少瑕疵，敬请各位读者不吝批评指正。

2018 年 8 月于同济嘉园

# 目　　录

# 第 1 章

# 墨守成规:交通设计的“一定之规”

## 1.1　交通设计的历史

总体来说,道路交通设计理念经历了“空间分离—时间分离—模式分离”三大阶段。在这过程中,早期设计理念和道路形式的发展变化,是为了适应出行需求的增长,并结合社会科技发展水平而产生的结果。随着时代变迁,尤其是进入汽车快速普及并膨胀的时代,对于交通问题产生的影响的严重性和对交通问题重视程度的不断提升,催生了“交通工程学”这门学科的诞生。同时,人们对于交通设施通行能力的认识与深入研究,也推动了真正意义上的交通设计工作的出现。基于功能考虑、面向实际需求与问题优化的交通设计,开始被广泛应用于道路交通设计和建设中。本节根据道路的不同交通形式的发展顺序,回顾其发展历史和应用现状。

### 1.1.1　不分方向的道路

不分方向的道路,是一个不进行任何分离的整体空间。这种形式也是历史发展中最早自发形成的一般道路形式,追溯到远古时期,即人类在同一路径上重复行走所踏成的小径,主要的使用对象是步行者。步行个体所占用的道路空间资源较少、步行速度慢,对于人与人行走时发生的对向冲突能够及时规避。这类不分方向的道路现在大多为生活区域内的低等级道路,主要适用于行人通行和其他交通需求较少的区域。

### 1.1.2　分方向不分转向的道路

随着道路交通工具的发展,人类的代步工具——靠畜力驱动的车辆开始出现,这也促使了真正意义上服务于通行的道路的产生和发展。车辆的发展,本质上来说显著提高了道路上交通个体的通行速度和载运量,进而促进了不同阶段道路交通的发展。与此同时,也使得交通冲突日益加剧。人与车之间、车与车之间的对向冲突所带来的通行效率下降以及交通事故的不断发生,使得道路在使用和管理上开始遵循分方向的原则。如今,这类道路设计形式在交通需求较低、道路空间资源有限的情况下,仍然适用于低等级道路。然而,分方向不分转向的道路,虽然进行了对向交通的分离,但是同一方向上的路权并不明确,对于交叉口转向交通而言仍是混行状态。

### 1.1.3　分转向不分相位的道路

随着道路建设的发展和路网密度的加大,越来越多的相交道路开始出现。道路交叉口处面临的秩序问题和交通冲突复杂程度远远超过路段上的情况，单纯的方向分离所缓解的对向冲突只是问题的一部分，随着车流量的增加，不同方向车辆之间的转向冲突进一步被放大。这就产生了对道路交叉口进行交通设计以缓解转向冲突，提高通行效率的需求。由此，这种道路交通设计在空间上实现了对交通进一步分离，但在时间上仍然没有对其进行控制。这种模式目前仍应用于部分非信控交叉口，在整体交通需求或转向流量较少时使用。

### 1.1.4 分相位不分模式的道路

随着人类科技水平的发展，信号灯的出现使得道路交通设计、管理与控制进入了新的时代。交叉口的转向渠化设计与信号相位的设计相配合，根据交通需求情况，从时间、空间上对各方向的转向交通流进行了适当的分离，能规避掉主要的交通冲突点，维持良好秩序，成为通行效率的良好保障。对于信号控制相位和配时的设计与优化，一直都是研究的热点问题，并且随着软硬件设施的发展而不断创新，被广泛地应用于生活中。这个阶段的道路形式仅是针对汽车进行的设计，并未考虑到实际使用中多种出行模式的存在。

### 1.1.5 分模式道路设计

近现代交通发展，离不开汽车等机动化载运工具的普及与应用。人们对于道路交通设计的理念，往往以小汽车为主体进行考虑和设计，忽略了道路交通中其他重要的参与者。多样化的交通出行模式具有不同的出行特征，道路交通设计也需要考虑多方需求，保障多方效益。在以人为本的理念指导下，科学合理地利用有限的道路资源，对小汽车、公交车、非机动车、行人的通行空间和时间分别设计，才能实现道路交通设计科学化、精细化、人文化的目标。比较常见的一些措施有：根据不同车道用途、车道功能等，对车道的宽度、转角等几何特征进行差异化设计；利用附属设施，如多样化的标志标线、特征鲜明的新型铺装等，完善对不同交通流的引导组织。

## 1.2 交通设计中的“常规”

在交通设计发展过程中，一些设计规则被广泛应用于各种道路及交叉口设计中，成为工程师们在进行交通设计时习以为常的默认规则，根植于设计思想中。但这种所谓的“常规”设计，其合理性却少有人思考并提出质疑。随着社会发展和科技进步，更多的交通设计形式和控制方法开始逐步得到应用和发展，而传统规则带来的局限性也越来越明显。本节对一些交通设计中的“常规”，从空间设计和时间设计两方面进行总结，方便后续对这些设计规则进行辩证的思考。

### 1.2.1 道路空间设计的“常规”

1. 区分进出口道

在道路交叉口处，往往会对相向行驶的车流进行分隔，即通过中央分隔带、标线等措施区分进出口道，通过分离保障了交通秩序和安全。但事实上，在城市用地资源日益紧张的今天，这种设计形式的信控交叉口中，空间资源利用不均衡的现象广泛存在。它是对资源的一种浪费，与道路交通设计的发展趋势与理念相悖。

2. 进口机动车道布置

在布置进口机动车道时,根据车道的功能,通常从道路内侧开始依次布置左、直、右车道,这与转向路径相适应,从道路空间上将转向车流进行了分离。然而,随着转向交通的复杂性加剧,车道功能也更加多样化,如公交专用道、左转掉头车道等,这些车道的使用特性与常规车道有较大区别,传统的车道布置规则并不能很好地适应其发展。

3. 车道功能不可变

一般来说,现有车道功能设计一旦确定,在较长的一段时间内就不会改变,通过标志标线来引导人们出行,这在一定程度上有利于培养人们的出行习惯,规范驾驶行为,保障交通安全。可现实是通过交叉口的交通流的分布往往是不均衡的,通过信号控制达到的优化效果是有限的。固定的车道功能划分,在交通流量变化时适应性差,造成了一定程度的资源浪费。

4. 道路交叉口内部空间未动态利用

进行交叉口内部空间设计时,往往将各种设计作为静态变量,并未考虑其动态利用。过去这一领域受到控制策略和硬件设施等多重限制。随着智能交通的发展,动态的引导策略和先进设施已经能够成熟地运用在实际建设中,相较于静态空间利用,动态空间利用使得道路交叉口利用效率得到了提升。

5. 非机动车通行方式

以往的道路设计中,一般遵循“车本主义”,非机动车和机动车交通往往被安排在同一道路空间内通行,这一通行规则简单,较易被非机动车使用者接受。但是,非机动车通行距离大多相对较短,其实质是属于慢行交通系统,与机动车相比其在交通流特性上存在较大差异,这种同一道路空间内常规的非机动车通行方式使得二者相互干扰,安全性与运行效率低下,同时造成了空间资源的极大浪费。

6. 行人过街横道

行人过街横道作为最普遍的过街设施,无论是在道路交叉口还是路段,适用性均较强。一般道路交叉口通常采用一次过街横道的设计形式,即行人在交叉口内部不停留,一次通过。这种方式虽然路线顺畅,但并不适用于大型及畸形交叉口,也无法适应较为复杂的交通流状况。

### 1.2.2 时间设计的“常规”

1. 机动车

在对交叉口进行信号控制时,单个交叉口的定时信号控制是各种控制方式中最基本的一种方式。

(1) 信号配时的基本内容包括两部分:确定信号相位方案和信号基本控制参数。信号相位常用基本方案,如图 1-1 所示。信号基本控制参数主要包括周期时长和绿信比两个参数。

(2) 信号配时的基本方法,主要包含以下流程:确定信号相位基本方案;确定设计交通量;计算饱和流量;计算配时参数;计算信号交叉口通行能力和饱和度;评估服务水平。到目前为止,在国际上定时信号配时的方法主要有英国的 TRRL 法(也称 Webster 法)、澳大利亚的 ARRB 法以及美国的 HCM 法等。在我国,定时信号配时的方法有“停车线法”和“冲突点法”等。随着研究的不断深入,定时信号配时方法也在被不断改进,使得配时方案更加

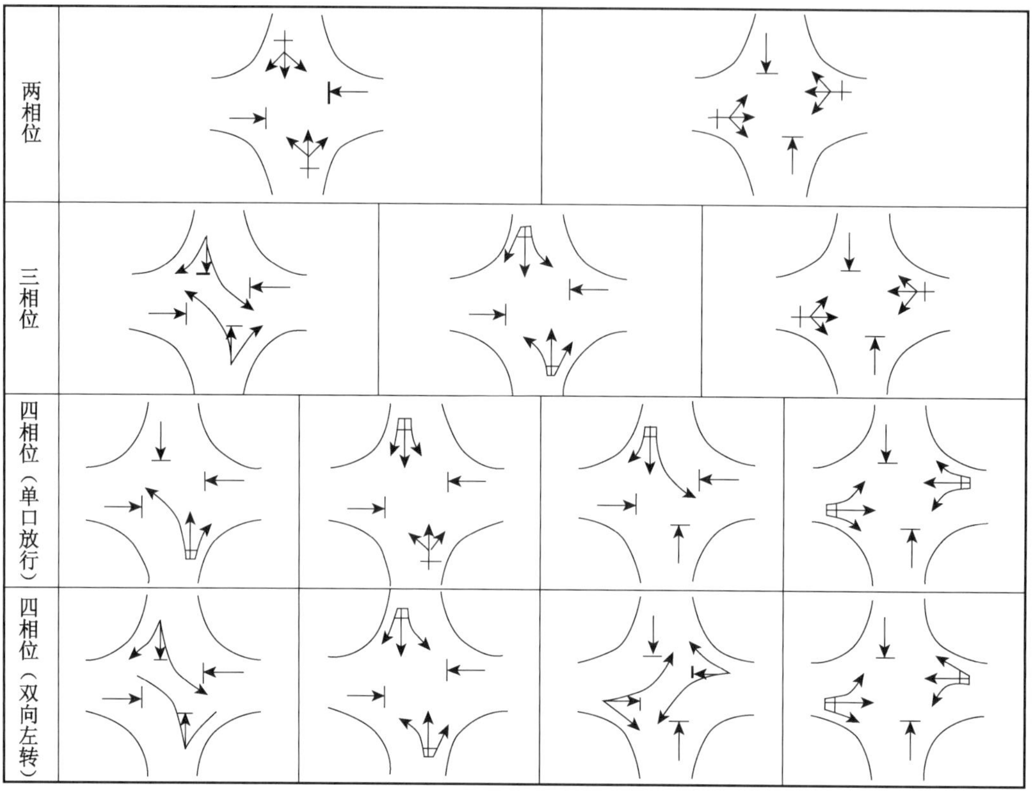


注：⟶ 表示该相位左转时应让直行车先行，即在直行车空档及末尾时允许左转车通行。

图 1-1　信号相位常用基本方案

科学合理。

2. 慢行交通

慢行交通系统是指由非机动车和行人交通等组成的系统，二者交通流特性相对接近。但在进行时间设计时，往往是非机动车与机动车实行同一通行规则，利用同一段时间一起通过交叉口；而行人则利用机动车相位完成过街。这种时间设计分离了本该在交通流组织和管理时应统一考虑的慢行交通流，而对于慢行交通的通行秩序和安全有很大影响的机动车流，却并没能从时间上进行很好的分离来减少冲突，因此存在着很多安全隐患，也降低了交叉口的通行效率。

## 1.3　论规矩的价值

在交通设计中，各种“常规”能够得到广泛的利用，说明这种设计形式自身对于交通的组织和管理是具有积极意义的。结合交通问题的特点与交通参与者的行为特性，本节对交通设计中遵循规矩的价值进行探讨。

### 1.3.1　行为规范化

在交通出行中，不规范的行为比比皆是：机动车超速行驶、闯红灯，右转机动车未礼让行人和非机动车，而非机动车和行人也存在过街闯红灯、不走行人过街横道等行为。不规范的行为所带来的后果，不仅仅是通行效率的降低和秩序的混乱，而是交通事故所带来的安全问题，它的代价是十分惨重的。因而，各种交通法律法规的存在，也是进一步约束人们行为的有利工具。现有的各种常规设计是遵循了这些交通法律法规和设计规范指导的成果，具有很高的应用价值，为人们的交通出行提供了良好的出行环境和合理的出行场景，遵循规矩、规范行为，才能够避免交通问题所带来的严重影响，同时获得良好的通行效益。

### 1.3.2　习惯的力量

交叉口的设计与道路交通参与者的行为特性是息息相关的，二者是相辅相成的。一方面，在不同的设计情境下，驾驶员和行人等道路交通参与者的行为习惯具有相似性，是大致相同的，交通设计应在一定程度上顺应人们的出行习惯，以取得良好的使用效果，这就使得各种设计模式会遵循一定的规则而变得相似。另一方面，在交叉口的设计上，采用较为一致的设计方法，通过相似的设计流程所形成的交叉口设计模式，符合驾驶员驾驶和其他道路交通参与者出行行为的习惯认知，具有较好的适应性，并且有利于进一步加深、培养这种规则意识。总的来说，出行习惯一定程度上确定了设计习惯，而设计习惯进一步培养着出行习惯。

### 1.3.3　管理的难度

然而，不同情境下的环境条件等差异较大，交通需求也是不确定的。交通设计对象的个体差异性，决定了交通设计方案并不是一成不变的。这也对管理者的管理水平提出了较高的要求，需要有合理的方案，并且能够具有较强的适应性。

在管理上，对于机动车来说，电子化、智能化的各种硬件设备以及智能导航等，一定程度上使得驾驶行为能够得到合理的引导；各种监控、驾驶员计分等策略，也能够对驾驶行为起到较好的监管。但是对于非机动车和行人，其出行具有较强的随意性和不确定性，根植的出行习惯很难改变，出行体验非常容易因为设计的改变而受到较大影响，当出行者对设计的合理性不认可时，各种违章、违规的行为也就被催生。但是，在监管和引导方面，对于非机动车和行人却较难管控。

## 1.4　突破“常规”的动力

### 1.4.1　隐藏在常规中的潜力

在前面几节中，通过对现有设计中的“常规”进行总结回顾，我们得以用客观的眼光来看待这些经典设计规则。随着交通设计应用场景的变化和需求的发展，这些常规设计并不能很好地适应新的要求。我们也应看到，常规设计中隐藏着的巨大潜力和可挖掘空间，即通过对时间和空间设计进行创新型的优化组合，进一步提高通行能力，提升运营效益。

例如，在交叉口内部可设置多种形式的左转待行区，直行相位时，左转车辆也可以利用待行区，使得交叉口空间得到充分利用的同时，提高通过效率；而预信号和动态控制的策略，则打破了车道固定功能和固定流向的限制，使得车道能够根据需求的变动得到充分利用；在慢行交通一体化理念的指导下，非机动车二次过街、行人专用相位等设计，使得交叉口非机动车和行人交通流的通行效益及通行安全得到了较好的保障，进而维持了交叉口的整体秩序。这些相关问题的具体方案，将会在接下来的章节中进行详细介绍。

### 1.4.2 一事一议：交通问题的特殊性

交通系统是一个复杂的、变化的系统，每次交通设计方案所面对的设计环境、设计需求都是具有特殊性的，而交通设计方案实施后的交通需求也处于一个不断变化的过程中。交通问题的特殊性决定了交通设计所遵循的规则是有一定的适用范围的，必须结合实际情况进行判断，而并不能随意地强加在设计中。

同时，这种特殊性也为对传统方案进行革新提供了发挥的空间。交通设计需要针对所面对的不同的复杂情景进行考虑和讨论，根据需求“对症下药”，选择最合适、最合理的方案。同时，考虑到管理难度，设计方案虽不盲目追求一致，但也要具有普遍的适应性，这就对交通设计工程师们提出了较高的要求。

### 1.4.3 “变”的代价

在交通设计中进行突破常规的革新，虽然具有提高通行效益等显著优点，但同样也存在着隐患。打破常规的设计，意味着需要重建通行规则，比如慢行交通一体化中，非机动车通行规则，预信号和动态车道中的机动车驾驶规则等发生了变化。这直接挑战着交通参与者习以为常、根深蒂固的出行习惯。对于个体而言，习惯一旦养成，改变起来都十分困难，更何况交通设计方案所面对的是庞大的公众群体。公众对交通设计方案的接受程度和遵守程度，直接影响到了其使用效果。如何培养公众新的出行习惯是一大难题，这不仅需要合理的引导策略，也需要较长的培养时间。在出行习惯的变化过程中，对道路的通行效率反而可能会造成不利的影响乃至一时的混乱，同时也会诱发安全问题。因此，在设计并运用新方法时，我们必须客观看待这些变化所带来的弊端，警惕这些问题，并在设计阶段就尽量规避。

## 参考文献

[1] 杨晓光. 交通设计[M]. 北京：人民交通出版社，2010.
[2] 杨佩昆，吴兵. 交通管理与控制[M]. 5 版. 北京：人民交通出版社，2015.

# 第 2 章

# 移形换位:连续流交叉口

## 2.1　同路不同行

传统信号平面十字交叉口的信号相位一般都是四相位,如图 2-1 所示,第一相位为东西向直行,第二相位为南北向直行,第三相位为东西向左转,第四相位为南北向左转。当本相位方向通行时,其他方向的车辆全部禁行(右转除外)。此时同一进口道到达的直行车流与左转车流在交叉口被信号控制从时间上分离开了,即这两股车流同路但不同行,如图 2-2 所示。

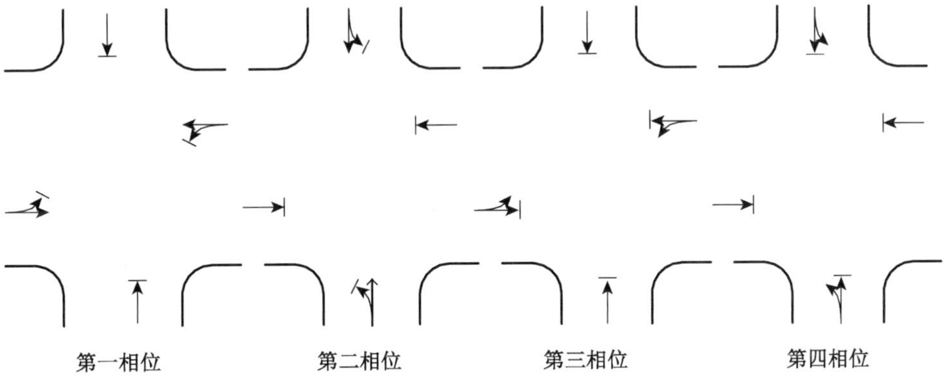


图 2-1　传统信号平面十字交叉口四相位配时

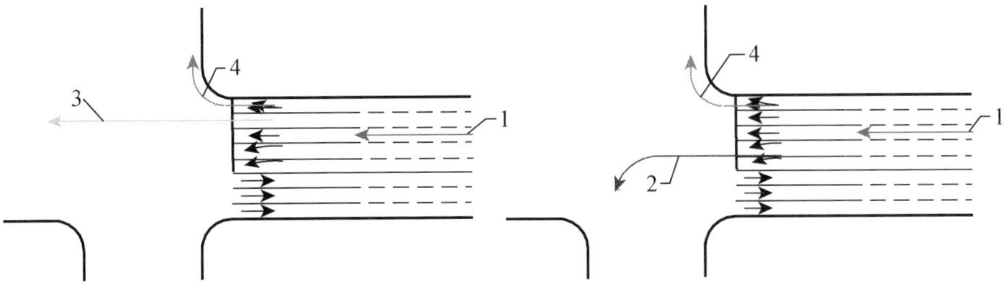


1-进口车流;2-左转进口;3-直行进口;4-右转进口

图 2-2　同路不同行

### 2.1.1　减少干扰的价值

1. 冲突的定义

在平面交叉口安全评价中,交通冲突是指在可观测条件下,两个或两个以上道路使用者在同一时间、空间上相互接近，若其中一方采取非正常交通行为，如转换方向、改变车速、突然停车、交通违章等，除非另一方也相应地采取避险行为，否则会处于碰撞的境地。这一现象被视为平面交叉口的交通冲突。

2. 冲突形式

在平面交叉口，各种车流和人流汇集、分散、相互交织，呈现如图 2-3 所示的三种冲突形式：

(1) 分流：左转车辆在交叉口会与直行车辆或者右转车辆分开形成分流点，如图 2-3(a)所示；

(2) 合流：左转车辆转弯后会与横向的直行车流汇合在一起，驶离交叉口，形成合流点，如图 2-3(b)所示；

(3) 交叉：如直行车辆与横向车辆交叉、直行车辆与左转弯车辆交叉、左转车辆与左转车辆交叉的现象，如图 2-3(c)所示为交叉冲突的一种情况。

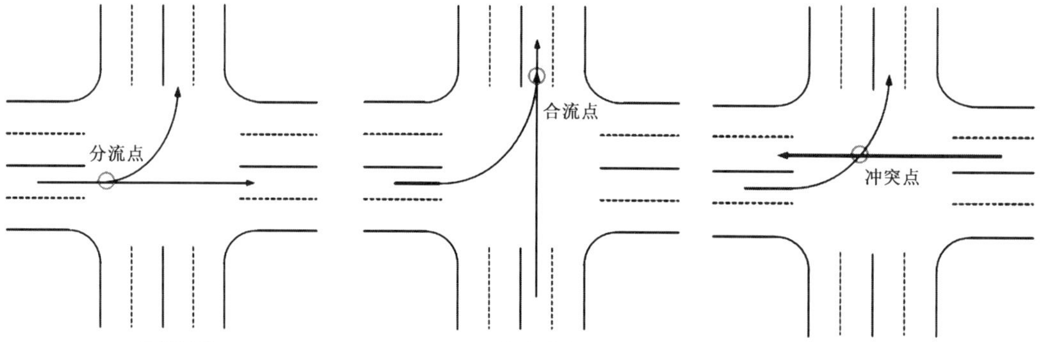

(a) 分流冲突　(b) 合流冲突　(c) 交叉冲突

**图 2-3　冲突形式**

本书把交叉冲突点、分流冲突点和合流冲突点统称为冲突点。冲突点是交通冲突形成的重大要素，即冲突点越多，所发生的冲突越多。在三种冲突点中，分流冲突点的影响最小，交叉冲突点的影响最为突出。因此，减少冲突点对缓解交通冲突、保障交通安全显得十分必要。

3. 冲突点的影响因素

1) 交叉口条件

在平面交叉口，影响交通冲突点的因素很多，如交通流运动方向和运动轨迹(如机动车的大转弯或小转弯)、交叉路口分岔道路条数、分岔道路的走向以及交叉路口区域面积的大小等，它们都会对交通冲突点的数量和分布造成影响。为便于研究，可以从复杂的因素中抽取主要的东西，分析某特定条件下交叉口的交通冲突，从而由特定条件来认识一般交叉口交通冲突的规律。为此，可以假定交叉口的条件如下：

(1) 交通流只作为一种抽象的规定，不限于某种车辆、车型或行人的具体的交通流，且轨迹"冲突点"即认为是交通冲突点；

(2) 交叉路口分岔道路的车道数为双向单车道，以便于研究且能够反映多车道道路交通冲突的规律；

(3) 交通流转向的运动轨迹是确定的，如右转弯交通流的运动轨迹是紧靠路缘石车道的中心线行驶，左转弯交通流的运动轨迹是紧靠交叉口中心的内侧行驶，即按左小转弯轨迹行驶。

2）相交道路的条数

若相交道路均为双车道时，在没有实行交通控制的路口，通过几何作图方法，其交通冲突点的分布可以用以下公式表示：

$$c_f = c_h = n(n-2) \tag{2-1}$$

$$\sum c_j = \frac{n^2(n-1)(n-2)}{6} \tag{2-2}$$

式中　$c_f$—— 分流冲突点数量；

$c_h$—— 合流冲突点数量；

$\sum c_j$—— 交叉冲突点数量；

$n$—— 交叉口相交道路条数。

对于三路交叉口(图 2-4)：

$$\sum c_j = \frac{3^2(3-1)(3-2)}{6} = 3$$

对于四路交叉口(图 2-5)：

$$\sum c_j = \frac{4^2(4-1)(4-2)}{6} = 16$$

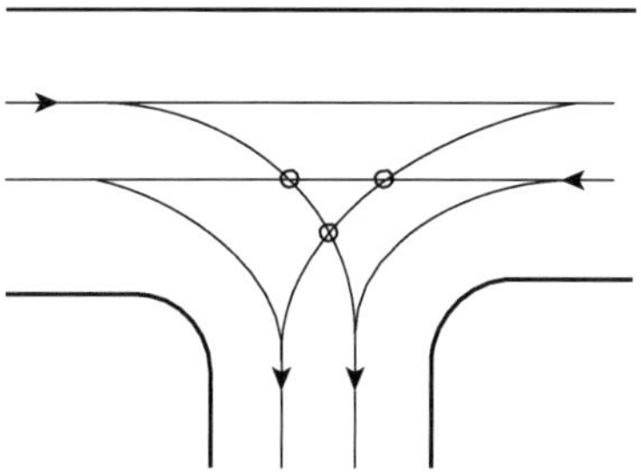

图 2-4　三路交叉口

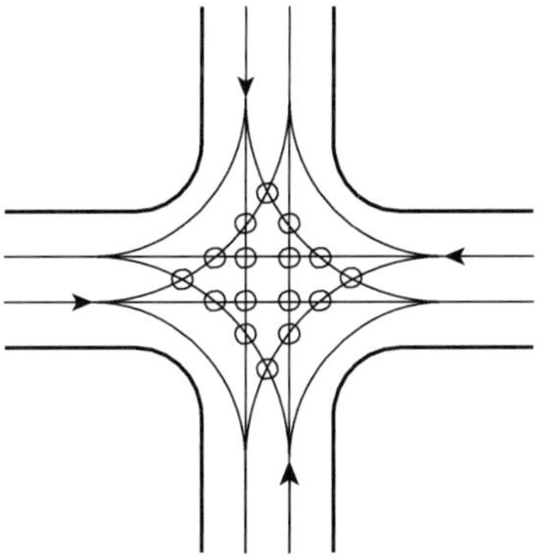

图 2-5　四路交叉口

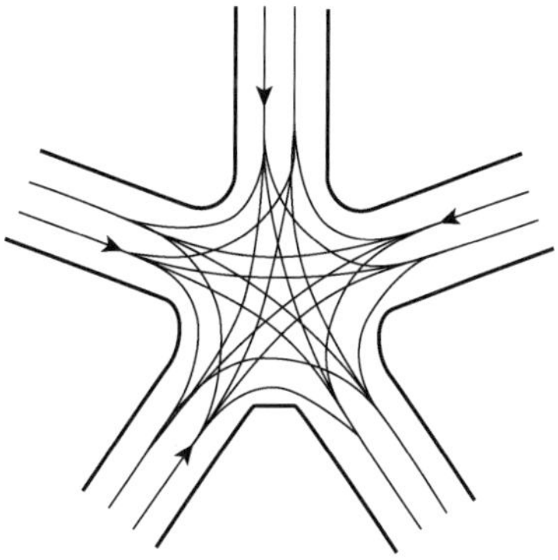

图 2-6　五路交叉口

对于五路交叉口(图 2-6)：

$$\sum c_j = \frac{5^2(5-1)(5-2)}{6} = 50$$

在没有实行交通控制的三路、四路、五路交叉口以每向为单向机动车流来统计，交叉冲突点数量分别为 3，16，50。可见冲突点数量随着交叉口相交道路条数的增加而增加。因此，在规划道路系统时，应尽量避免 5 条或者 5 条以上的道路相交，以便更好地保障道路交通的运行安全。

3）信号控制

根据有无信号控制以及信号控制交叉口不同相位数，其交叉冲突点的分布与数量如图2-7—图2-10所示。

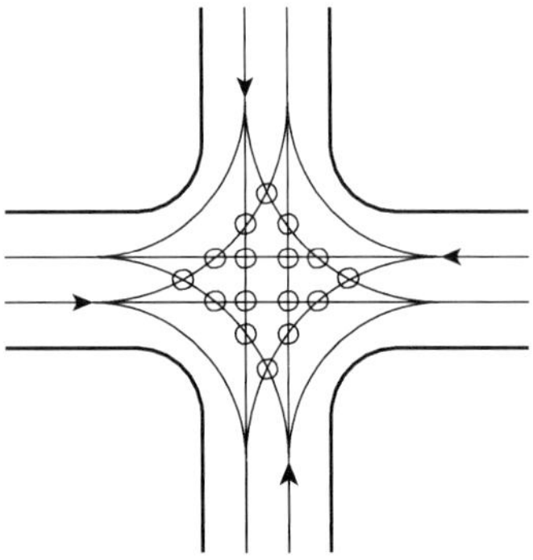

图 2-7　无信号控制交叉口冲突示意图

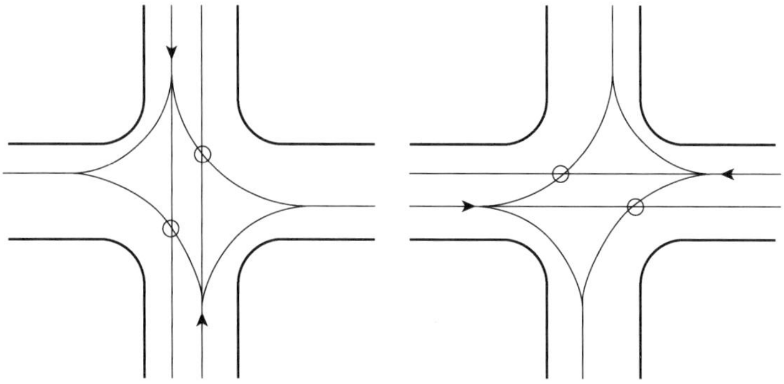

图 2-8　两相位信号控制交叉口冲突示意图

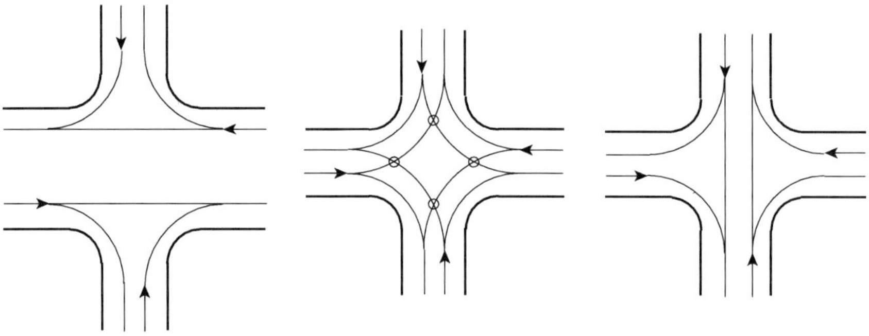

图 2-9　三相位信号控制交叉口冲突示意图

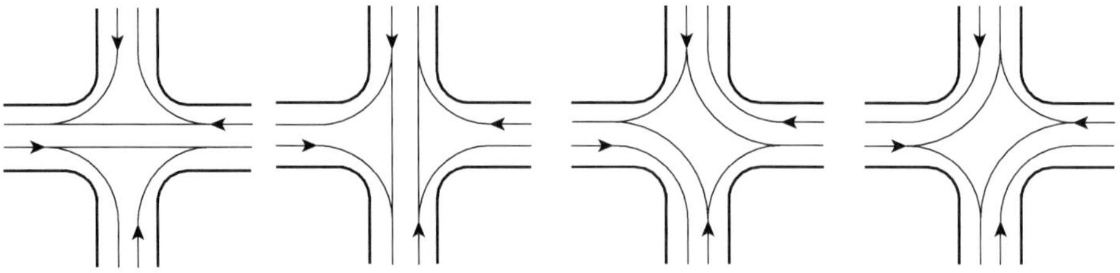

图 2-10　四相位信号控制交叉口冲突示意图

通过分析发现，交叉口采用信号控制后产生的冲突点数量比无信号控制少，说明采用信号控制，实行多相位控制有利于从时间上分离交通流，因而可以有效减少交叉口中各类冲突点个数，降低干扰程度。采用四相位信号控制时，交叉冲突点都是右转车辆所造成的，然而这种冲突并不严重。

4. 减少冲突的价值

道路网是由交叉口连接而成的，交叉口汇集了不同方向的交通流，各种车流、人流在此交织运行，变换方向，相互干扰，导致交叉口的通行能力远远低于路段，成为路网的瓶颈和交通拥挤的发生源，造成局部交通拥挤，甚至扩散到整个路网。由上文我们已经了解到冲突点数量的减少可以达到优化交叉口的目的，具体主要表现在以下四个方面。

1) 提高通行能力

首先,由于交叉口不同流向车流的存在,冲突点比较多,车流复杂,车辆之间相撞的概率增大,驾驶员的安全感相较于路段就会降低,心理压力也会随之增大,驾驶员会选择减速通过交叉口。因此,单位时间内通过交叉口的车辆数就会减少,即通行能力下降。其次,由于左转车流与直行车流的交叉冲突,在冲突点处会依次排队交替通过,往往会导致车辆在交叉口的二次排队或者多次排队现象出现,从而使车辆运行速度降低,交叉口通行能力下降。最后,由于转弯车流以曲线行驶,其车头安全距离要求比直行车流大,必然车头时距大,就会导致交叉口通行能力降低。因此,如若减少了车流间的相互干扰,即可增加交叉口的通行能力。

2) 减少延误

车辆在进入交叉口之前会变换车道,交通流之间会产生冲突,延误增加,造成交通拥堵。另外,当左转车与直行车混行,或者左转车与直行车、右转车混行时,在通过交叉口的过程中,左转车需要穿越对向直行车间隙来完成左转,因此随着左转车流量的增加会造成对向直行车流的延误;在对向直行车流不能提供可穿越的情况下,左转车会在停车线位置等候可穿越的间隙,如此必然会造成本方向紧随其后的直行车辆的延误。因此,减少了车流间相互干扰也就减少了延误。

3) 降低事故率

从交叉口内的各类交通事故统计数据可以发现,交叉口内的交通事故大多是侧面碰撞。而导致侧面相撞事故比例较高的主要原因是交叉口左转车流在交叉口内进行转弯时,合流和分流过程中会造成车辆之间的侧面冲突,随着左转车流量越大,侧面冲突也会越多。因此,减少车辆间的相互干扰也就降低了事故率,提高了交叉口的安全。

4) 减轻环境污染

由于车辆间相互干扰的存在,机动车在交叉口减速、停车等候、重新启动、加速的次数大大增加,这些驾驶行为恰恰是汽车排放污染气体最多的时候,严重危害环境。因而,减少车辆间相互干扰也可达到减轻环境污染的目的。

综上所述,减少道路交叉口冲突点有益于交叉口的效率、安全和环境,但也并不能一味地追求冲突点少,具体还要考虑车流量等因素。美国 2000 年版的《通行能力手册》(*Highway Capacity Manual*)给出了交叉口控制类型和高峰小时交通量的关系,如图 2-11 所示。当车流

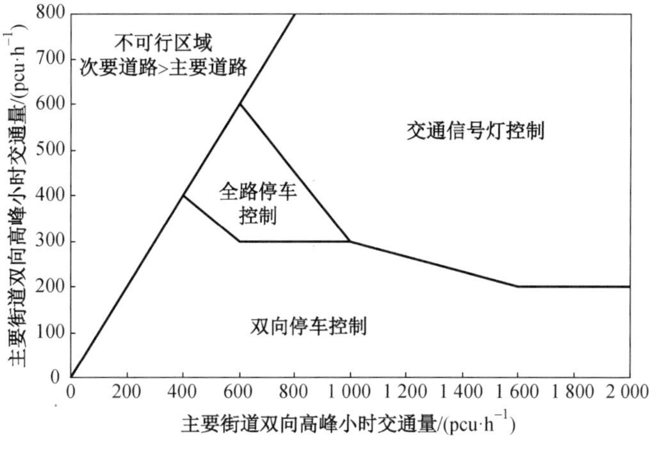


图 2-11 交叉口控制类型和高峰小时交通量关系

量较低时，交叉口可采取双向停车控制，即次要道路上的车辆需停车让行，主要道路无须停车让行。当车流量略增大时，交叉口需采取全路停车控制，即主路、次路上的车辆需在停车线上全部停车观望，利用车间空隙穿过交叉口。而当车流量较高时，交叉口需采取信号控制，以确保行车安全。

### 2.1.2 左转是麻烦制造者

“存在即合理”“事物具有两面性”等名言都表明，对于左转车流是不是麻烦制造者这一问题，我们不能一言以蔽之。

1. 左转的必要性

无疑，左转为人们的出行创造了便利，若没有左转，那就好比进入了死胡同，无论如何绕转都没法直接且快速地到达目的地。如图 2-12 所示，假设某人从点 *A* 出发要到达点 *B*，由于街坊的存在，他只能绕行，但绕行须遵从右转和直行规则而禁止左转。从图上可以看出，他只能选择 *ACB* 路线前进，而当左转不禁行时，他可以有除了 *ACB* 路线以外的其他多种路径选择。当从 *A* 点至 *B* 点的人流量非常大时，行人若不能左转过街，就只能聚集在 *ACB* 路线上，造成右上角区域局部拥堵，并导致整个片区剩余道路的资源浪费。

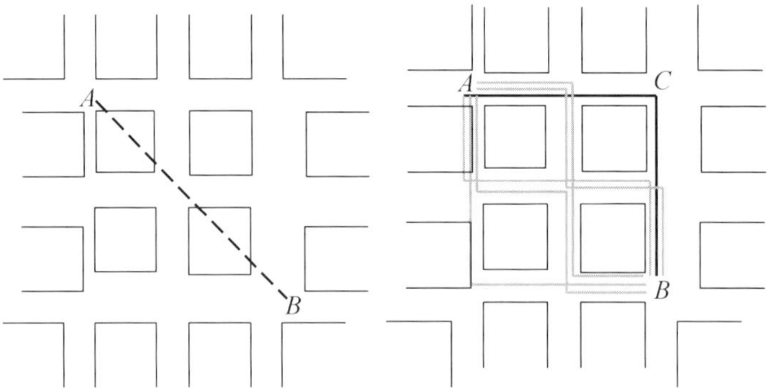


**图 2-12　*A* 点至 *B* 点可行路线图**

2. 左转是麻烦制造者

以平面十字交叉口为例，对信号交叉口左转组织方式的冲突特性进行如下分析。

(1) 有左转专用车道、有左转专用相位，如图 2-13 所示。此种情况下，左转车流与直行车流在进入渠划区后，由于各自在时间、空间范围内没有冲突，即二者不存在车流的分流、交叉以及合流现象，车流运行状况良好，在交叉口内部车流有序运行。

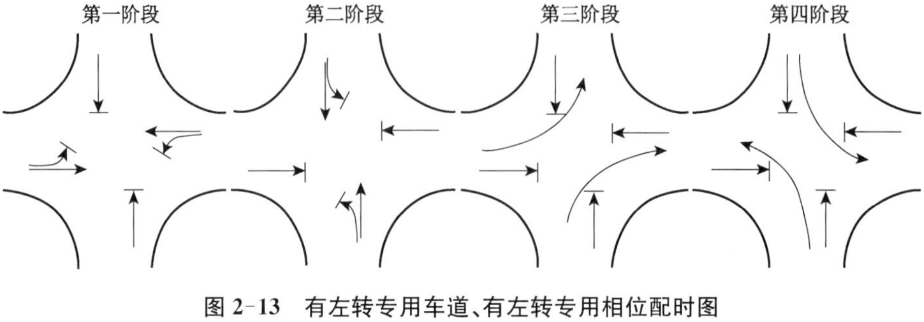


**图 2-13　有左转专用车道、有左转专用相位配时图**

(2) 有左转专用车道、无左转专用相位,如图 2-14 所示。此种情况下,左转车流与直行车流在进入渠划区后,在空间上分离开来,车流可以有序驶出停车线到达二者的冲突点处,然后左转车流等待对向直行车流的间隙穿越通行,因此左转车流与对向直行车流存在交叉现象,交叉口车流运行状况较为有序。

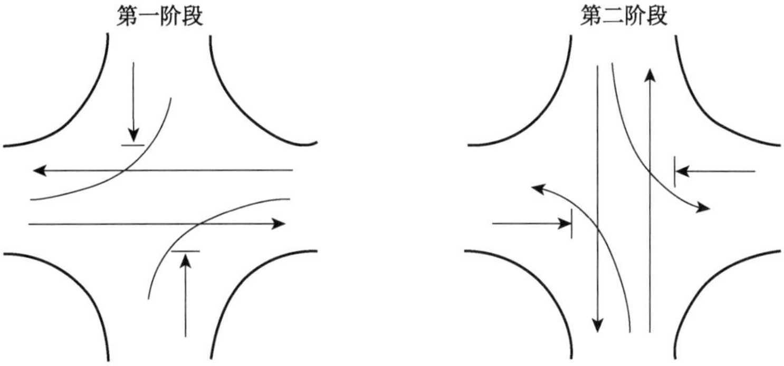


**图 2-14　有左转专用车道、无左转专用相位配时图**

(3) 无左转专用车道、无左转专用相位,如图 2-15 所示。此种情况下,左转车流与直行车流在进口道处就未能从空间、时间上分离开来,二者存在车流的分流、交叉现象,车流运行较为复杂。

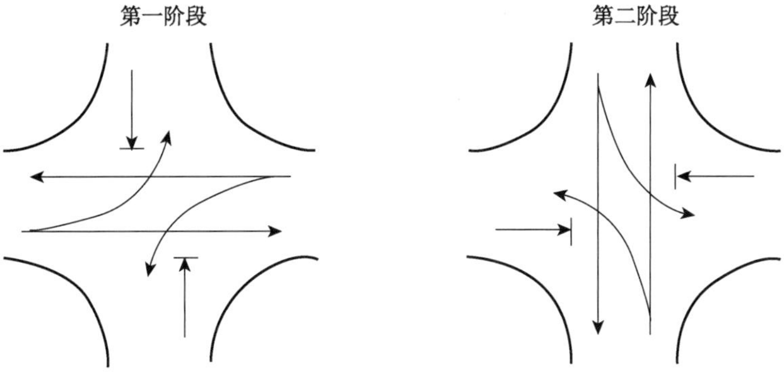


**图 2-15　无左转专用车道、无左转专用相位配时图**

表 2-1 给出了上述三种方式下车辆在运行过程中所遇冲突点的个数和类型。车辆在无左转专用车道和无左转专用相位的情况下,左转过程中会遇到 4 个对向交叉冲突和 4 个分流冲突,较之另外两种方式,其车辆运行安全性最低;车辆在有左转专用车道和左转专用相位的情况下,左转过程中没有形成冲突点,车辆运行的安全性最高。而车辆在有左转专用车道但无左转专用相位情况下左转时,其安全性介于前两种方式之间。

同时,从前文的分析可以看出,无论是从效率、安全还是环境方面来考虑,组织好左转车流都是管理好交叉口的关键。左转车流不仅是交叉口产生冲突最严重的一个流向,也影响着直行车流的运行。根据美国的《道路出入口管理手册》的研究表明:平面交叉口中,左转车流是产生冲突、延误和交通事故最多的车流,交叉口内 74%的交通事故都与左转车流有关。

表 2-1　　各组织方式安全性比较

| 评价指标 | | 左转组织方式 | | |
|---|---|---|---|---|
| | | 有左转专用车道、有左转专用相位 | 有左转专用车道、无左转专用相位 | 无左转专用车道、无左转专用相位 |
| 冲突点个数 | | 0 | 4 | 8 |
| 冲突类型 | 交叉 | 0 | 4 | 4 |
| | 合流 | 0 | 0 | 0 |
| | 分流 | 0 | 0 | 4 |

## 2.2 同路同行

如前所述，在常规平面交叉口中左转车流严重干扰着交叉口的运行，而连续流交叉口(continuous flow intersection)却能确保左转车流与其他车流之间无干扰运行。所以，连续流交叉口各进口道的左转车辆和直行车辆可以同时放行，而这两股车流又都是从同一路段行驶过来的，意味着左转车流和直行车流同路同行，如图 2-16 所示。

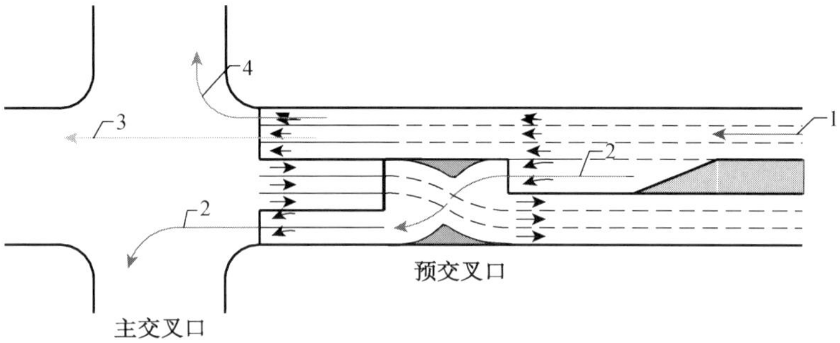


1-进口车流；2-左转进口；3-直行进口；4-右转进口

图 2-16　同路同行

### 2.2.1 转移矛盾

1. 矛盾的转移

连续流交叉口的基本设计概念如图 2-17 所示，在主交叉口的上游设置一个预交叉口，

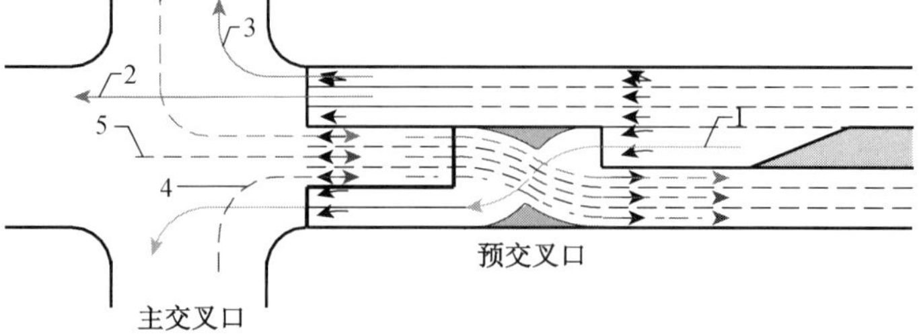


1-左转进口；2-直行进口；3-右转进口；4-右转出口；5-直行出口；6-左转出口

图 2-17　连续流交叉口设计预交叉口

将左转车流在预交叉口处疏导到对向车流左侧,从而避免了主交叉口处左转车流与对向直行车流的冲突。

基于预交叉口设计,主交叉口处左转车流与对向直行车流就没有冲突了,主交叉口就可以采用常规的两相位配时,即东西向放行和南北向放行,如图 2-18 所示。

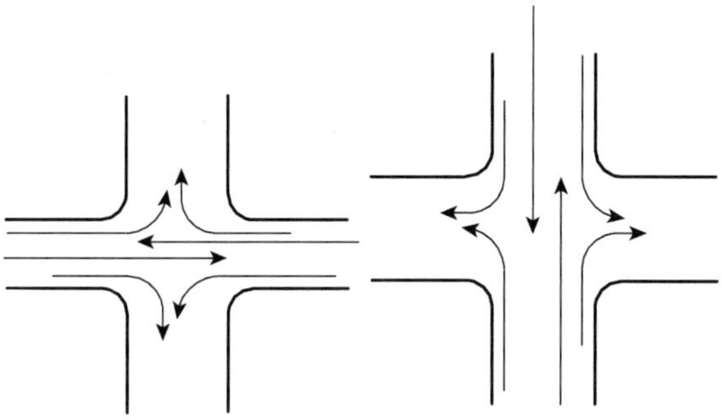

**图 2-18　连续流交叉口的主交叉口两相位信号配时**

当常规交叉口采用两相位信号配时时,左转车流与对向直行车流存在交叉冲突,而当连续流交叉口的主交叉口也采用两相位信号配时时,左转车流与对向直行车流不存在交叉冲突,如图 2-19 所示。因为在连续流交叉口中多设了一个预交叉口,原有矛盾就转移到了预交叉口,而预交叉口采用信号控制,可以从时间上将左转车流与对向直行车流分离开,即消除了交叉口整体的冲突点。

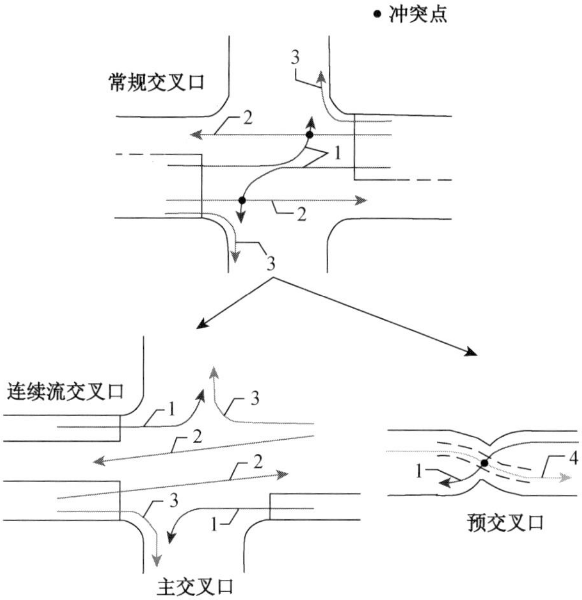


1-左转进口;2-直行进口;3-右转进口;4-出口

**图 2-19　矛盾转移**

2. 交通组织设计

1) 右转交通组织

无论有没有右转出口车道,右转车辆都要根据交通标志和标线进入右转车道,在主交叉口根据信号灯指示实现右转，如图 2-20 所示。

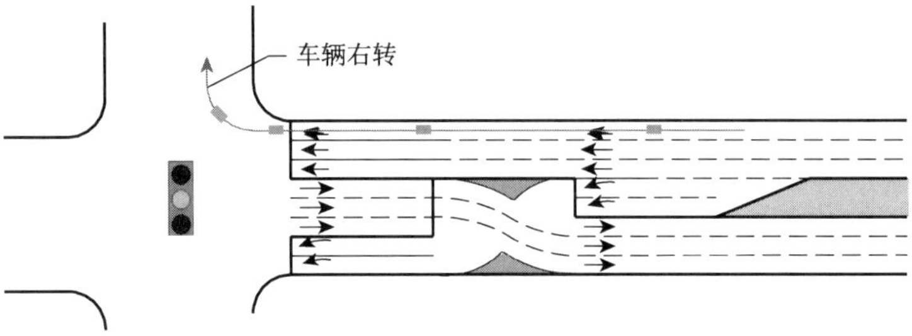


**图 2-20　右转交通组织**

2）左转交通组织

左转车辆实现左转需分为 4 个步骤：

第 1 步：左转车辆在道路交通标志和标线的指引下，进入专用左转车道，到达预交叉口；

第 2 步：在预交叉口遇到红灯时等待，当预交叉口信号灯变成绿灯，左转车辆通过预交叉口到达连续流交叉口专用道驶向主交叉口，此时，左转车辆位于主交叉口出口道最左侧；

第 3 步：通过两个交叉口的信号协调控制，当左转车辆到达主交叉口时，以绿灯不停车通过实现左转；

第 4 步：左转车辆到达下一个预交叉口，红灯时停车等待，绿灯时驶离预交叉口，最终实现左转，如图 2-21 所示。

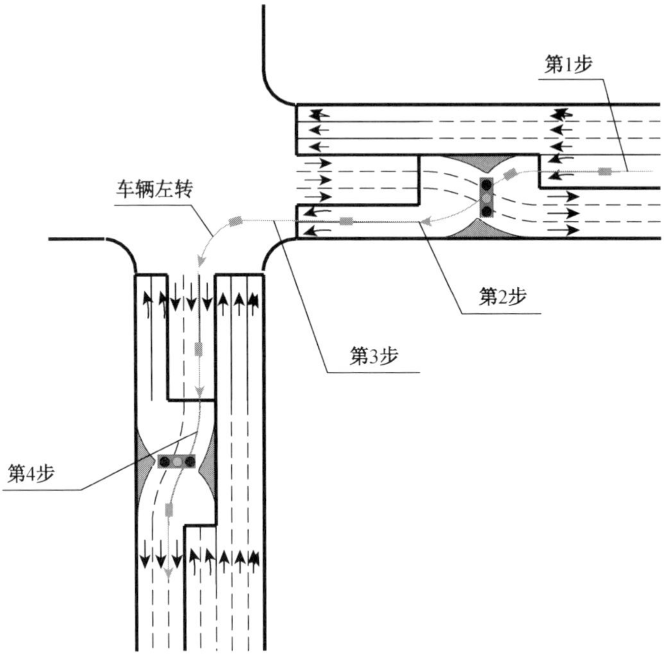


**图 2-21　左转交通组织**

3）直行交通组织

直行车辆在主交叉口处遇到红灯时停车等待，当信号灯转为绿灯时通过主交叉口继续向前行驶到达预交叉口，通过两个交叉口的信号协调控制，直行车辆连续通过主交叉口和预交叉口，如图 2-22 所示。

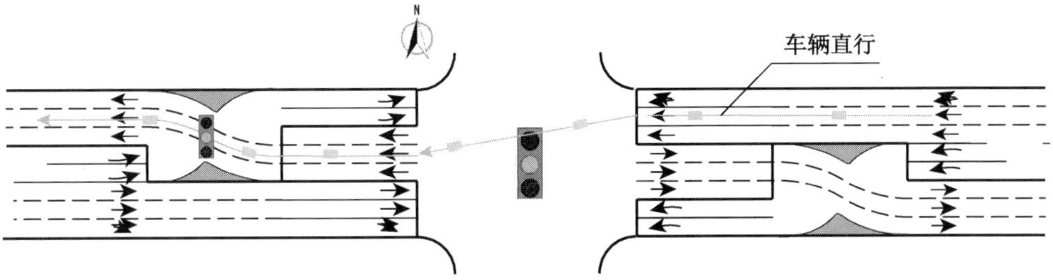


图 2-22　直行交通组织

3. 几何设计

1）交叉口几何设计

交叉口几何设计主要是处理交叉口与路段交通供需关系的平衡与协调，解决交叉口通行能力低于路段通行能力的问题，主要设计内容包括车道功能划分、进出口车道数设计、车道宽度设计、车道拓宽设计、左右转专用车道设计、出口道设计等。如图 2-23 所示，连续流交叉口几何设计内容有：主交叉口与预交叉口之间的间距 $L$，预交叉口范围 $l$，左转进口道拓宽道长度 $l_a$，右转进口道拓宽渐变段长度 $l_s$ 及拓宽长度 $l_d$，右转出口道拓宽长度 $l_b$。

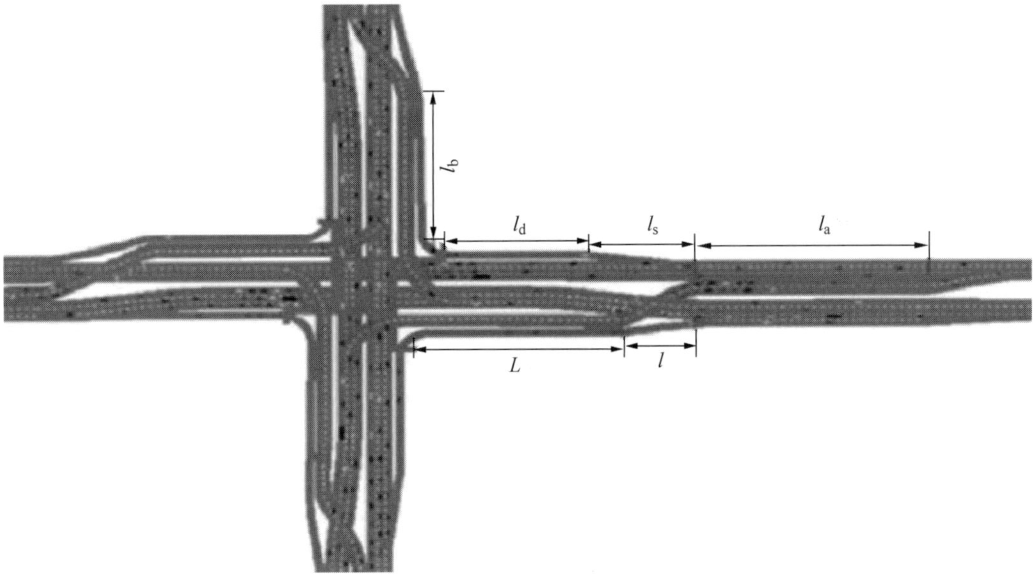


图 2-23　连续流交叉口几何设计图

各参数取值具体考虑如下：

（1）$L$：$L$ 的取值大小关系到连续流交叉口的整体运行性能。若 $L$ 过小，当交叉口车流量较高时，则易造成排队溢出，无论是滞留在主交叉口还是预交叉口的车辆都会干扰其他车辆的运行。若 $L$ 过大，那么从预交叉口到达主交叉口的车辆分布过于离散，则信号协调控制效果较差，不能确保所有车辆能够不停车等待地通过主交叉口。因此，$L$ 取值由路段平均速度及周期最大排队长度综合计算得到。

(2) $l$：$l$ 为预交叉口范围大小，根据直行和左转流量确定。

(3) $l_s$：$l_s$ 为渐变段长度，由设计车速和横向偏移量综合计算得出。

(4) $l_a$、$l_d$、$l_b$：分别为进口右转、进口左转和出口右转拓宽段长度，由一个周期内进口道最大停车排队长度计算。

国外学者给出了各参数的建议值如图 2-24 中所标示的。

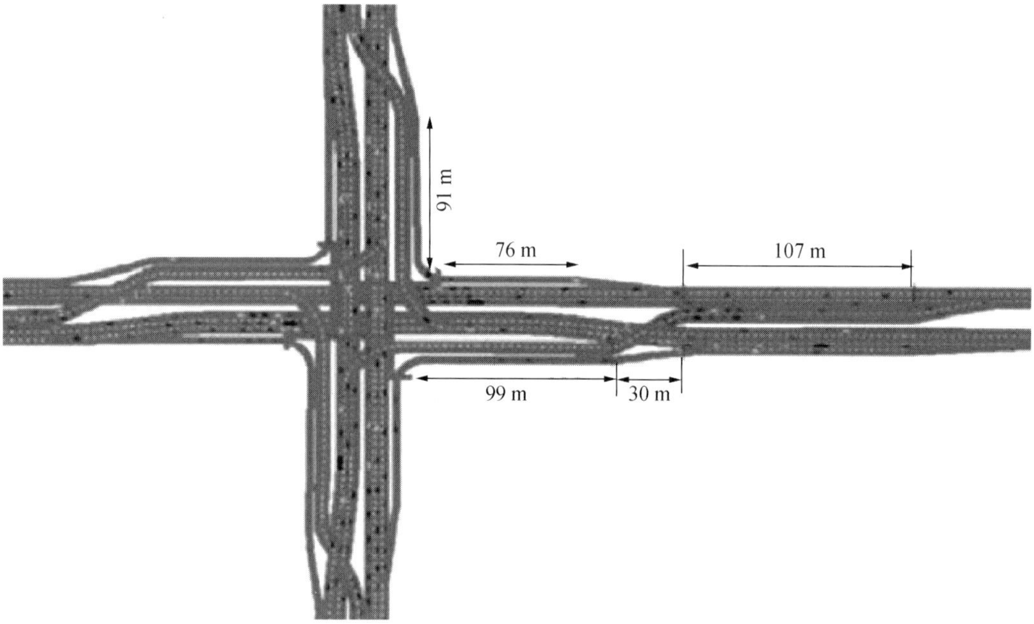


**图 2-24　连续流交叉口几何设计参数建议值**

2) 行人过街横道设计

由于连续流交叉口的特殊性，其人行横道也可以有多样的设计，具体形式如图 2-25 所示。

(1) 传统行人过街模式

图 2-25(a)显示的行人过街横道与传统交叉口行人过街横道设计相同，主交叉口采用两相位配时，即东西向和南北向放行，图中以东西向车辆通行为例，此时东西向行人与同向直行的机动车一起直行，南北向行人禁行。由于行人与直行车一起通行，其势必会与对向左转、同向右转车辆发生冲突，冲突点分布与数量也在图 2-25(a)有所体现。

(2) 行人专用相位过街模式

图 2-25(b)显示的是行人专用相位下的行人过街横道，在主交叉口采用两相位配时的基础上再增加一个第三相位，前两个相位机动车通行，行人全面禁行。第三个相位，机动车全面禁行，行人可以通行，甚至可以对角线穿过交叉口。由于行人有专用过街相位，行人与机动车不会产生冲突。

(3) 穿插式行人过街模式

图 2-25(c)显示的是穿插式行人过街横道，主要是利用左转与对向直行间的空隙进行设计的。行人过街横道宽度要小于等于间隙宽度，以便减少对两侧车辆运行的干扰。行人按照设计的行人过街横道与同相位机动车一起直行，只是行人需等待两个相位以上才能完

成过街。

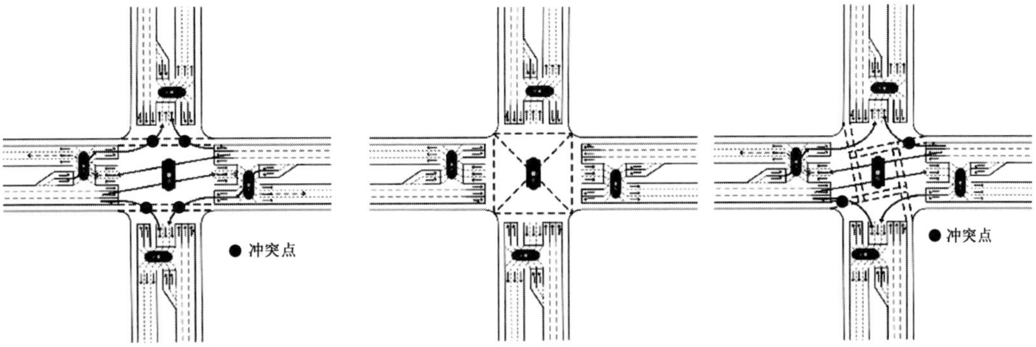


(a) 传统行人过街模式　　(b) 行人专用相位过街模式　　(c) 穿插式行人过街模式

**图 2-25　人行横道几何设计**

从机动车流量对人均延误的影响角度来看(图 2-26),三种设计模式都有各自适合的情形。由于传统行人过街模式中机动车和行人冲突最严重,所以其延误必会随着流量的增加而增加,因此传统行人过街模式主要适用于机动车和行人流量均较小的情况;穿插式行人过街模式中机动车与行人冲突少,但行人需等待至少两个相位才能通行,因此增加了延误,但随着流量的增加,其延误并不会有过多的提高,这种模式主要适用于机动车和行人流量较大的情况;而行人专用相位过街模式虽然没有冲突,但行人只有等到专用相位时才能通行,损失时间过多,但其对于流量和流向比例变化的敏感性最低,适用于交通需求波动性较大的情况。

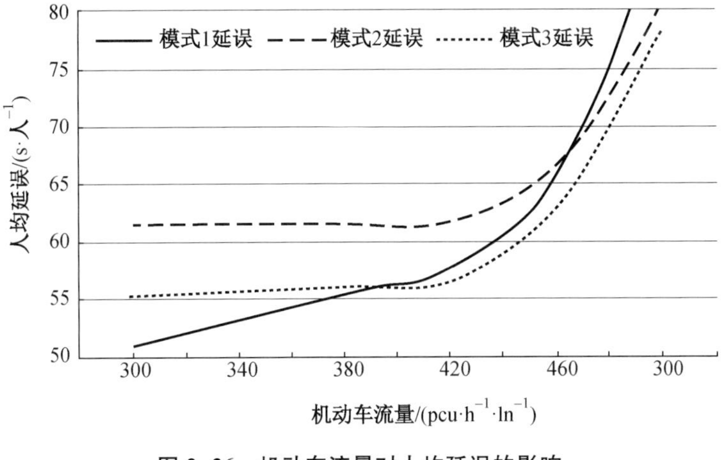


**图 2-26　机动车流量对人均延误的影响**

4. 右转多样性

连续流交叉口与传统交叉口都在几何设计方面具有丰富性,但由于连续流交叉口的特殊性,右转车辆不再只是沿着最右侧的路缘石行驶,此时针对右转车的组织设计有两种情况,如图 2-27 所示。图中连续流交叉口东西方向左转车道外侧都设有一条单独右转出口车道,而南北方向左转车道外侧则没有设计单独右转出口车道。

此时,南北向右转车辆可沿着路缘石直接右转进入右转出口车道,驶离交叉口;而东西向右转车需跨越南北向左转车道才能够完成右转,具体流向如图 2-28 所示。

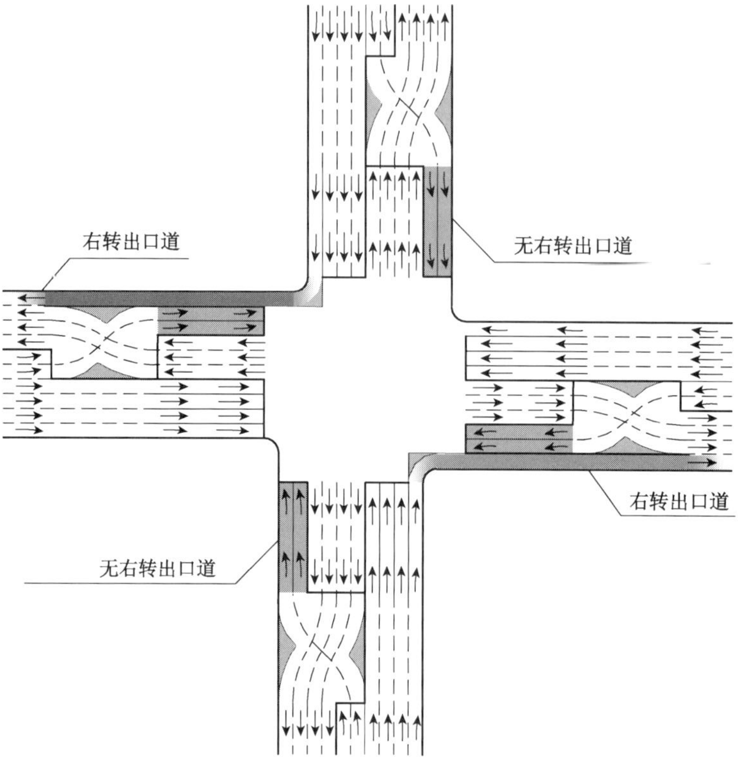


图 2-27　连续流交叉口右转出口道示意图

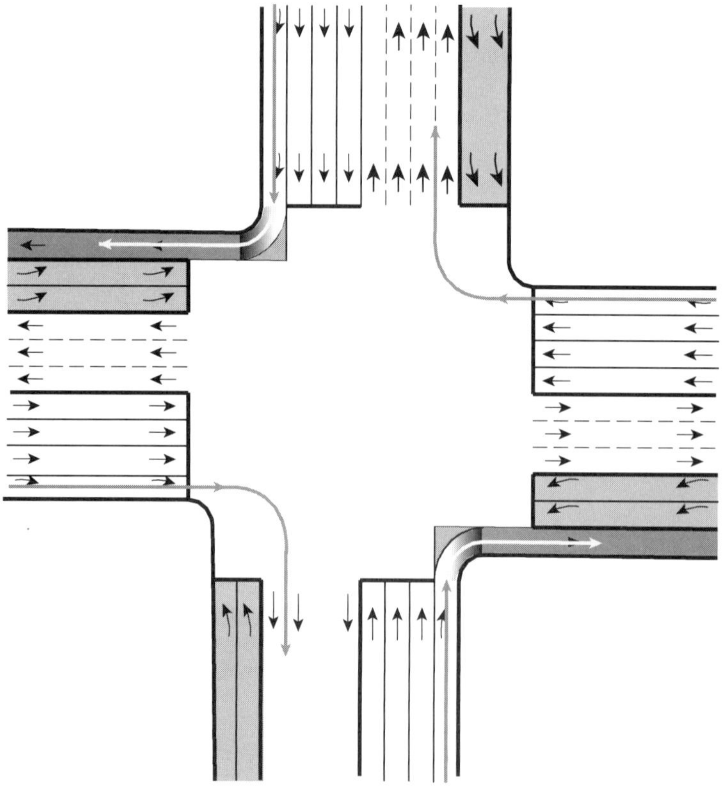

图 2-28　有、无专用右转出口道的右转流向

## 2.2.2　通行权再分配

1. 时间资源再分配

传统平面交叉口采用四相位配时，如图 2-29 所示。为了便于比较，连续流交叉口的主交叉口采用一样的周期时长，但信号配时采用的是两相位配时，而不是传统的四相位，如图 2-30 所示。从两幅图中我们可以看出，对于连续流交叉口，每个相位的直行和左转可利用的绿灯时间都比传统平面交叉口的直行和左转绿灯时间长，这将大大提高交叉口的通行能力，降低车辆的延误及排队长度。

图 2-29　传统平面交叉口信号配时

图 2-30　连续流交叉口的主交叉口信号配时

为了更好地表达这个概念，我们以饼状图的形式为例。交叉口总的绿灯时间包括直行绿灯时间加左转绿灯时间，这反映了交叉口整体可利用的有效通行时间，则总绿灯时间所占周期长百分比越大，交叉口性能越好。如图 2-31 所示，传统平面交叉口四相位配时情况下总绿灯百分比为 80%，而连续流交叉口两相位配时情况下总绿灯百分比为 90%，显而易见，连续流交叉口更具有优势。

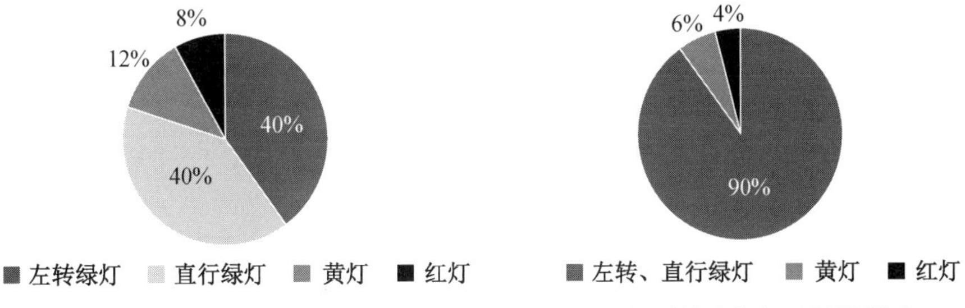


(a) 传统平面交叉口四相位配时　　(b) 连续流交叉口两相位配时

图 2-31　交叉口时间分布

2. 信号控制设计

在主交叉口和预交叉口处都设置信号灯，即整个交叉口共有 5 组信号灯。

为了便于交叉口之间的协调控制，所有交叉口均采用同一周期时长和同样的两相位信号配时。而对于各个交叉口的具体放行，我们分情况讨论。

1）相位相序情形一

情形一的相位相序设计如图 2-32 所示，将主交叉口同一个相位再拆分成两个相位，第一个相位是将主交叉口通行方向(即东西向)的左转车辆放行进入,而南北向是出口直行车辆放行。第二个相位则是四个预交叉口全部放行出口直行车辆。第三相位和第四相位则如同相位一和相位二。

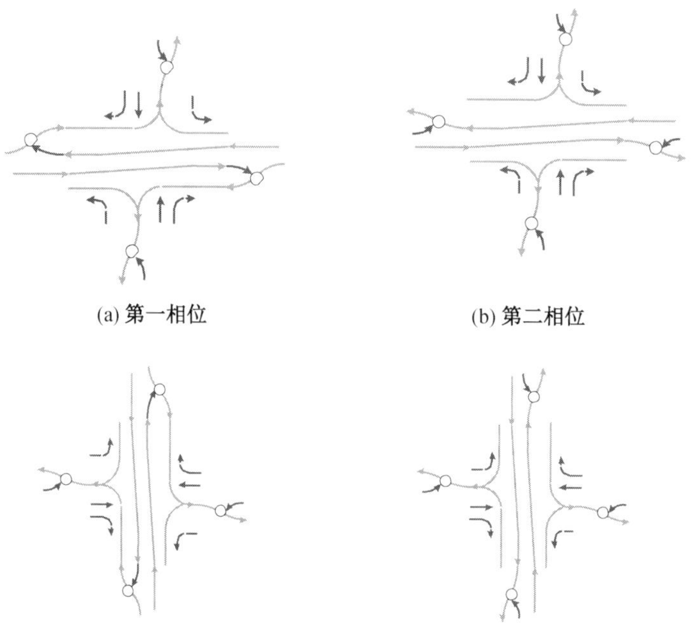

(a) 第一相位　　(b) 第二相位

(c) 第三相位　　(d) 第四相位

图 2-32　情形一

此种情形下,交叉口左转车辆和出口直行车辆较均衡,预交叉口两相位轮流放行。其中第一、第三相位协调的是左转车辆,使左转车辆不停车放行,第二、第三相位协调的则是直行车辆。

2)相位相序情形二

情形二的相位相序设计如图 2-33 所示,与上述情形一类似,主交叉口同一个相位也是拆分成两个相位,不同的是第二、第四相位,此时是非主交叉口通行方向的预交叉口放行左转车辆进入。其中,第一、第三相位协调的仍然是左转车辆,使左转车辆不停车放行,第二、第四相位协调的则仍然是直行车辆。

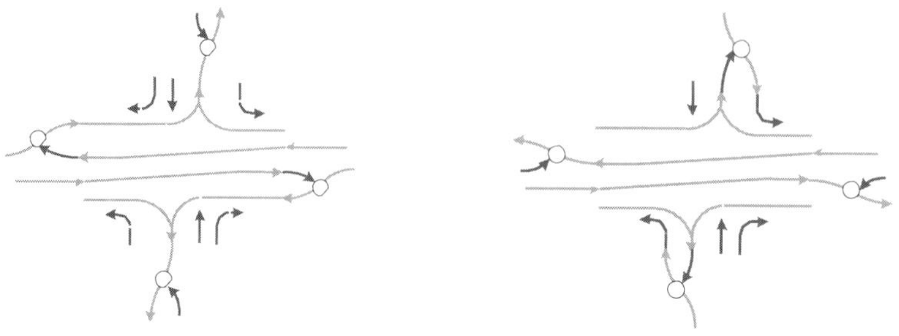

(a) 第一相位　　(b) 第二相位

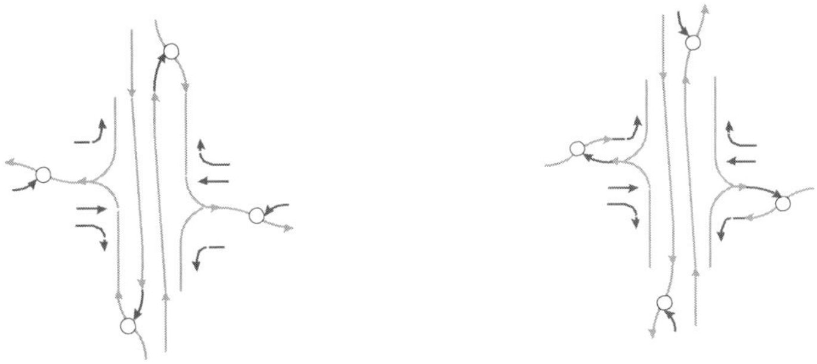

(c) 第三相位　　(d) 第四相位

图 2-33　情形二

此种配时方式适用于直行车流量和左转流量不大且均衡的情况,不同于情形一的是,在第二相位时,南北方向的左转车辆可以提前进入主停车线,以便在第三相位南北向左转放行时顺利进入,减少时间资源的浪费。

3）相位相序情形三

情形三的相位相序设计如图 2-34 所示,将主路口同一个相位拆分成三个相位,相比于情形一,情形三就是在主路口同样的相位时增加一个预交叉口全部左转放行相位,如第一、第四相位。当左转车流量大时,除了可以部分协调左转、直行外,还可以给予左转更多的通行时间。所以此种配时方法适用于左转车流量较大的情形。

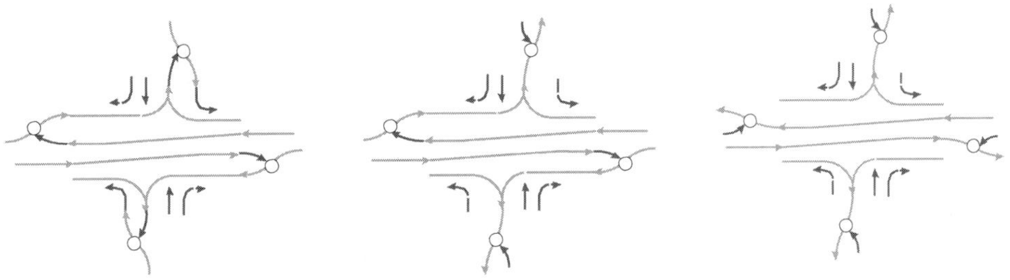

(a) 第一相位　　(b) 第二相位　　(c) 第三相位

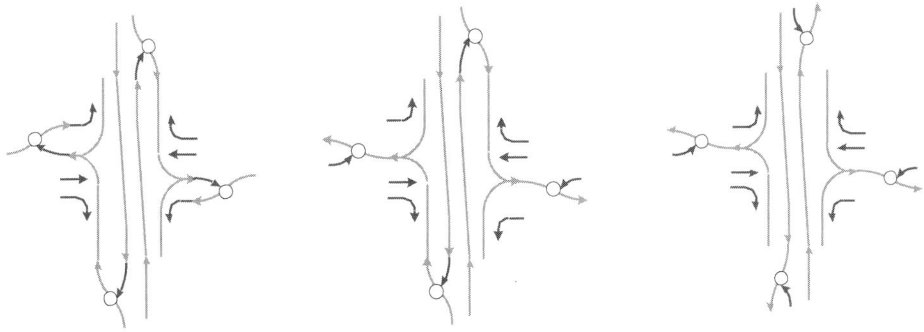

(d) 第四相位　　(e) 第五相位　　(f) 第六相位

图 2-34　情形三

4）相位相序情形四

情形四的相位相序设计如图 2-35 所示，相比于情形一也是各增加了一个相位，即第三、第六相位。此种配时给予了出口直行车辆更多的通行时间，适用于直行流量较大的情况。

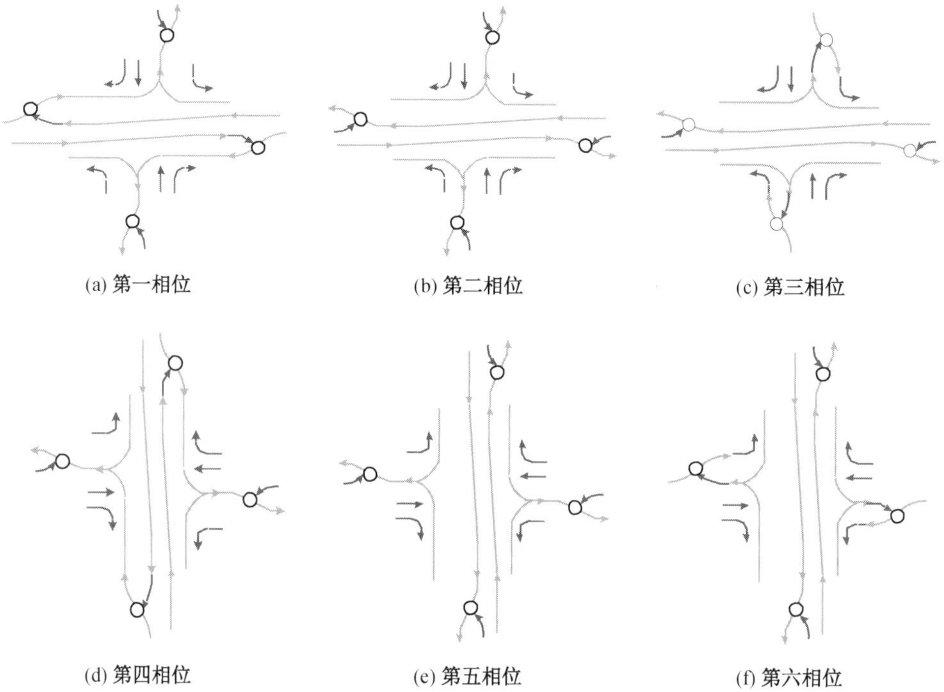


**图 2-35　情形四**

## 2.3　有难同当

由于传统平面交叉口已难以满足日益增长的交通需求，因此，一些高效的非常规平面交叉口组织方式的运用显得十分必要，连续流交叉口就是其中一个典型的非常规交叉口。虽然这种特殊的左转组织方式能消除冲突点，提高交叉口整体运行性能，但也存在着缺点，比如排队溢流和连续停车。

### 2.3.1　排队溢流

1. 现象描述

交通溢流也称为交通紊流，是由于下游路口的"瓶颈效应"，排队长度超出路段长度并从路段内溢出的现象，是路口开始发生互锁的标志。1964 年 Gazis 指出交通溢流是交通过饱和的一种具体形态。交通溢流是否发生取决于路段的排队长度，因此对于排队长度的研究是交通溢流的着手点。

对于连续流交叉口而言，无论是哪个方向汇合而来的车辆都需在预交叉口处再次过街，若此时遇到绿灯可不停车连续通行，若遇到的是红灯则需停车等待，那么这两个交叉口之间的间距即为车辆排队容许的最大长度。一旦车辆排队超出进口道停车线，当信号灯转为下一相位时，滞留在交叉口范围内的车辆将会影响其他方向车辆的通行。预交叉口的存在会造成如下两种排队溢流的情况：

(1) 如图 2-36 所示，出口直行车辆受预交叉口信号控制，若遇到的是红灯则需停车等待。若交叉口流量总体较高，而配时给予出口直行通行的时间又较短，那么交叉口会出现此类情形的拥堵。

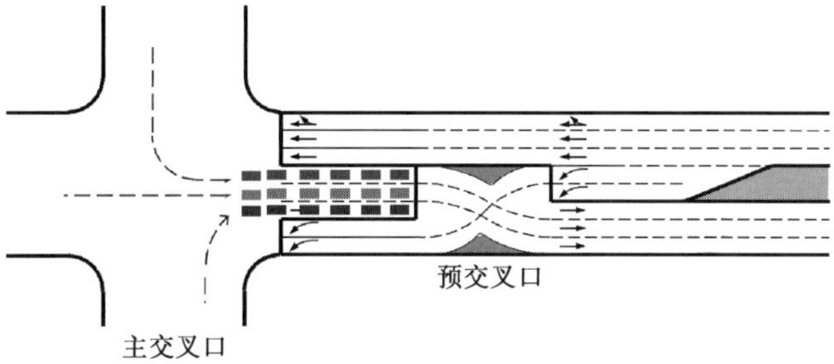


图 2-36　出口直行车排队溢流示意图

(2) 如图 2-37 所示，左转车进入预交叉口后还需经过主交叉口的信号控制，若信号控制恰好是协调左转车辆的话，此时左转车辆可以不停车等待连续通过主交叉口，完成左转。若信号控制不是协调的，且当左转车流量较大时，左转车辆排队末端会进入预交叉口，出现图 2-37 所示的拥堵情形。

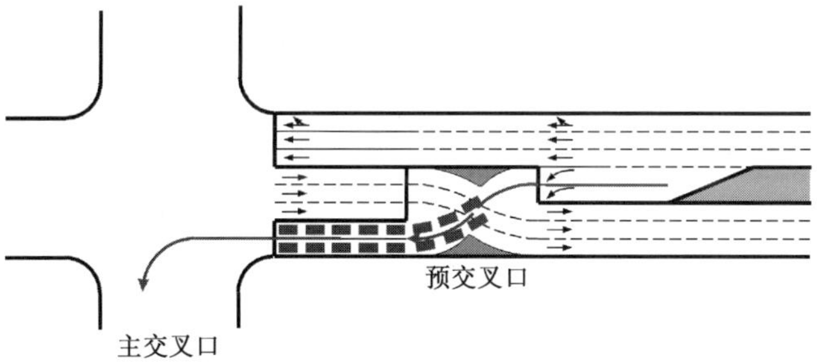


图 2-37　左转车排队溢流示意图

2. 溢流原因

交通溢流会造成上游路口堵塞和绿灯信号时间的浪费，或对路口其他相位造成干扰，同时堵住了上游 4 个方向到达车辆的通行，降低了路口的通行效率，甚至会导致上游其他路口的连锁拥堵，造成大面积的交通瘫痪。因此，对于交通溢流的预测与控制具有非常重要的意义，必须在交通溢流发生之前，对路口是否会在短时间内发生交通溢流做出准确的预测，以便采取适当的控制策略防止交通溢流的发生；或是在交通溢流发生后采取强制控制策略，对已发生交通溢流的路口进行及时有效的交通疏导，以迅速恢复该路口的通行能力。城市交通主干路指的是在城市交通网络里相位多、车流量大、服务水平高的交通主干线。在实际应用中，目前针对交通溢流的主干路主要采取各路口采用共同的周期时长，合理设置绿信比，优化相位差的多路口协调控制策略，使车辆在流量大的方向上行驶时尽可能少的遇到红灯。但是，由于机动车交通流存在高峰和平峰特性，交通量波动大，实时性强，加之天气、自行车流、行人流等外加因素，因此很难做到高效准确的协调，交通溢流现象时有发生。

从交通控制和交通规划层面来讲，交通溢流是由于道路规划或渠化以及交通信号配时等因素设置不合理或是发生了改变，导致某一路段某一流向，在某段时间路段内累积排队等待通行的交通流队列长度大于路段长度，且排队长度蔓延至下一路段的现象。其发生过程类似容器中的流体超过了容器的容积而产生的溢出外流现象，因而被称为交通溢流。从交通特性方面来讲，由于交通流量具有波动性，很多城市交通高峰特性不明显，交通事故、交通事件、驾驶员驾驶行为和心理因素的随机性，天气等偶发因素导致的交通流的不确定性，都是引发交通溢流的原因。

连续流交叉口出现排队溢流的现象可能有以下几种原因：

(1) 主交叉口与预交叉口之间的距离过短。此段间距用于左转车辆和对向直行车辆的排队，应按周期最大排队长度、车辆运行速度综合计算。若距离过短，则会造成车辆滞留，影响其他车辆运行。

(2) 相位差不合理。相位差是根据主交叉口与预交叉口间距及车辆运行速度综合计算得出的。若相位差设计合理，则从预交叉口行驶而来的车辆可不停车等待直接通过主交叉口，反之则会造成车辆多次停车，增加车辆延误。

(3) 车道功能划分不合理。车流量过大，出口车道总数小于进口车道总数，供小于需。

3. 溢流影响

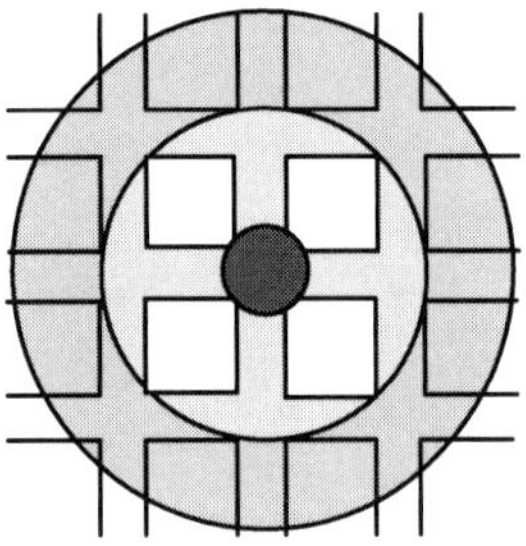

图 2-38　排队溢流的影响

从微观角度看，排队溢流造成的最直接的影响是交叉口车辆被堵住，到达车辆没有空间通过路口，在路口形成“交通锁”，其次是对路口其他相位造成干扰和拥堵。从宏观角度看，现实情况中，特别是早晚高峰时，由于高峰期交通流量巨大，当路口发生交通溢流时，大多都会蔓延到上游路口，形成大范围的“交通格锁”，如图 2-38 所示。

在图中，中心深色区域是开始发生排队溢流的路口，排队车辆以此路口为中心向上游 4 个方向的路口蔓延，迅速造成上游 4 个路口发生排队溢流，即第二个圆圈所示。最后，排队继续以发生交通溢流的路口为中心，向 4 个方向上游蔓延，使上游路口再次发生排队溢流，整个路网发生格锁现象，交通瘫痪，即第三个圆圈所示。

## 2.3.2　连续停车

1. 现象描述及原因

对于常规交叉口，由于车辆只受一个信号灯控制，车辆到达停车线时需进行判断。信号灯为绿灯时，车辆可不停车等待直接穿过交叉口，信号灯为红灯时则需停车等待。若排队车辆少，则信号灯转为绿灯时，排队车辆可以全部通过交叉口；若排队车辆过多，绿灯时排队车辆不能一次性清空，则队尾车辆需二次停车，等待下一个绿灯。由此可以看出，传统交叉口车辆是否排队与排几次队与信号灯有关，最少零次，多则两次或三次，停车次数分布不均匀。

而对于连续流交叉口，由于其增加了 4 个预交叉口，车辆就需在行驶路径上的每个交叉口处判断能否通行，势必会造成多次停车。下面以东进口道为例对左转和直行车辆连续停车进行分析。

1) 右转车辆

前面提到右转可以有两种形式，即有无专用右转出口车道。若有专用右转出口车道，则右转车辆可不受信号控制，无须停车等待实现右转(图 2-39)。

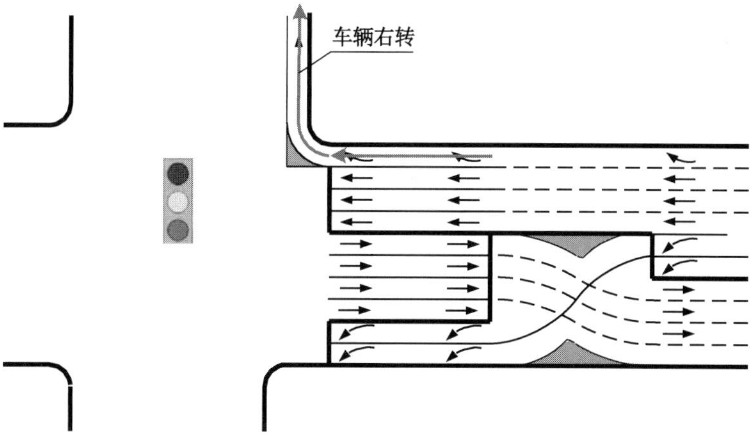


图 2-39　右转车停车示意图

若无专用右转出口车道，则右转车辆受主交叉口信号控制，当车辆到达位置 1 时，需判断是否要停车，如图 2-40所示。

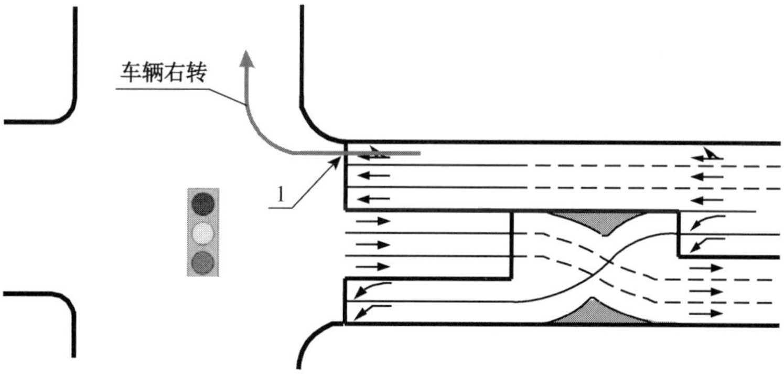


图 2-40　右转车停车示意图

2）直行车辆

直行车辆由路段过来直接到达主交叉口，当车辆到达位置 1，红灯时需停车等待，绿灯时通行驶向西进口的预交叉口(位置 2)，待绿灯时可完成直行，如图 2-41 所示。

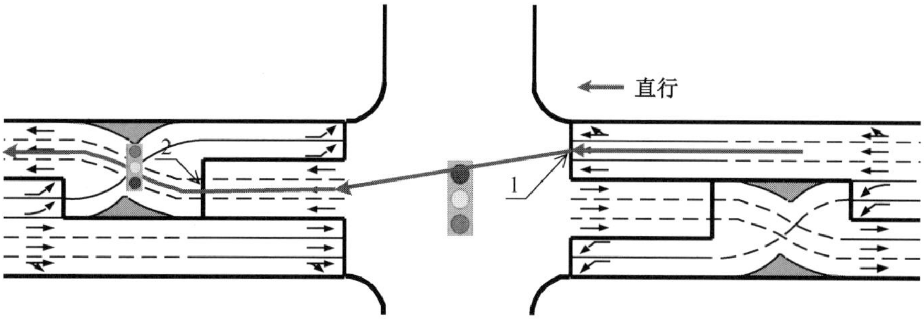


图 2-41　直行车停车示意图

3）左转车辆

左转车辆首先到达东进口的预交叉口，待绿灯通行时到达主交叉口，然后再在本相位左转到达南进口的预交叉口，即左转车辆共经过 3 个交叉口。假设左转车辆到达位置 1，红灯时需停车等待，绿灯时通行驶向位置 2，若信号控制协调的是左转车流，则左转车辆可不停车等待继续驶向位置 3，反之若左转车流未进行协调控制，则左转车辆需在位置 2 处等红灯结束。当左转车辆行驶到位置 3 时，左转车辆还需进行一次判断，最终真正完成左转。所以，左转车辆较直行和右转车辆停车等待的可能性更高，运气不好甚至可能会有 3 次以上的停车，如图 2-42 所示。

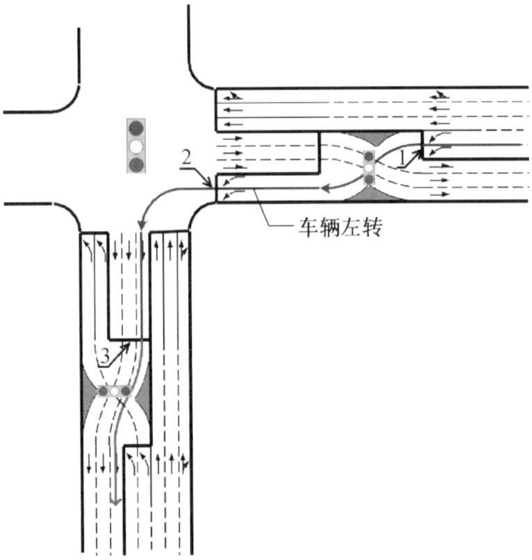


图 2-42　左转车停车示意图

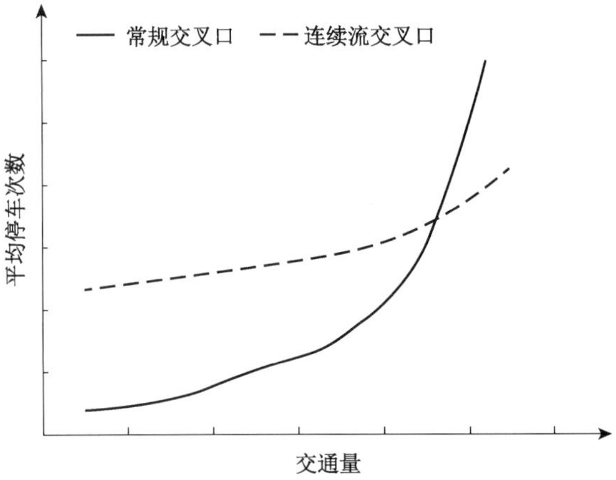


图 2-43　不同类型交叉口平均停车次数与交通量的关系

常规交叉口和连续流交叉口平均停车次数与交通量的关系如图 2-43 所示。无论哪种形式的交叉口，其平均停车次数都随交通量的增加而增加。连续流交叉口停车次数普遍比常规交叉口多，但随着交通量的增加，其停车次数增幅小于常规交叉口。

2. 连续停车影响

交叉口的平均停车率指的是每辆车的平均停车次数。在现代城市交通控制系统中，交叉口停车次数是表征交通运行状态的一个参数。对于信号配时合理的交叉口，车辆在经过交叉口的时候，停车次数也较少；对于信号配时不合理的交叉口，车辆时走时停，停车次数大幅增加。

交叉口的停车会造成交通拥挤，严重时会波及整个行驶路段，从而引起严重的延误。同时，交叉口车辆总是怠速运行，浪费燃油、排放增加、噪声等问题都会随之而来。

1）环境污染

随着机动车保有量的大幅上升，机动车尾气污染已经成为各大城市空气污染的主要来源，城市的环境空气质量面临着极其严重的压力。研究表明，车辆在交叉口处排放的废气量占整个行驶过程总排放量的大部分，原因就是车辆在交叉口受信号控制的影响不停地加减速，其燃油消耗急剧增加，尾气排放增多从而加剧空气污染。同时，处于交叉口的车辆产生噪声的响度大、频次高，这也严重干扰着社会环境。

2）增加延误

一个信号周期内，总有部分车辆因信号灯的控制作用受到阻滞。以非饱和交叉口为例，车辆的一般受阻过程如图 2-44 所示，其中左侧道路上的黑色小圆点为单车的 GPS 数据点。

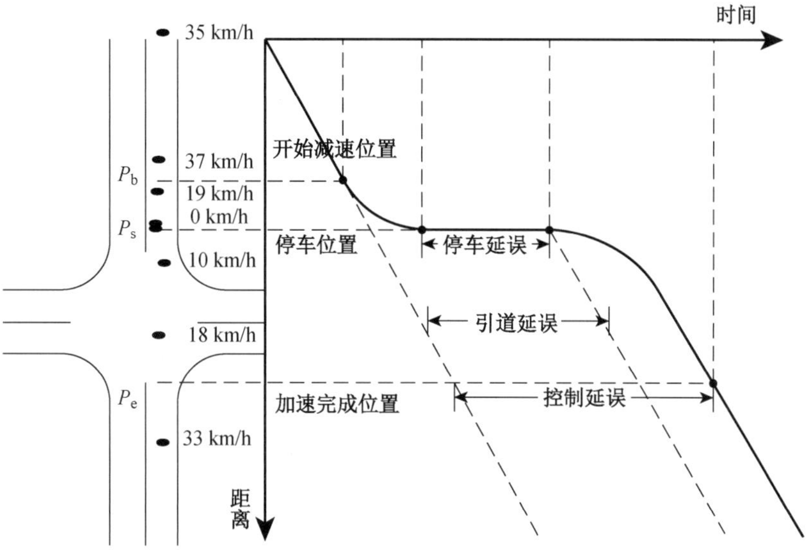


**图 2-44　交叉口车辆受阻过程示意图**

当车辆进入信号交叉口影响范围内时，由于受到红灯的影响，在未到达停车线之前开始制动减速，如图中 $P_b$ 处所示，可见该车的瞬时速度由正常行驶速度 37 km/h 降至 19 km/h，最后降至 0，开始停车等待，如图中 $P_s$ 处所示。直到红灯时间结束，绿灯亮起时，车辆开始重新启动，跟随前面排队车辆加速驶过信号交叉口，最后恢复正常行驶速度，如图中 $P_e$ 处所示，车辆速度由 0 逐步加速至 33 km/h。其中，车辆在交叉口受阻所造成的各类延误（包括控制延误、停车延误等）均可在上图中体现出来。

人们根据其延误产生原因，又将信号交叉口延误分为停车延误、引道延误和控制延误。

(1) 停车延误是车辆在信号交叉口，由于信号灯或其前面车辆的阻滞作用而停车等待所产生的延误。

(2) 引道延误是车辆在引道段（通常定义为最大排队位置到交叉口停车线前的这一段）产生的延误时间，包括减速损失时间和停车延误时间。

(3) 控制延误是指由信号交叉口的控制作用引起的延误，为车辆通过交叉口的实际行程时间和以畅行速度通过交叉口的行程时间之差。美国 *Highway Capacity Manual 2000*（HCM 2000）中将控制延误界定为停车延误与加减速损失时间之和。

上述分析仅在不考虑二次、三次停车的情况下，对车辆的一般受阻过程（完全停车过程）进行了分析。而车辆经过信号交叉口时还可能经历完全不停车过程和不完全停车过程两种情况。完全不停车过程是指车辆按照正常行驶速度直接通过停车线。通常是由于车辆到达信号灯区域时，信号灯正处于绿灯时段，且停车线前没有排队车辆。不完全停车过程是指车辆在信号灯区域减速行驶，但车速不会降为 0，随后加速通过停车线。通常是由于车辆在绿灯时段到达信号灯区域，却因前方排队车辆并未完全消散而产生的阻滞所引起的。

在连续流交叉口中，车辆需要经过多个交叉口实现过街，无论是完全停车还是不完全停车，其停车概率都较高，而每一次停车都会增加车辆的控制延误，连续停车不仅不利于车辆的运行，也会降低交叉口的运行性能。

## 参考文献


[1] 刘小明，任福田. 平面交叉口交通冲突技术标准化研究[J]. 公路交通科技，1997，14(3)：43-50.

[2] 管晓伟. 基于交通冲突技术的平面交叉口安全评价研究[D]. 北京：北京交通大学，2006.

[3] 翟忠民，姜学锋. 城市道路交叉口冲突点的分析[J]. 道路交通管理，1992(1)：32-34.

[4] WASHINGTON D. Highway capacity manual[J]. Special Report，2000，1(1-2)：5-7.

[5] DIRECTOR P. Access management manual[J]. TRNEWS，2003，228：40.

[6] 李峻利. 交通工程设施设计[M]. 北京：人民交通出版社，2001.

[7] 杨佩昆，吴兵. 交通管理与控制[M]. 北京：人民交通出版社，2004.

[8] 顾九春. 非传统平面交叉口方案的设计研究进展[J]. 道路交通与安全，2006(4)：41-45.

[9] Wikipedia. Continuous—flow intersection[EB/OL]. (2005-09-22)[2012-5-23]. http://en. wikipedia. org/wiki/Continuous-flow-intersection.

[10] SMITHS W. Innovative Intersections：Overview and Implementation Guidelines[R/OL]. (2010-08-15) [2017-10-20]. http://www. compassidaho. org/documents/planning/studies/Intersection Guidelines Report_Feb15, pdf.

[11] ZHAO J，MA W，HEAD K L，et al. Optimal operation of displaced left-turn intersections：A lane-based approach[J]. Transportation Research Part C Emerging Technologies，2015，61：29-48.

[12] 刘智勇，万百五. 城市交通大系统递阶模糊神经网络控制[J]. 信息与控制，1997(6)：441-448.

[13] GAZIS D C. Optimum control of a system of oversaturated intersections[J]. Operations Research，1964，12(6)：815-831.

[14] 张立东，贾磊，朱文兴. 基于模糊理论的交通溢流识别算法[J]. 计算机应用，2012，32(8)：2378-2380.

[15] 乔真卿. 信号交叉口单车停车延误时间与停车位置的关系模型研究[D]. 重庆：重庆大学，2014.

# 第 3 章

# 一分为二:预信号交叉口

## 3.1 并联系统

传统形式的平面交叉口,各流向车流在进口道处行驶在专用或多流向共用的车道内。此类车道分类方式称为车道功能,对于十字交叉口,车道功能可分为左转、直行、右转、左转直行、直行右转、左转直行右转 6 种。在进口道处各不同功能的车道并列设置,这种方式的车道功能及车辆通行方式与电路学中的并联方式相似,因此我们称此类车道功能方式为"并联系统"(图 3-1)。

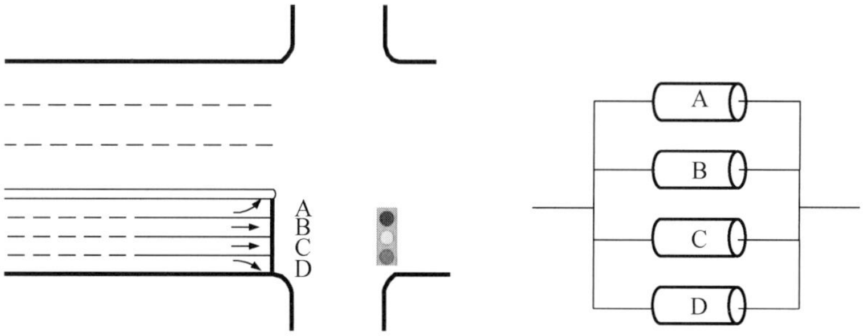


(a) 平面交叉口　　(b) 并联电路

图 3-1 "并联系统"的平面交叉口与并联电路

本节主要对"并联系统"形式的平面交叉口的车流运行特征、交叉口通行情况等进行介绍和分析,并对分转向通行的必要性及分转向通行的消耗浪费进行理论分析,以探索解决此类问题的方法。

### 3.1.1 分转向通行的必要性

对于"并联系统"形式的平面交叉口,其进口道处各车道的车道功能相对固定,各转向的车流并列布置,虽然在未进行通行时显得井然有序,且可持续容纳符合该车道功能的流向的车辆不断进入,但由于左转、直行及右转车辆本身在交叉口处的车流运行流线不同,各转向交通流对本车道以及旁侧不同转向交通流的通行能力等交通特性的影响也不尽相同,从而对整个交叉口的通行能力及整体延误等交通特性也会造成十分显著的影响。因此,需要对各流向的交通流运行特性进行分析,分转向进行通行就显得尤为重要。

1. 各转向车流运行特性

对于十字平面交叉口，其进口道处车流转向由左转、直行、右转这 3 种组成，因此本书对比 3 种关键车流在交叉口处的运行特性进行分析。

1）直行车流运行特性

直行车道一般设在交叉口进口道中间部分，并允许直行车辆在其中通行。当交叉口直行相位的信号显示为绿灯时，经过短暂的反应时间后，先前红灯期间所积累的排队车辆依次启动，并鱼贯通过进口道停车线。车流的流动速率很快地由零增加到一个相对稳定的流动速率值（称为饱和流率）；前后两辆车的车头时距也逐渐达到相对稳定的车头时距值（称为饱和车头时距）。此后，车辆以饱和流率的车流速率通过停车线直到进口道停车线后所积存的直行车辆全部放行完毕，或者虽未放行完毕，但绿灯时间已经结束。

在交叉口直行信号由红灯刚刚转换为绿灯的时段，直行车辆并不会马上启动并运行通过停车线，而是存在几秒钟的车辆迟滞；车辆启动运行后，车辆速度从起步时刻的零车速达到期望车速也需要一段时间，在这个时间段里，排队位置较前的车辆之间的车头时距明显要比排队位置较后的车辆之间的车头时距大。因此，这段时间并没有被充分的利用，存在运行时间损失，称为启动损失时间。

在直行绿灯开启后的几秒内，车辆从原来的静止状态逐步加速到正常的行驶状态，直行交通流随后将保持以饱和流率通过停车线，在绿灯结束之后的黄灯时间内或者绿灯闪烁期间内，由于一部分车辆会采取制动措施，通过交叉口的流量由饱和流率逐渐下降。红灯期间，到达停车线处的车辆将停车等候绿灯再次启亮，随后到达的车辆则会在车队末尾处继续排队等候（图 3-2）。

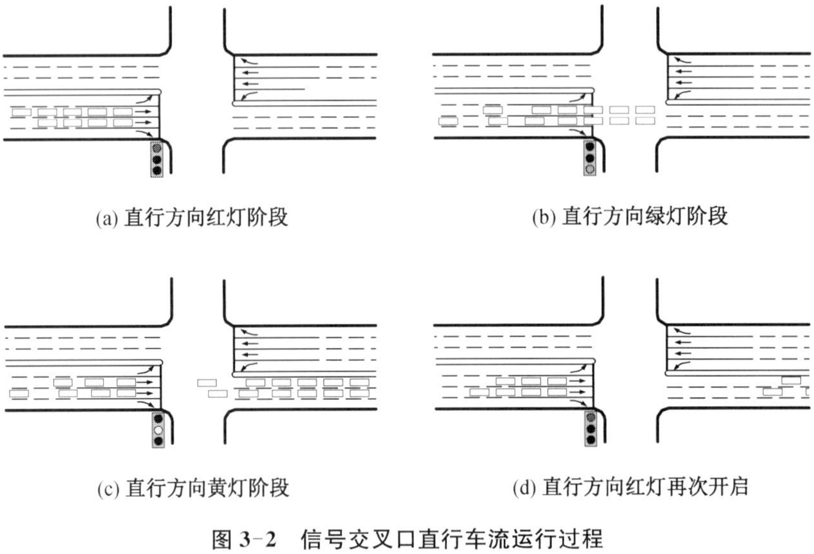

(a) 直行方向红灯阶段　　(b) 直行方向绿灯阶段

(c) 直行方向黄灯阶段　　(d) 直行方向红灯再次开启

图 3-2　信号交叉口直行车流运行过程

2）左转车流运行特性

按照交叉口进口道车道功能不同，左转车流可分为左直混行、左直右混行和左转专用车流。其中，左转专用道内的左转车流除了在交叉口中由于左转方向的空间占用而导致所需运行距离较长之外，其他的运行特征都类似于直行车流的运行特征；无论是左直混行还是左直右混行方式，车道功能划分都将使得左转车流受到同向直行车流的干扰。由于共用一条车道，各流向交通流在通过进口道停车线时，其平均车头时距大于单一交通流车道内车辆间的平均车头时距。此时，如果信号相位仍然为不同流向交通流分配了不同的通行时间，将导致有效通行时间的减少。例如，在左直混行车道中，左转车流处于禁止通行状态（左转信号为红灯），停车线前停止的左转车辆后面的直行车辆也不能通过。

按照信号控制条件的不同，左转车流可分为许可型左转车流和保护型左转车流。许可型左转车流只能在绿灯期间出现以下 3 种情况时才可以通过：

（1）对向直行车辆未到达交叉口冲突点之前；

（2）在交叉口冲突点附近等待对向直行车流中出现允许穿越的车头时距；

（3）交叉口信号相位转换间隔。

当左转交通需求较大时，个别左转车辆可能会贸然地插入对向直行车流，因此，许可型左转车流可能受到对向直行车流的干扰。对于保护型左转车流，通常配合以专用的左转车道。此时，保护型左转车流的运行特性类似于直行车道。如果左转车流仍然使用共用车道，保护型左转车流也可能受到直行车流甚至右转车辆的干扰。基于以上的运行特征，在信号交叉口的设计中，往往需要将车道功能的划分与信号控制条件进行协调设计，以保证各车道组交通流的高效运行。信号交叉口左转车流运行过程如图 3-3 所示。

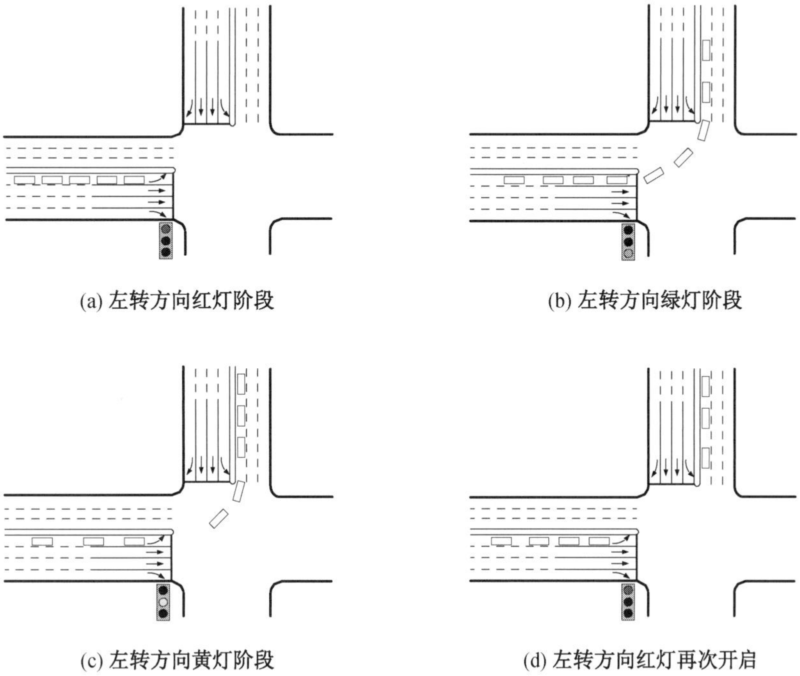

(a) 左转方向红灯阶段　　(b) 左转方向绿灯阶段

(c) 左转方向黄灯阶段　　(d) 左转方向红灯再次开启

**图 3-3　信号交叉口左转车流运行过程**

3）右转车流运行特性

由于我国车辆运行为右侧通行方式，因此对于右转车辆的控制较为简单。当右转交通量较小时，通常不控制右转车辆的通行，可以在右转车道上连续通行；如果与其他流向车流共用车道，则可能被直行车流甚至左转车辆阻挡而不能通过。当右转交通量达到一定程度时，应考虑设置右转专用车道和右转专用信号相位，为右转车流分配合理的通行时间和空间，否则右转车流将对其他方向上的车流产生一定的影响。

2. 左转车流影响分析

对于传统的信号交叉口，直行交通流与左转交通流由于其在交叉口处的特殊运动特性，需要通过合理的控制与管理，以保证交叉口处车流运行的通行效率与通行安全。根据上文对于各方向车流运行特征的分析可知，由于直行车流在交叉口处仍保持原有的运行状态，而右转车流在交叉口处的运行位置和控制方式较为简单，因此，对于一个传统的信号交叉口，其左转车流的运行对于整个交叉口的影响就会较大。

对于没有采用任何交通控制与管理手段的交叉口，直行交通流对于交叉口的交通影响较小，但左转交通流对于交叉口的交通影响较大，其影响主要体现在交叉口交通冲突上。其中，左转车辆与同向左转车辆、左转车辆与对向左转车辆、左转车辆与对向直行车辆等均会在交叉口车流运动中产生交叉冲突，并且交叉冲突相较于合流冲突、分流冲突，对于通行能力、车均延误、运行安全等的影响更为显著。因此，本书就左转车流对于交叉口的交通影响进行分析。

1）空间影响

左转车流由于其特殊的运行特征，在通过交叉口时必然会与其他方向的车流相互影响。车辆之间的运行轨迹在空间上的重叠效应使得左转车流与其他方向的车流在交叉口处产生各种不同类型的冲突点。根据与左转车流产生影响的交通流的流向，可将上文所提到的冲突点分为分流冲突点、合流冲突点和交叉冲突点 3 种(图 3-4)。

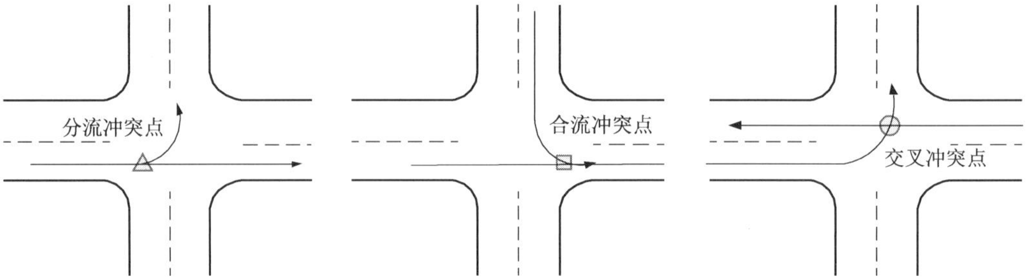


(a) 分流冲突点　(b) 合流冲突点　(c) 交叉冲突点

**图 3-4　左转车流与其他车流的冲突点**

分流冲突点，指的是左转车流与同进口道直行车流或右转车流在左直车道或左直右车道绿灯通行阶段，各方向的车流各自运行(称为“分流”)时，在停车线处会形成的冲突点。此类冲突点主要发生在左转车流开始运行并驶入交叉口的时间段，其主要影响的是左转车辆及分流冲突点处其他车辆的启动运行时间及驶入交叉口的时间、速度等。

合流冲突点，一般发生在全无信号交叉口或主路优先信号交叉口，指的是左转车流在交叉口处完成转向行为后驶入出口道时与侧向直行车流或者对向右转车流形成的冲突点。此类冲突点主要发生在未进行全面信号控制的信号交叉口，侧向直行车流或者对向右转车流由于其各自的运行特征会在出口道处与左转车流进行“汇合”，此时各方向的车流由于共同进入同一个出口车道而需要彼此协调，车辆间的合流会对各自的运行速度、通行能力等造成影响，同时也会影响到交叉口在此时段的排空能力。

交叉冲突点，一般发生在许可型左转车流交叉口，指的是左转车流在交叉口处完成转向行为后与对向的直行车流形成的冲突点。此类冲突点主要发生在拥有左转许可型相位的信号交叉口，对向直行车流由于其自身的运行特性会在交叉口内与左转车流进行“交叉”，此时左转车流与对向直行车流在交叉口内的交叉冲突点形成，相互之间会形成反复效应，并且对左转车流和直行车流的运行均会造成影响。

城市道路系统中较为常见的交叉口几何设计为三岔路交叉口和四岔路交叉口，对于各交叉口的车辆运行特征，可采用交通流线来表示各方向交通流的运行轨迹（图 3-5）。交通流线指的是在交叉口处模拟车辆运行轨迹的一条几何线条，其主要表示的是所代表车流的运行方向。通过交叉口处各车流的交通流线，可明确地表示出交叉口各流向车流的分流冲突点、合流冲突点以及交叉冲突点。

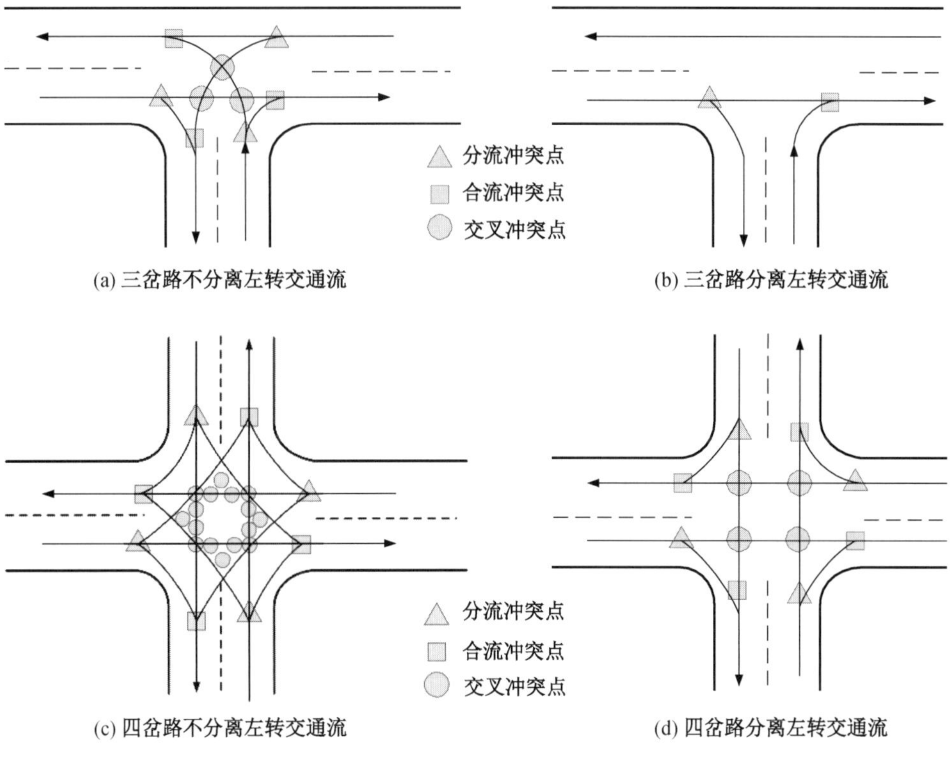


**图 3-5　左转车流在三岔路及四岔路交叉口上的空间影响**

对于三岔路交叉口和四岔路交叉口，各方向车流运行时产生的冲突点个数及冲突点种类有一定的相似性。但无论是三岔路交叉口还是四岔路交叉口，当左转车流未被分离控制时，交叉口内部各冲突点的数量均明显增加，各冲突点的发生位置均比较集中，对于交叉口的运行能力的影响也均明显高于设置了左转车流分离的同类型交叉口。因此，为了解决左转车流，尤其是流量较大的左转车流对信号交叉口的空间影响，需要对其进行合理的控制和管理。

2）时间影响

一般情况下，对于传统的信号交叉口，左转车流与直行车流之间除了存在如上文所提到的空间方面的冲突外，由于左转车流特殊的运行轨迹，在不对左转车流进行单独控制的情况下，当左转车流通过交叉口时，往往需要利用对向直行车流的可穿越空当进行通行，这样不仅会降低左转车流本身的通行效率，同时也会严重影响对向直行车流的通行能力。

由图 3-6 可看出，在左转车流未设置单独信号控制的情况下，左转车流由于其在交叉口靠内部进行转弯通行，并且与对向直行车流进行穿越运行，所以左转车辆的平均车头时距大于直行车流中直行车辆的车头时距，并且不分流控制的情况下，各转向车流的流量增减也会对其他流向的饱和流率造成一定的影响。

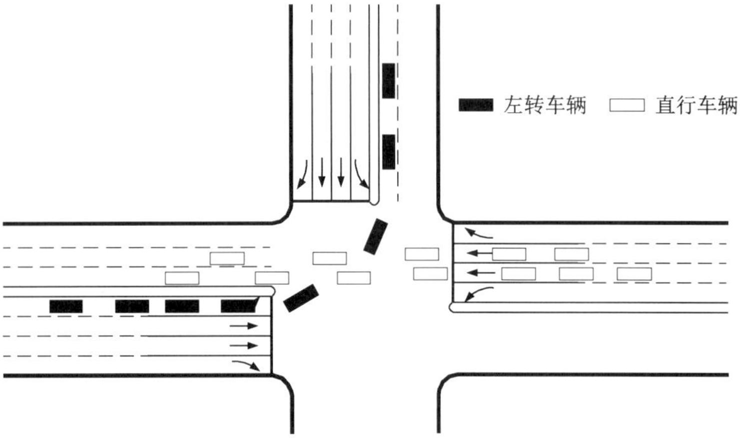


**图 3-6　左转车流与直行车流穿越通行**

除了不采取左转车流控制的方式外，不论采取交通信号控制还是停车让行的方法，左转车辆或者直行车辆在交叉口进口道停车线处均需要进行减速或者停车的行为，这也是左转车流对于交叉口的时间延误所造成的影响。

同时，在对向直行车流的流量较大的情况下，左转车辆无法在有限绿灯时间内全部通过交叉口。发生此类情况会使得左转车辆排队加长，直至车队溢流到上游交叉口，从而导致此交叉口及上游交叉口，甚至一定区域内的交叉口延误的增加，如图 3-7 所示。

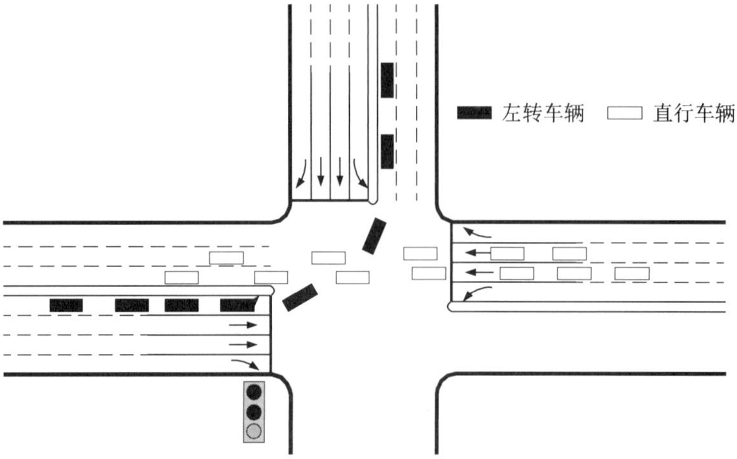


(a) 绿灯通行阶段

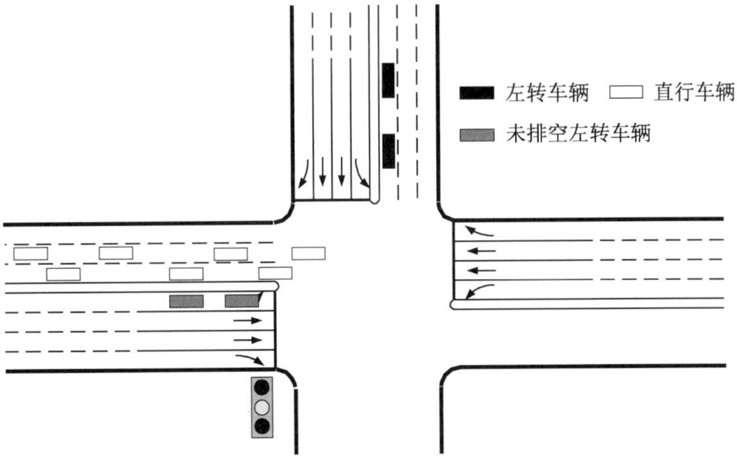


(b) 左转车流未完全排空

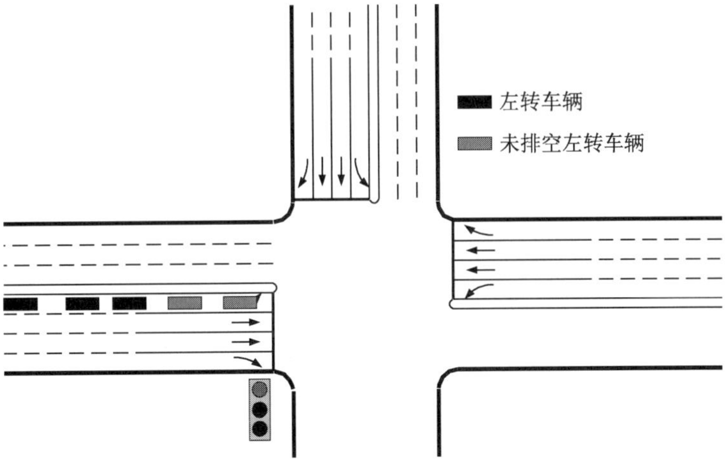


(c) 未排空左转车流影响后车排队

**图 3-7　左转车流未完全排空的影响**

当直行车辆在一个时刻进入到交叉口内部时,左转车辆必须在一个可以避免时间冲突后的安全时刻再进入交叉口,而这个安全时刻与冲突点的位置、类型以及冲突车流通过的先后次序等多方面因素均有明显的关联性,同时,也对交叉口的运行时间及延误时间等均有影响。

3. 分转向通行必要性分析

根据上文对于各转向交通流的运行特征分析和左转交通流的影响分析,我们可以看出,对于传统信号交叉口,一旦某一转向交通流或某几个转向交通流的流量较大时,需要在交叉口进口道处对各转向交通流进行控制,实现分转向通行,以确保交叉口处各转向交通流的通行效率以及通行安全。由此可以看到,传统信号交叉口各转向交通流在交叉口进口道处分转向通行有以下几方面的必要性。

1) 空间划分上的必要性

由于交叉口进口道处的可利用空间资源有限,因此在对交叉口的进口道进行空间划分的时候,就需要考虑车辆在车道通行时的通行时间、速度变化、通行效率等问题。对于不按照左转、直行、右转等不同转向的交通流进行空间划分的交叉口进口道，各转向的交通流混合在一起通行，一般可分为左转与直行混合、直行与右转混合、左转与右转混合（一般较多出现在 T 字形交叉口进口道）以及左转直行右转混合共四类。这四类不分转向交通流通行的交叉口的主要特征在于各转向的交通流的流量较小，在一个相位内可较为完整地将进口道处排队的车辆全部排放完毕。

然而，表面上不分转向的通行能够保证交叉口通行的正常运行，但探究其内在原因可以发现，不分转向交通流的通行可大大限制各方向的交通流的通行空间。由图 3-8(a)可以看出，对于左转与直行混合的交叉口，由于左转交通流与直行交通流特殊的运行特征，使得两个转向的车辆在交叉口进口道停车线处出现分流冲突点，并在停车线至交叉口内部一定区域内存在较为严重的交织区。在此交织区域内部，无论是左转交通流还是直行交通流的车辆行驶通过交叉口时均会经过，使得左转交通流与直行交通流的运行空间再次重叠，进口道处左转直行混合车道内部的排队车辆为左转车辆与直行车辆，当通过交叉口时，为了保证顺利通行，车辆在交织区内部会等待前方车辆通行后再通行，这样不仅限制了左转交通流的通行空间，也限制了直行交通流的通行空间。同理，在图 3-8(b)中可以看出，对于直行和右转混合的交叉口，直行交通流与右转交通流在进口道停车线前同样存在交织区，根据之前所说的理论，其对于直行交通流和右转交通流均有一定的影响。同理，在图 3-8(c)和(d)中，未分转向通行的车道在其相应的进口道停车线至交叉口内部一定区域内均存在交织区，对于参与到交织区内运行的交通流的通行能力、通行效率等均有一定的影响。

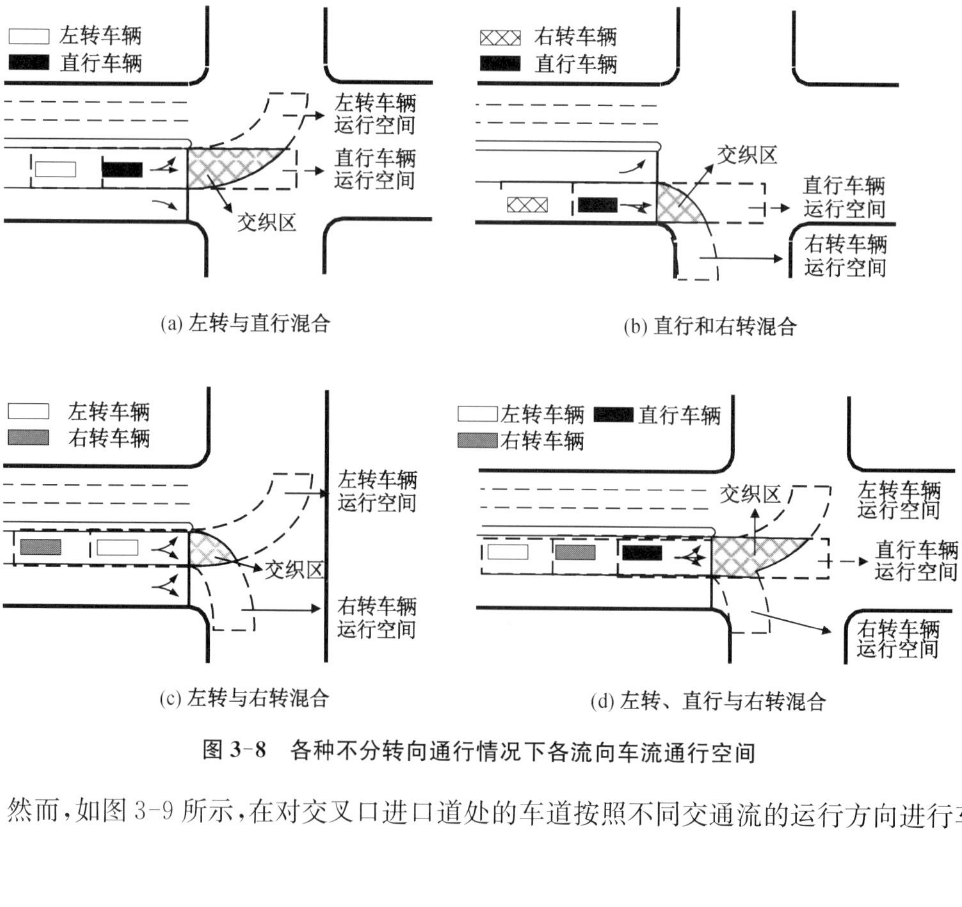


(a) 左转与直行混合　(b) 直行和右转混合　(c) 左转与右转混合　(d) 左转、直行与右转混合

**图 3-8　各种不分转向通行情况下各流向车流通行空间**

然而，如图 3-9 所示，在对交叉口进口道处的车道按照不同交通流的运行方向进行车道

功能划分,对不同转向的交通流进行分转向通行控制时,交叉口停车线前各转向的交通流的运行空间各自独立,不再出现重叠的运行空间,即已经没有运行交织区。此时,无论此交叉口是无信号控制交叉口还是信号控制交叉口,各转向的车流按照规定好的运行方向的车道行驶,不同转向的车辆在进口道停车线处互不干扰,提高了车辆进入交叉口时的运行效率。可见,从空间划分角度考虑,对于不同转向的交通流,在交叉口进口道处进行分转向通行处理有一定的必要性。

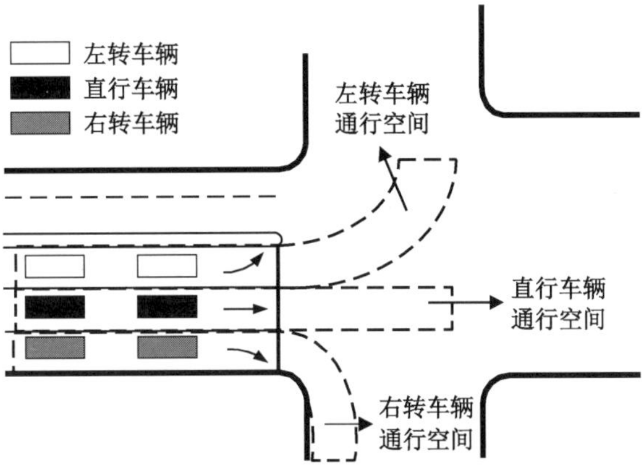


**图 3-9　分转向通行情况下各流向车流通行空间**

2) 时间利用上的必要性

对于传统的交叉口,各流向的交通流在通过交叉口时,其通行效率除了取决于上一部分所提到的通行空间外,关键的因素是车辆通过交叉口的运行时间。由于左转、直行及右转车辆在交叉口内部的运行距离、转弯半径、转弯角度、运行速度等均有不同,所以想要在交叉口处使得每一个转向的交通流的运行时间一样,通过交叉口的各转向的车辆数目相同是不可能的。一般来说,车辆在所属相位正常通行时,由于车辆启动、速度控制等因素,会造成在交叉口进口道停车线处以及交叉口内部运行的时间损耗,此类时间损耗被称为启动损失时间。

由图 3-10 可以看出,启动损失时间主要是车辆在通行绿灯启亮的前几秒内产生的。对于未对各转向交通流进行分转向通行控制的交叉口,由于同一车道内存在着不同流向的车辆,因此当此相位的通行绿灯启亮时,不同转向的车辆会依次启动并通过进口道的停车线。但由于不同转向交通流的车辆的运行轨迹不相同,因此如上一节所说的,车辆为了保证行驶的安全及行驶效率,在交织区内,同一车道内排队的车辆,后方车辆会等待前方车辆通行后再继续通行,这恰恰使得原有的启动损失时间再度增加。这不仅使得交叉口内部车辆通行的延误被增

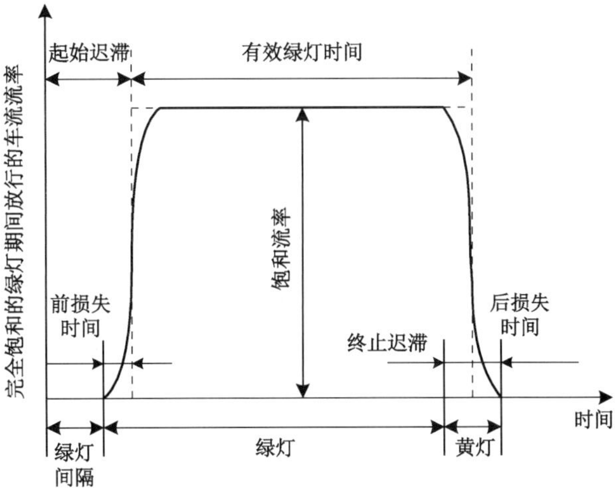


**图 3-10　绿灯期间通过的车流流率**

加，同时也会使得各转向交通流的通行效率被大大削减。

而对交叉口进口道的交通流进行分转向通行控制，不同转向的交通流拥有专属于该转向车辆的车道，并且属于某转向车辆的车道内也仅能行驶符合该车道所允许的转向要求的车辆。所以，分转向通行可以降低交叉口内部，尤其是停车线处车辆运行时的损失时间，并且由于降低了同车道不同流向的车辆间的相互干扰，各转向的交通流运行时相互间的速度影响也会减小，使得交叉口的通行效率得到提高。因此，从时间利用角度考虑，对于不同转向的交通流，在交叉口进口道处进行分转向通行处理有一定的必要性。

3）运行安全上的必要性

对于交叉口的运行评价的各个指标中，交叉口的运行安全指标是其中较为重要的一个指标。对于一个交叉口而言，车辆在交叉口进口道处及交叉口内部运行的安全性，是确保交叉口的运行效率以及各车道的通行能力的前提和基础。然而，对于未分转向通行的交叉口进口道，由于进口车道内部存在着不同转向的车辆，而各转向车辆的运行轨迹不尽相同，尤其是货车、公交车等大型车辆，其转弯半径、所需空间等均不相同，因此在交叉口进口道停车线处运行时各转向车辆之间存在一定的安全性问题。而对于分转向通行的交叉口进口道，由于各车道仅供一个转向的车辆通行，不存在一个车道内通行两个或三个转向车辆的情况，因此在交叉口进口道停车线处，不同转向的车辆之间的相互影响较小，安全性较大。同时，由于分转向通行，交叉口内部的冲突点减少，交织区域减小，使得交叉口内部的通行安全性也得到提高。因此，从运行安全角度考虑，对于不同转向的交通流，在交叉口进口道处进行分转向通行处理有一定的必要性。

根据以上的分析可以看出，对于传统的交叉口，对不同转向的交通流进行分转向通行控制是很有必要的。但是，分转向通行也往往会带来一定的局限性，为了解决转向车流，尤其是左转车流对交叉口通行效率的影响需要采取一些措施，但是这些措施同时也会使得交叉口内部的某些部分未被充分利用。因此，对于分转向通行所造成的浪费行为，我们在下一部分进行详细的分析。

### 3.1.2 分转向通行造成的浪费

对于传统信号交叉口，由于各方向车流的运行特征等交通特性的不同，在交叉口内部会产生延误，进而影响交叉口的通行能力。为了解决这一问题，需要对各转向的车流进行分转向控制，以提高车流的通行效率。由于我国的车辆运行规则为右侧通行，因此对左转及直行车流进行分转向通行控制可有效缓解以上问题。已有的左转交通流控制，主要分为空间分离控制和时间分离控制两大类，但无论哪一类左转交通流控制方式，均存在一定的“浪费”。下面我们对两类左转交通流控制方式进行介绍和分析。

1. 空间分离控制方法

空间分离控制方法主要指的是通过对左转交通流、左转车道等进行空间组织改变与设计，使得左转车流通过其他特殊的方式通过交叉口，使其不与同向直行交通流和对向左转及对向直行交通流等在交叉口内部形成冲突点，从而提高交叉口内部的通行能力。

1）左转专用车道

左转专用车道是将左转车辆从左转与直行两个方向或左转、直行、右转 3 个方向的混合共用车道中分出来。左转专用车道能够避免左转交通流与对向各方向交通流的干扰以及对紧随在左转交通流后的直行交通流的阻碍，从而提高交叉口的运行效率。已有的针对左转专用车道的研究，对于左转专用车道自身的设计、运营与维护管理方面的研究已经相对成熟了，更多侧重于考虑左转专用车道在交叉口通行能力、延误、安全等方面所带来的影响。图 3-11 是左转专用道控制方法图。

(a) 未设置左转专用车道的交叉口　　(b) 设置左转专用车道的交叉口

**图 3-11　左转专用车道控制方法**

美国 *Highway Capacity Manual* 2000（HCM 2000）主要从左转交通量、冲突干扰、交通安全 3 个方面来考虑左转车道的设置，将实际条件中左转专用车道的设置依据归纳为以下几点：

（1）在采用了左转保护相位的情况下考虑设置左转专用车道。

（2）在空间条件允许的情况下，一般当左转车流量达到 100 pcu/h 及其以上时，应当设置左转专用车道。此外，根据各州具体情况，在相对小的交通流量下也可设置左转专用车道。

（3）在左转交通流量超过 300 pcu/h 时，应考虑设置两条左转专用车道。

HCM2000 手册中关于左转专用车道的设置依据在美国交叉口规划、设计与运营管理过程中是作为规范性文件的。同时，也说明了在商业中心区、单行道等特殊区域或者存在特殊交通需求的情况下，可以不必设置左转专用车道[1]。

国内关于左转专用车道的研究，虽然已出台了相关规范和标准来指导完成左转专用车道的设置，但对专用车道设置形式与对应情况下交叉口车辆运行状况主要以探讨和仿真研究居多，并未做出深入研究和定量的确定性分析。

国家标准《道路交通标志和标线》（GB 5768—2009）中对在交叉口设置左转专用车道做出了详细规定[2]：

（1）高峰小时内一个信号周期进入交叉口的左转车辆多于 3～4 辆时，应增设左转专用车道。可以通过合理调整道路中心线或设置中央护栏，设置左转导向车道，要避免直行车道对着对向直行护栏的现象发生。

（2）在中央分隔带尺寸允许条件下可缩狭或中断中央分隔带，从而增加一条左转专用车道。

（3）如果在交叉口中对向车流量较小，可占用一条对向出口道作为左转专用车道。

左转专用车道虽然可以提高交叉口左转交通流的通行能力，并降低与同向直行交通流的交通冲突，但由于需要单独设置专用功能的车道，使得交叉口进口道处的车道资源在非左转相位时产生“浪费”，不能得到充分的利用。

2）左转待行区

一般情况下左转专用车道都是由交叉口进口道拓宽后形成的，因此长度上比较有限。在交叉口对应相位红灯时，左转车辆排队长度一旦超过专用车道长度，对上游区域将造成溢流现象，后面的直行车辆和左转车辆均会受到影响，从而降低整个进口道的通行能力。为了增加左转专用车道的可容纳车辆数，降低发生排队溢出的可能性，可以考虑将左转车道的停车线提前，在交叉口内部设置左转待行区(图 3-12)。

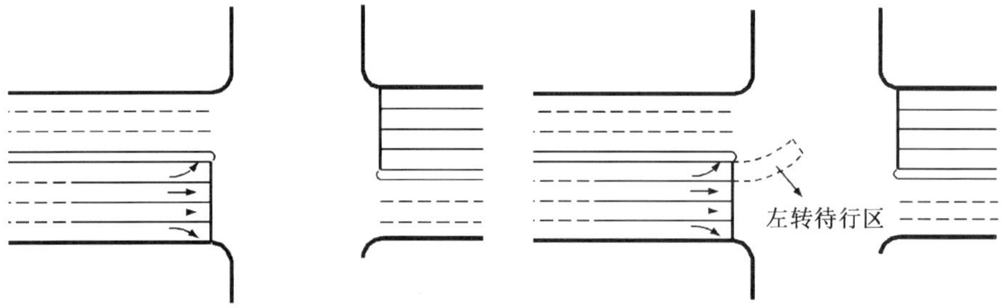


(a) 未设置左转待行区　　(b) 设置左转待行区

**图 3-12　左转待行区控制方法**

当左转相位的绿灯熄灭后，将不允许车辆在左转待行区内滞留，左转待行区必须设置在对向内侧直行车道的外侧，以免干扰通过交叉口的对向直行车辆。设置左转待行区并不会增加信号时间和左转进口车道数，而是增加了左转专用车道的长度并提高了左转专用车道的通行能力。设置左转待行区的实质是通过采用空间换时间的方法来优化交叉口的时空资源。

左转待行区控制方法需要在交叉口内部设置待行区，因此在交叉口内部控制了一部分运行空间，在不是这个相位通行时会浪费一定的交叉口内部空间区域。

无论是禁止左转控制方法、左转专用车道控制方法还是左转待行区控制方法，均采用空间分离的方式对左转车辆进行控制，以提高此方向交通流的运行效率。但由于以上 3 类控制方法需要对交叉口内部及上下游进行空间组织，因此在交叉口处空间资源利用方面造成一定的浪费。

2. 时间分离控制方法

一般采取信号控制的方法来完成交叉口左转交通流的时间分离，因此设置左转专用相位来组织和管理通过交叉口的各类车流。考虑到左转车辆与其他交通流存在大量冲突，信号相位控制中在左转交通绿灯期间，所有冲突交通流都应显示红灯，这样通过时间分离使得左转交通流得以平稳通行。

左转专用相位的设置是信号配时中比较复杂的部分，一般情况下，都要尽量减少由于相位增加而引起的绿灯时间的损失，以提高信号交叉口的运行效率和通行能力。然而，如果左转专用相位设置不当，就会影响交叉口的运行效率和通行能力，甚至引发交通安全问题。因此，左转专用相位的设置与如下诸多因素有关。

(1) 流量：交叉口的交通流量包括机动车平均交通量、高峰小时交通量、左转交通流量、非机动车流量、行人过街流量等。流量反映了外在环境的需求情况，设置左转专用相位需要满足这一需求，并且不影响其他机动车与非机动车等的正常通行。

(2) 安全：交叉口各方向交通流之间的冲突是造成交通事故的一个重要原因。一般情况下，通过增加信号相位数量以及减少同一相位中会发生冲突的交通流的数量，可以减少事故率和提高交通安全性。

(3) 效率：信号控制的相位设计需要整合交叉口的时空资源，一方面，过多的相位数会让相位交替更频繁，导致车辆损失时间增加，降低通行效率；另一方面，过少的相位会使得交叉口冲突严重且运行无秩序，从而也会降低通行效率。

（4）交叉口几何条件：交叉口的几何条件包括交叉口类型、进口道车道功能划分及对应车道数、出口道车道数、进口道展宽段长度、行人过街安全岛等。这些因素都与左转专用相位的设置有关，需要在交通设计与相位控制中加以考虑。

（5）协调控制：为了保证协调控制效果，相同分段内的信号要具有一致性，各交叉口的相位相序与相位时间差需要服从统一要求。左转专用相位的设置在协调控制的情况下，也需要对分段内整体绿波情况加以考虑。

左转专用相位的设置方法通常有如下几种：

1）基于流量的方法

交叉口左转流量是设置左转专用相位的直接依据，而大流量的左转交通流也是设置左转专用相位的直接原因。基于流量的方法大多都在左转专用相位的研究初期阶段中产生。

目前，基于流量的标准有两个参数，分别是左转车的流量以及左转车的流量与对向直行车的流量的乘积[1]。当左转车流量不够大时，可以采取许可型左转控制；当左转车流量很大时，则直接采取左转专用相位控制；当左转车的流量在上述范围中的时候，则需要通过判定左转车流量与对向直行车流量的乘积来决定。设置左转专用相位的流程如图 3-13 所示，其中左转车的流量用 $X$ 表示，对向直行车的流量用 $Y$ 表示。

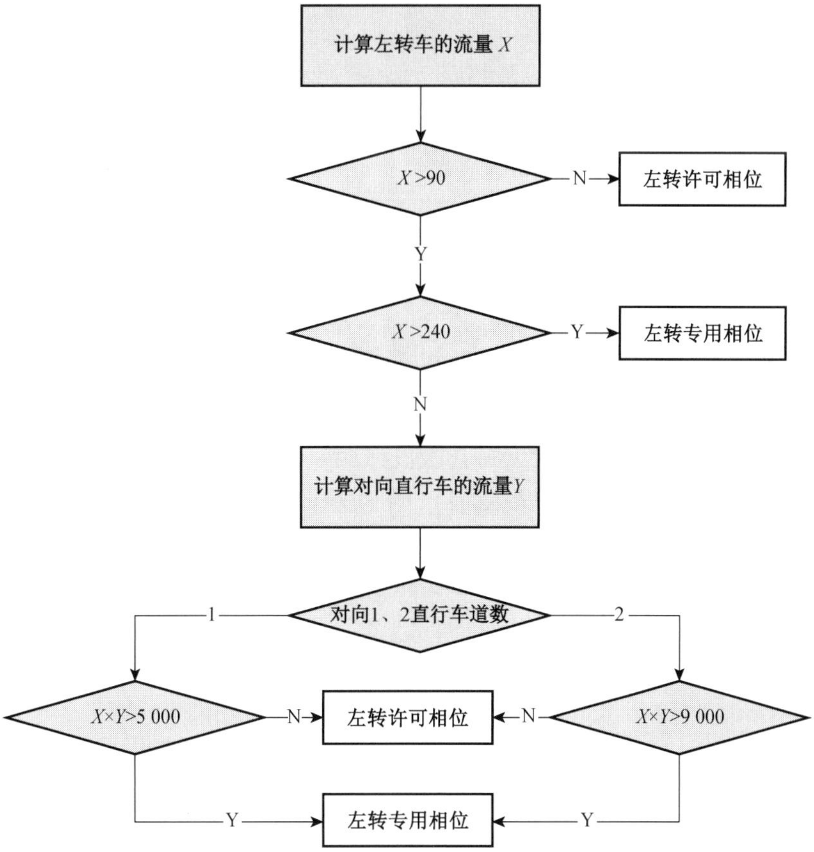


图 3-13　基于流量的左转专用相位的设置流程

相关研究主要从流量与左转相位的相互影响角度进行分析，如 Edmond Chin-Ping Chang 从影响左转相位的因素着手研究，诸如左转交通量、左转交通量与对向直行交通量的乘积、对向直行车道数、对向车流的行车速度、交叉口视距以及左转事故数量等。他将左转相位分为保护式、允许式、保护/允许式三类，认为设置左转保护相位需要满足一系列流量、视距、车道数等条件[3]。此外许多相关学者从延误、通行效率等角度对左转专用相位进行了深入的研究。

2）基于安全的方法

各个流向的交通流在交叉口的冲突始终是影响交通安全的一大问题，国外学者最初想通过研究左转相位的安全性来确定信号控制的相位相序。基于交通安全来设置左转专用相位的方法，以国外研究为主，如 Hauer 将左转相位分为许可型、保护型以及许可/保护型或保护/许可型 3 种方式，对左转相位的安全性进行分析，并计算出对应的事故修正系数与事故发生率。如表 3-1 所列，左转保护相位即左转专用相位的情况下事故修正系数更小，安全性最高[4]。

**表 3-1　　左转相位的事故修正系数分析**

<table>
<tr><th>起始相位</th><th>终止相位</th><th>交通流方向</th><th>事故修正系数</th></tr>
<tr><td rowspan="2">许可型相位</td><td rowspan="2">保护型相位</td><td>左转</td><td>0.3</td></tr>
<tr><td>直行、右转</td><td>1</td></tr>
<tr><td rowspan="2">许可型相位</td><td rowspan="2">许可/保护型或<br>保护/许可型相位</td><td>左转</td><td>1</td></tr>
<tr><td>直行、右转</td><td>1</td></tr>
<tr><td rowspan="2">许可/保护型或<br>保护/许可型相位</td><td rowspan="2">保护型相位</td><td>左转</td><td>0.3</td></tr>
<tr><td>直行、右转</td><td>1</td></tr>
</table>

一定程度上，设置左转专用相位对于提高交叉口的交通安全性是有很重要意义的。但是，由于每个交叉口的几何构造、交通状况、驾驶员特性等都是不同的，将交通安全指标作为设置左转专用相位的唯一依据则会存在区域性强、通用性差等缺陷。

3）基于效率的方法

左转专用相位的设置不仅能提高左转车辆的通行能力，而且也能减少对直行车辆、右转车辆的冲突和干扰，从而提高整个交叉口的运行效率。因此，国内外学者一直都在研究基于效率的设置左转专用相位的方法，以达到减小车辆延误和提高交叉口服务水平的目的。

美国佛罗里达州 ITE 研究报告中以多个实际交叉口为案例，对设置左转专用相位和不设置左转专用相位两种情况下的延误进行了调查统计，运用各类图表的形式对左转车辆、直行车辆的延误变化情况进行描述。并且通过分析不同左转交通流量下的延误变化情况，总结归纳出延误的优化函数。通过计算交叉口的车辆延误，得到设置左转专用相位的临界流量[5]。

关于左转专用相位的研究大部分都将车辆的平均延误作为设置左转专用相位的判断指标，但这仅适用于与信号优化相匹配的时候，在相位方案初选时难以运用。同时，左转专用相位的设置所要考虑的因素不局限于效率，还包括左转交通量、对向直行交通量、行人交通量、视距、车道数、渠化的类型和特性、进口道的车速和对向车辆的运行车速、通过交叉口的距离、事故记录等。因此，左转专用相位的设置需要兼顾流量、安全与效率。

4）兼顾流量、安全与效率

随着城市不断发展，对于左转专用相位的研究日趋完善，所考虑的因素也由单一元素向多元化综合性转变。左转专用相位的设置并不存在统一标准，但都需要兼顾多个目标进行分析。

Asante S. A. 针对机动车驾驶员进行问卷调查，在设置左转专用相位与否对驾驶员造成心理影响的问题上，90%的人认为设置左转专用相位增加了安全性，与额外增加的延误相比较，还是愿意选择左转专用相位。在此基础上，他提出了是否设置左转保护/许可相位的判定方法及其对应临界条件，同时也提出了左转专用相位的设置条件，其中包括安全依据和效率依据[6]。

Wong S. C. 提出了一种基于车道的交叉口配时优化方法，且在一个系统框架下同时考虑了机动车流与非机动车流，以通行能力最大和周期最小为约束建立了一个双重规划模型，应用线性规划中的分支定界法求解。将交通流量、周期时长、绿灯时长和行人过街最小绿灯时间表达成连续函数，并且作为模型中的一个整数变量。同时根据左转、直行等各个方面的通行需求和安全保证建立了一系列的约束条件，最终得出最优化的渠化设计与信号配时方案[7]。

马万经和杨晓光研究了拥挤交叉口和非拥挤交叉口构成的交叉口群左转交通组合协调设计，将左转专用相位的设置放入整个交通系统中进行考虑和分析。首先，对比分析了允许左转和禁止左转交通对交叉口最优信号周期、车均延误和饱和度的影响。然后，分析了禁左后左转交通流的可替代路径，研究了交叉口群左转相位的协调设计方法和相应的空间协调设计方法。在此基础上，以交叉口群总延误最小为目标提出了交叉口群左转相位组合优化模型，在模型中还考虑了为公交车辆所带来的效益。这项研究不同于一般性的左转专用相位设置研究，而是将左转相位的协调设计纳入整个系统中，减小整体的负面影响，同时又能显著改善交叉口的服务水平[8]。

*3. 分转向通行的浪费*

无论是空间分离控制方法还是时间分离控制方法，传统的分转向通行对于左转交通流主要以设置左转专用车道和左转专用相位最为普遍。但在实际生活中，往往会发现左转专用车道的利用率很低，左转专用相位的绿灯损失时间很长，这说明组织方法不当造成了时空资源的浪费。另外，有时交通流过饱和时，即使设置了左转专用车道和左转专用相位还是不能够解决问题，并且分转向的通行会使得交叉口处的空间资源和时间资源被浪费。为在提高交叉口通行能力的基础上降低时空浪费，这就要求采取其他更为合理与科学的组织方法。

在运行空间方面，分转向通行与未分转向通行相比，交叉口的上游、下游及交叉口内部的运行空间受到了一定的限制。如图 3-14(a)所示，对于左转交通流，在左转与直行混合通行的信号交叉口内，由于左转车辆与直行车辆共用车道，因此左转交通流在交叉口进口道处、交叉口内部及出口道处均可使用两条车道宽度的空间，同理，直行交通流在交叉口进口道处、交叉口内部及出口道处也同样可使用两条车道宽度的通行空间。然而，对于分转向通行的交叉口，左转交通流和直行交通流必须分开行驶，因此需要设计独立的车道，使得左转交通流在交叉口进口道处、交叉口内部及出口道处均可使用一条车道宽度的空间，同理，直行交通流在交叉口进口道处、交叉口内部及出口道处也同样可使用一条车道宽度的通行空间，通行空间大大减小。此外，如果此交叉口进行左转与直行分相位的信号控制方式，则在一个相位中，可通行的空间会被浪费掉很大一部分。

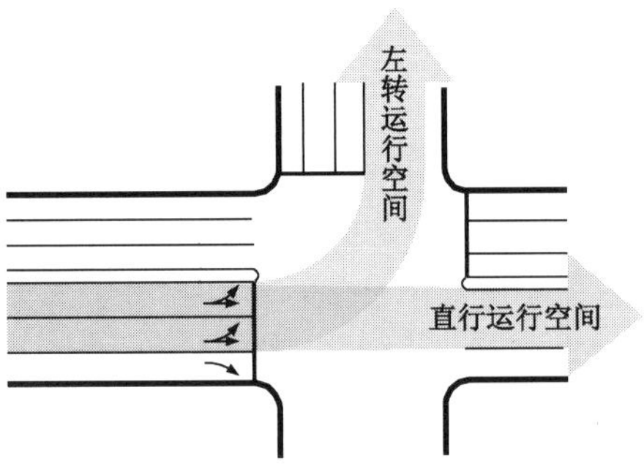


(a) 左转直行混行

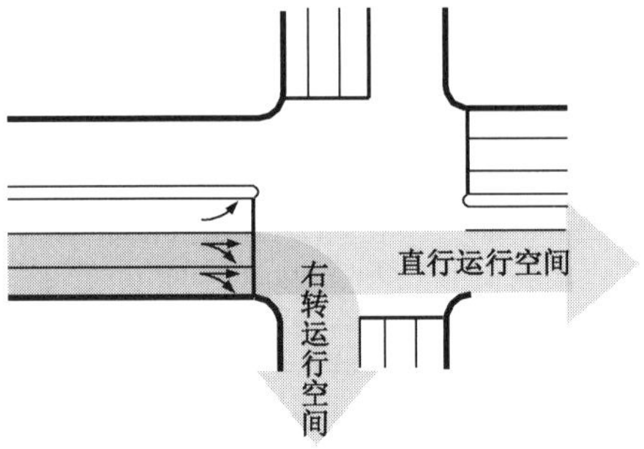


(b) 右转直行混行

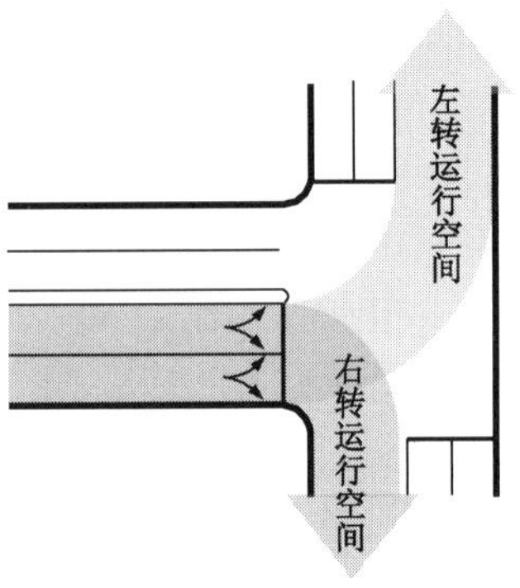


(c) 左转右转混行

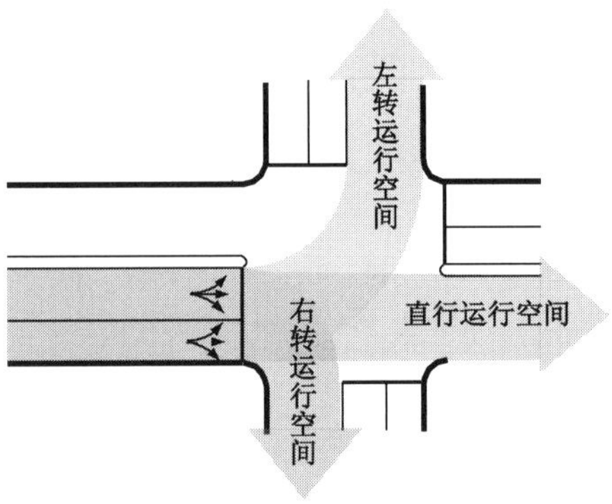


(d) 左转直行右转混行

**图 3-14　不分转向通行交叉口车辆运行空间**

同理，如图 3-14(b)所示，直行与右转混合通行的交叉口内，直行车辆与右转车辆共用车道，在交叉口进口道处、交叉口内部及出口道处均有相同宽度的运行空间，但由于右转车辆特殊的运行特性，除非右转交通流的流量较大，一般情况下不将直行与右转交通流分流向控制。而图 3-14(c)和(d)也是同样的道理。在相同的道路设计条件下，分转向通行势必会使原有未分转向通行部分车道内通行的车辆的运行空间的宽度减少，同时，在进行某转向的通行信号控制的时间间隔，势必会使得此进口道未通行方向的车道及对应的交叉口内部的空间不被充分利用，出现严重的浪费现象(图 3-15)。因此，如何在确保使用分转向通行

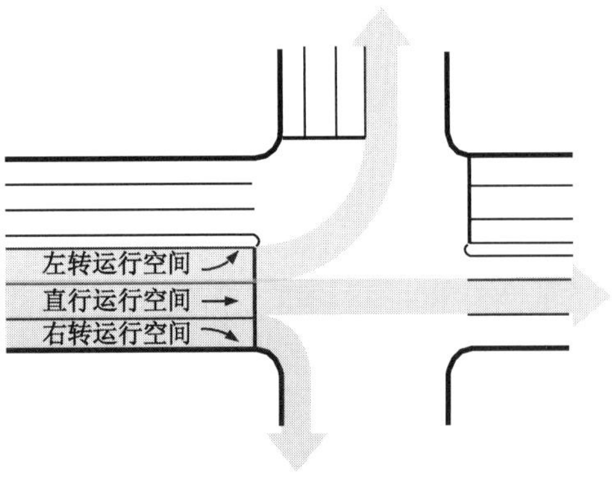


(a) 左转直行右转车辆分转向运行

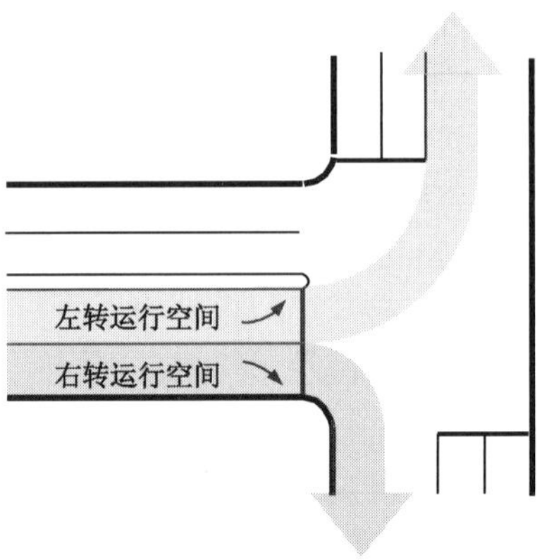


(b) 左转右转车辆分转向运行

**图 3-15　分转向通行交叉口车辆运行空间**

以提高交叉口通行效率的前提下,最大限度地利用交叉口及其上下游车道的空间资源,是节约交叉口通行问题的关键因素。为了提高分转向交通流量较大情况下的交叉口通行能力,本书在3.2节中提出了"串联系统"的控制方法,并对此方法的控制方式、运行评价等相关内容进行了详细介绍。

## 3.2 串联系统

如前所述,传统的信号交叉口进口道处各车道采用"并联系统"的组织形式对其车道功能、车道控制等进行管理。当各流向的车流量较大时,需要对各转向交通流进行分转向通行管理,但无论是哪一类分转向控制方法,都会造成一定量的时间或空间的浪费。为了提高进口车道的使用效率,一种排阵式信号交叉口被提出,它主要应用预信号控制对交通流在交叉口上游进行预组织,使全部或大部分进口车道动态地作为直行车道或左转车道使用。

与传统信号交叉口相比,排阵式信号交叉口是在交叉口进口道处原有停车线的基础上,在其上游并与其间隔一段距离的位置处设置另一条停车线,并在保持信号交叉口正常信号控制的同时,在新设置的停车线处也设置信号灯。为与交叉口原有信号灯有所区别,将进口道上游区域的信号灯称为预信号,而交叉口原有信号灯则称为主信号,利用进口道前后两条停车线及主信号和预信号系统进行联动控制。

如图3-16所示,排阵式信号交叉口的预信号与主信号之间的区域称为综合待行区。不同于干道协调控制等传统的信号交叉口的控制方法,综合待行区能够重新进行车道划分和车流组织,其内部的车辆行驶方向进行周期性变化,且保证每个时刻综合待行区内部的车道功能相同,并进行周期性变化。与传统的信号交叉口进口道处各车道功能固定不变相比,排阵式信号交叉口中综合待行区内部车道功能周期性变化,使得不同方向的交通流可以交替不断地驶入综合待行区内部,就好像是电路学中串联电路中电流的流动方式(图3-17),因此也可以将排阵式信号交叉口的控制方式称为"串联系统"。

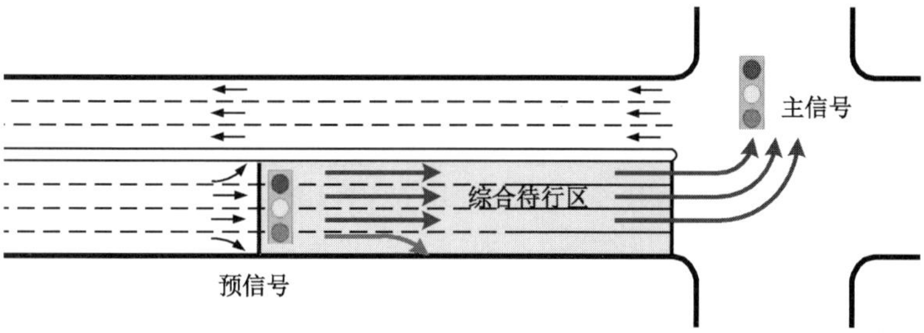


图3-16　排阵式信号交叉口组织形式图

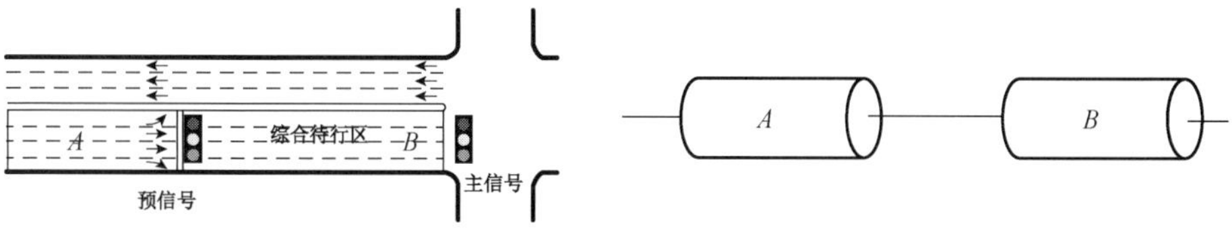


(a) 排阵式信号交叉口　　(b) 串联电路

图3-17　"串联系统"的排阵式信号交叉口与串联电路

本节主要对"串联系统"形式的排阵式信号交叉口的车流运行特征、交叉口通行情况等进行介绍，并针对其空间划分、通行能力、控制方式等进行分析和讨论，以探究其内在提升交叉口通行效率的方法。

### 3.2.1 空间划分

1. 预信号控制思想

排阵式信号控制交叉口的控制方法，主要利用的是在原有交叉口进口道停车线前一定区域内设置新的停车线，并建立新的信号控制，且与原有的信号控制形成主信号、预信号的协调控制方法。其中主要应用的控制思想则是预信号控制的思想。

预信号控制，顾名思义，即在原有信号控制的基础上在上游一定区域内增设另一组或多组相似的信号控制，其控制方式、控制对象、控制方法与原有的主信号相同或相似，但控制时间、控制手段并非完全一致，其目的是通过预信号与主信号的联动协调控制，改善原有信号控制存在的延误较大、通行效率较低等问题。

预信号的思想很早就已经被提出。预信号的概念是英国运输局基于保证公交服务质量的目的，在 1991 年首先提出的，而在此之前欧洲交通工程实践中已经将公交优先控制方式实施了许多年。一般情况下，预信号控制是在进口道的通行区域设置前后两条停车线的基础上，进而以设置在后一根停车线上预先的信号来控制车辆的。预信号控制的研究发展至今，主要适用于对有不同需求的交通主体进行预先的合理交通控制和组织，使其在通过交叉口时更为高效和安全。预信号控制在公共交通、非机动车、交叉口控制领域都有研究和应用，其中以公交预信号优先控制的研究最为深入和成熟。

1）预信号在公交优先方面的应用

公交优先控制中较早引入了预信号控制思想。公交预信号控制是利用在交叉口进口道设置主、预停车线以及采取主、预信号的联动协调控制，以保证交叉口此相位红灯时间到达的公交车辆总是可以在社会车辆之前排队并在绿灯时间全部通过交叉口，实现在信号交叉口处给予公交车辆的优先通行权。

国外关于公交预信号控制的研究在时间上早于国内，研究大多聚焦于公交车辆与社会车辆各自的通行规则、预信号配时的相位差协调以及公交优先的效益评价等几个关键方面。典型的代表为 Wu Jianping 和 Nick Hounsell，他们阐述了运用预信号方法来完成公交优先控制的方法原理与对应车辆运行状况。根据假设前提以及信号之间的协调关系，以预信号与主信号绿灯相位差为研究切入点，运用车辆运动的物理原理，详细表达了交叉口主信号与预信号的时间关系。

随后，国外相关学者对公交预信号的控制方法及控制效果做了进一步深化研究，将预信号与公交被动优先方法相结合，以减少公交车辆的延误及提高其准点程度作为优化目标，重点研究了公交预信号与交叉口主信号之间的区域，从协调关系、车辆运行、时空资源等方面综合考虑公交预信号控制方法的特点与规律。

国内针对公交预信号控制的研究尽管晚于国外，但近年来新的研究成果不断涌现。研究中不仅关注了以上几个焦点问题，还对预信号交叉口的布局形式、预信号距主信号的距离、公交及社会车辆的延误等多个方面展开分析，对基于公交优先的预信号控制下交叉口进口道的布局方法与公交车运行规则进行了研究，提出了由公交车辆高峰小时到达率、主信号红灯时长、进口道车道数量等因素来确定主信号停车线与预信号停车线之间距离的方法等。

预信号控制的思想在公交优先方面的运用已较为成熟且效果明显，这也侧面验证了预信号控制思想的准确与高效。

2）预信号在非机动车方面的应用

将预信号控制思想应用在非机动车控制方面的研究起步较晚，在已有的相关文献中，以安全性和低碳性作为主要的关注点。

英国交通研究实验室 TRL 在面向自行车的管理技术报告中，运用预信号将自行车提前放入到交叉口中，一方面引起机动车驾驶员的注意，保证自行车行驶的安全；另一方面优先通行自行车，有利于鼓励和提倡低碳出行方式。

此外，相关学者还考虑到机动车、非机动车混行的各种干扰和冲突，为保证安全性和通行能力，运用预信号控制，组织机动车、非机动车分离开来，以各自组合的形式有序通过交叉口。

预信号控制的思想在非机动车控制方面的应用收效也较为明显。

3）预信号在信号交叉口优化控制方面的应用

根据预信号控制的思想和运用方法，预信号被逐渐应用在信号交叉口的优化控制方面。

国外将预信号用于交叉口的控制与非常规交叉口的控制方法联系在一起研究，但并未形成完整的体系。例如，Xuan. Y. 和 Daganzo 通过在交叉口上游区域设置综合待行区，并用预信号进行控制的方法，来处理交叉口左转车辆与直行车辆冲突的问题。通过信号配时优化计算与算例分析，证明了该方法能够很大程度地提高交叉口通行能力。该文中的方法与双停车线方法的外在设置是相同的，但其研究中未对主、预信号之间协调控制进行透彻分析，同时还存在未考虑排队集散过程、待行区长度过于理想、未分析交通流运行特征、缺乏饱和度约束等诸多不足。

国内关于预信号在交叉口控制中的研究还很少，目前更多地注重于预信号控制运用于交叉口组织和管理之中的实际效果，根据实际道路情况，将预信号运用到主干路与支路汇合区域，如此将主路上游到达车辆与支路汇入车辆重新组织，以更高的效率通过前方交叉口。例如，根据上海市天目路与乌镇路交叉口的实际情况，交警在天目路高架之下进入交叉口之前的进口道上游区域，设置了一根预停车线。通过一至两名交警在预信号前指挥车辆进入综合待行区内停车集结以及排队消散，以人工控制的方式与交叉口处的信号控制之间建立协调关系，完成双停车线控制。实践证明，双停车线的实施，有效分离了左转、调头等方向的车辆，很大程度上提高了通行能力。

2. 交通流运行特征

排阵式信号交叉口的控制方法主要应用预信号控制的思想，对各个方向的交通流进行管理控制，使其依次遵循预信号和主信号的二次控制运行。因此，排阵式信号交叉口的交通流运行特征与其信号相位控制有着密切的关系。

一方面，由于右转车辆可随直行车辆在预信号同一相位放行，不影响整个控制策略，为简化表述，交通流运行特征分析以直行车辆和左转车辆的运行轨迹为例。另一方面，相位相序的安排是左转相位先于直行相位。同样地，如果是直行相位先于左转相位，研究方法是完全相同的。

在排阵式信号控制中，在主、预信号协调控制下，各方向交通流的运行轨迹及其控制逻辑如图 3-18 所示。在交通流运行过程中，综合待行区是轮流提供给左转车辆和直行车辆占用和通行的。通过运行轨迹的控制逻辑可以看出，采用预信号的调整来控制不同相位车辆驶入综合待行区，使得每个流向的车辆(直行或者左转)在绿灯期间内都能够使用综合待行区内所有的可用车道。

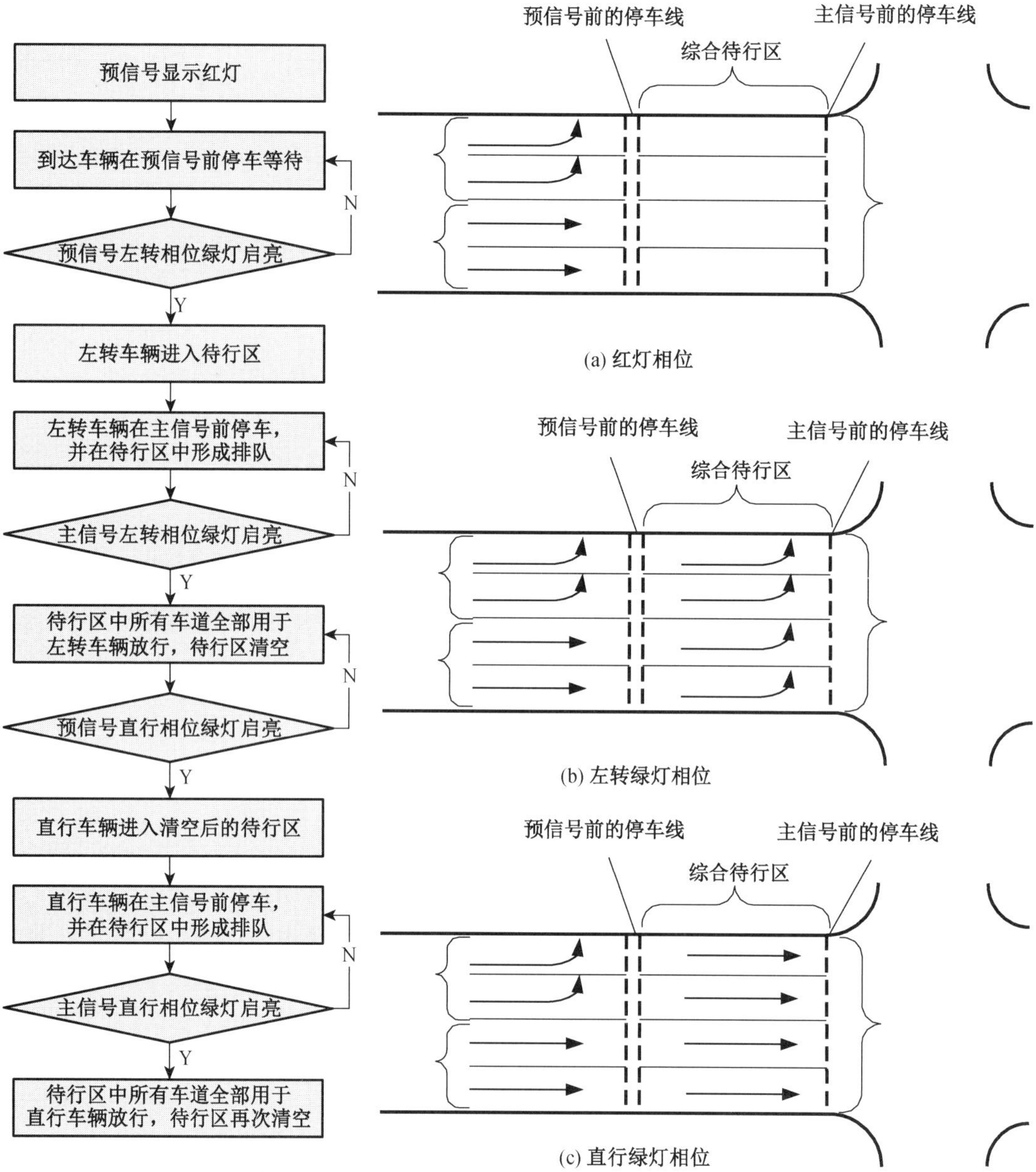


图 3-18　排阵式信号交叉口的交通流运行特征及控制逻辑

根据上图排阵式信号控制方法的控制逻辑，可以简化得到排阵式信号交叉口的交通流运行特征：

(1) 在初始阶段，预信号与主信号均为红灯，所有车辆在预信号前停车等待，如图 3-18

(a)所示。

(2) 预信号会比主信号提前启亮左转相位绿灯。而此时进入综合待行区之中的左转车辆将占用所有可用车道,并且在主信号前停车集结。当左转车辆在综合待行区中集结到一定程度之后,主信号启亮左转相位绿灯,综合待行区中所有可用车道全部用于左转车辆的放行,如图 3-18(b)所示。

(3) 在主信号左转相位绿灯期间,预信号转换为直行相位绿灯。直行车辆进入到综合待行区中,仍然占用综合待行区中所有可用车道,紧随左转车辆之后完成集结和消散的过程。如图 3-18(c)所示。

整个交通流运行过程中,交通流的运行变化都是由主信号、预信号的信号变化引起的。从中可以看出主、预信号各自的配时参数及其之间的协调影响着交通流的运行以及这一方法的控制效果。

但由于以上排阵式控制思想的控制逻辑过于抽象,并且考虑到综合待行区内车流交替变化及实际应用中的控制管理,现将排阵式信号控制的控制过程进行具体细化,可分为以下几个步骤:

(1) 左转流入期:当一个相位刚开始运行且下一个相位为本进口道左转方向相位时,此时交叉口此方向信号灯为红灯,综合待行区处预信号控制左转信号标志亮绿灯。综合待行区停车线前左转车道的车辆进入控制区,并可使用控制区内 4 条车道(假设此进口道处车道共 4 条)。左转车辆进入控制区后进行等待,不可越过进口道处停车线。此过程可称为左转车辆流入期,简称左转流入期,如图 3-19(a)所示。

(2) 左转排空期:当此进口道左转相位开始运行,左转信号灯亮绿灯时,综合待行区预信号控制标志亮红灯,禁止任何车辆进入综合待行区,同时综合待行区内车辆按照交叉口信号控制进行左转,直至左转车辆全部排空为止,综合待行区外车辆不可越过综合待行区停车线。此过程可称为左转车辆排空期,简称左转排空期,如图 3-19(b)所示。

(3) 直行流入期:当综合待行区内左转车辆全部排空时,综合待行区预信号控制直行信号标志亮绿灯,综合待行区停车线前直行车道的车辆进入控制区,与左转车辆相同,进入综合待行区后不可越过进口道停车线,而此时预停车线外左转车道的车辆禁止进入综合待行区。此过程可称为直行车辆流入期,简称直行流入期,如图 3-19(c)所示。

(4) 直行排空期:当此进口道直行相位开始运行,直行信号灯亮绿灯时,综合待行区预信号控制标志亮红灯,禁止任何车辆进入综合待行区,同时综合待行区内车辆按照交叉口信号控制进行直行,直至直行车辆全部排空为止,综合待行区外车辆不可越过综合待行区停车线。此过程可称为直行车辆排空期,简称直行排空期,如图 3-19(d)所示。随后,此轮循环结束,返回步骤(1),开始下一轮循环。

3. 空间区域划分

排阵式信号交叉口与传统交叉口最大的不同之处在于提出了"综合待行区"的概念。综合待行区顾名思义,在此区域内车辆处于等待行驶的状态,并且此区域内的车道功能不固定,会根据主信号与预信号的控制而进行周期性的变化(一般情况下,在左转与直行间周期性变化),每一时刻综合功能区内部的各车道的车道功能相同,并且均为此方向下一个相位即将启亮的绿灯方向。

由综合待行区内部的运行特征,我们可以看出,综合待行区实际上起到了一种"车道归

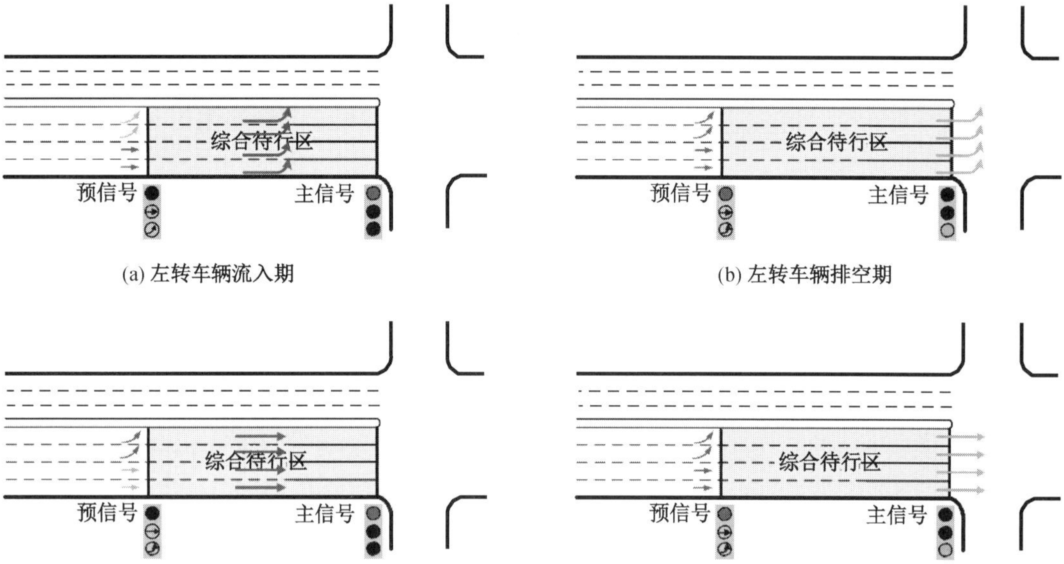


(a) 左转车辆流入期　(b) 左转车辆排空期

(c) 直行车辆流入期　(d) 直行车辆排空期

**图 3-19　排阵式信号控制意图**

一化”的作用。所谓的“归一化”，就是将进口道上游一段区域内的车道功能进行归一化处理，保证各车道内的车道功能相同，车辆可以最大化地利用进口道上游一段区域的空间，达到提高通行效率的目的。

根据排阵式信号交叉口的控制方法以及空间几何设计，可以将排阵式信号交叉口进口道的空间区域进行划分，如图 3-20 所示，可分为排阵待行区域、排阵重组区域以及重组待行区域三个部分。

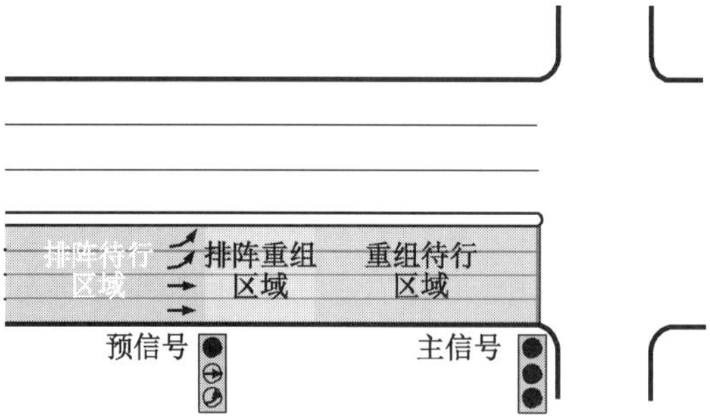


**图 3-20　排阵式信号交叉口进口道空间划分示意图**

1）排阵待行区域

排阵待行区域主要指的是排阵式信号交叉口进口道预停车线与上游交叉口之间的所有车道区域。与综合待行区内部的周期变化的车道不同，排阵待行区域内部的车道功能与一般的分转向通行交叉口进口道的车道功能相同，是固定的，即规定并设置了左转、直行及右转的车道功能标志，并非本车道功能允许的转向的车辆禁止在此车道通行。排阵待行区域内的车辆来自上游交叉口各进口道，并通过此区域驶入排阵式信号交叉口，由于车道功能已划分，因此车辆在进入此区域后需要严格按照规定行驶，并且在到达预停车线处前需减速停车，按照预信号的控制进行下一步的运行。排阵待行区域的主要功能是连接综合待行区与上游交叉口，确保车辆在进入综合待行区前按规定行驶，以提高综合待行区的工作效率以及运行安全。

2）排阵重组区域

排阵重组区域主要指的是排阵式信号交叉口进口道预停车线至综合待行区内部的一定区域。排阵重组区的主要功能是为预停车线前的车辆提供进入综合待行区并进行车道选择的空间。综合待行区内部的车道功能与预停车线前的车道功能不尽相同，在预停车线前待行的车辆在预信号绿灯启亮后通行并进入综合待行区时存在一个起步慢行、车道选择、继续通行的过程，而排阵重组区域指的就是发生这个过程的综合待行区的一部分。例如，预信号左转绿灯开启，此时排阵待行区域内左转车道的车辆依次启动并开始进入综合待行区，此时左转车道的车辆将对综合待行区内的全部车道进行一次选择，理论上选择综合待行区内的一条车道后，为保证通行效率和行车安全，车辆将不被允许再次变更车道。那么，车辆在排阵重组区域内会进行一次车道选择，换言之，就是将排阵待行区域内左转车道的车辆重组在综合待行区的全部车道内，以便进行下一步的通行。

3）重组待行区域

重组待行区域主要指的是综合待行区内排阵重组区域至主停车线的一定区域，重组待行区域的主要功能是为综合待行区内车辆在进入交叉口通行之前提供等待通行的空间。车辆在进入到综合待行区内部，经过排阵重组区域的车辆重组，选择好自己的行驶车道后，在主停车线前等待主信号的绿灯开启。由于重组待行区域内各车道的车道功能均相同，因此理论上各车道的排队车辆应接近于均衡状态。在主信号通行绿灯启亮后，重组待行区域内的车辆在主信号的控制下依次驶离综合待行区，并驶入交叉口内部进行通行。

通过上面排阵式信号交叉口进口道的空间区域划分我们可以看出，排阵式信号控制是在原有的道路设计上增添了一条预停车线，将原有进口道处的车道功能后移至排阵待行区域，而在综合待行区内部的排阵重组区域和重组待行区域对驶入综合待行区的车流进行管理、控制及重新梳理，使综合待行区内部的车道可以在各个相位得到充分的利用。

同时，根据排阵式控制的车流运行过程我们可以发现，无论左转车流或者直行车流在排阵待行区域仅可使用几条车道，当预信号允许某一方向车流进入综合待行区时，综合待行区内部的车道功能则均属于此方向的车辆使用。也就是说，对于排阵式信号交叉口的进口道，无论是左转或者直行哪一个转向的交通流，其主停车线处及交叉口内部的运行空间的宽度均为综合待行区的宽度。如图3-21所示，与一般情况下的分转向通行交叉口相比，此类控制方法的交叉口内运行空间得到了更为充分的利用，同时，也大大提高了交叉口的通行效率，缩短了运行时间。

4. 综合待行区设置方法

如前所述，虽然排阵式信号交叉口的控制方法简单，设计建设亦简单，却有着不俗的效率提升作用。那么如何设置合理的综合待行区则成为提高排阵式信号交叉口使用效率的关键。下面将对综合待行区的考虑因素、设置条件、设计方法等进行详细介绍，以便于对排阵式信号控制的综合待行区的空间设置方法做更加深入的研究分析。

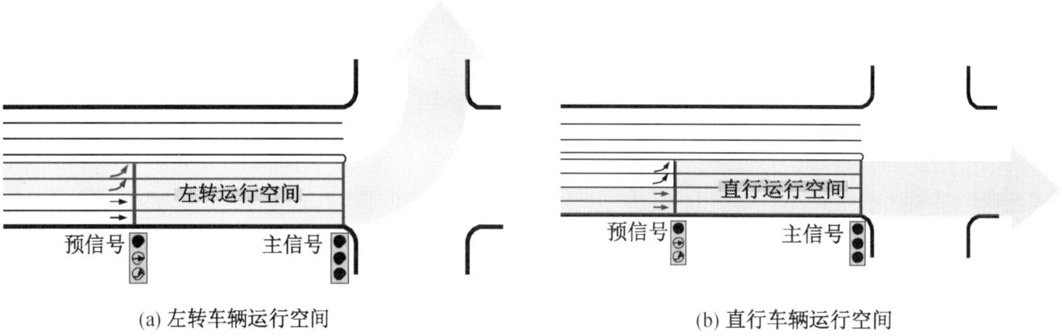


**图 3-21　排阵式信号交叉口进口道车辆运行空间**

1）一般形式

综合待行区不同于以往的左转待行区、直行待行区等交叉口内部的待行区，是在现有的道路供给条件不变的情况下，充分挖掘和利用交叉口进口道的时空资源而形成的车道功能综合区。如上文所说，综合待行区包含排阵重组区域和重组待行区域这两个空间区域。综合待行区的使用原理综合了左转待行区、直行待行区、可变车道及潮汐车道等特殊交通空间的设计功能及行驶功能。

综合待行区的一般形式如图 3-22 所示，在交叉口进口道主停车线上游增设一条预停车线，用实线或者双虚线进行标识，同时在预停车线处增设一组预信号控制灯组，对排阵待行区域的车辆进行预先控制。

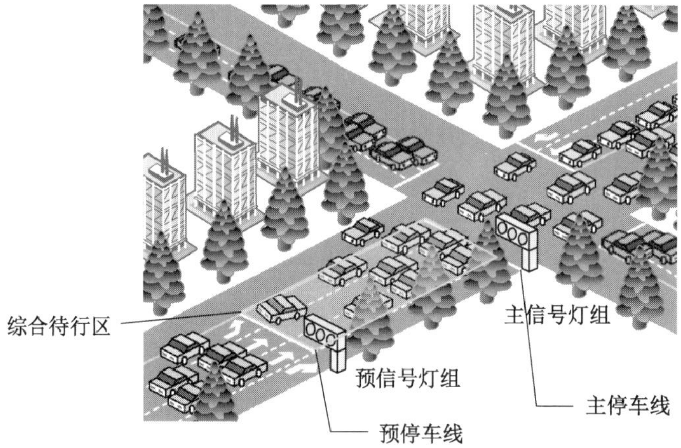


**图 3-22　综合待行区的一般形式及基础设施图**

2）设置条件

排阵式信号控制作为特殊的交通控制方式，其中关键的综合待行区的设置需要满足一定的道路交通条件。

（1）进口道长度条件

设置综合待行区并使用排阵式信号控制方法，需要交叉口进口道的路段长度满足一定的数值要求。该长度既要拥有足够的空间来划分和设置综合待行区，又要保证在预停车线上游的车辆排队等候区域足够大,即排阵待行区域足够长,避免由于车辆排队过长而出现满溢现象,从而影响上游交叉口的正常运行。

(2) 交叉口上下游空间条件

设置综合待行区并使用排阵式信号控制方法,需要保证交叉口进口道及出口道的数量满足一定的条件,即在此交叉口进口道处设置综合待行区后,通过交叉口的每一个转向的交通流的进口车道数应该不大于交叉口下游的出口车道数,以避免由于人为控制不当而制造出新的交通瓶颈,导致交叉口内的车流运行受阻。

(3) 流量条件

设置综合待行区并使用排阵式信号控制方法,其前提是高峰时段进口道处的交通流量较大,并且现有进口道的服务水平不能疏散交通流量的压力,而现有道路条件拥有可提升实际通行能力的空间。如果交通流量较小,交叉口进口道的交通压力不大,则综合待行区的设置不仅不能提升交叉口的通行能力,反而会影响交叉口甚至是上游及下游交叉口的交通运行和车辆行驶安全。

(4) 车道条件

设置综合待行区并使用排阵式信号控制方法,在综合待行区前的排阵待行区域必须设置分转向的专用车道,并且规定待行交通流的车辆进入,保证进入综合待行区的车辆按照信号控制顺利并正确地进入,以确保车辆运行效率和行驶安全。

3) 设置情况

综合待行区的设置是排阵式信号交叉口最为特殊且最为有效的控制设施,综合待行区内的车道功能共享是其能够充分利用道路资源,提升车道通行能力的重要手段。但是,鉴于道路车流量以及车辆的到达及驶离情况,综合待行区的长度不可能无限增加,当达到一定数值后,不但不能再减少主信号的通行时间,而且反而会对进口道整体的通行能力造成影响。如图 3-23 所示,在设置综合待行区的长度时,可能会出现以下 3 种情况。

(1) 长度过短

综合待行区的设置是为了便于最大化地利用进口道区域各车道的空间资源,如果综合待行区的长度设置过短,则不能满足下一个相位主信号允许通行的转向车辆由排阵待行区域内全部进入到综合待行区进行排阵重组,使得排阵待行区域中等待车队队尾的几辆车无法在一个周期内正常通行,极大地增加了运行延误时间。如图 3-23(a)所示,由于综合待行区的长度设置过短,使得原本应该在预信号左转绿灯时间进入到综合待行区内部的左转车辆无法全部进入到综合待行区内,只能等待下一个周期的预信号左转绿灯再次启亮才能通过交叉口,这大大增加了被剩余的左转车辆通过交叉口的延误时间。

(2) 长度过长

虽然综合待行区的长度设置不能过短,要能满足交通流的正常通行,但也不宜过长。如果设置了过长的综合待行区,当某个方向的预信号绿灯启亮,车辆进入到综合待行区时,综合待行区末端的一定区域由于车辆数量不足导致无车辆排队,此区域的车道空间资源就会被浪费了。然而,对于另一个方向的排队车辆来说这段区域则无法被利用。如图 3-23(c)所示,由于综合待行区的长度设置过长,使得综合待行区末端区域的车道空间未被利用,而预停车线后排队的直行车辆却无法利用此区域,造成空间资源的浪费。

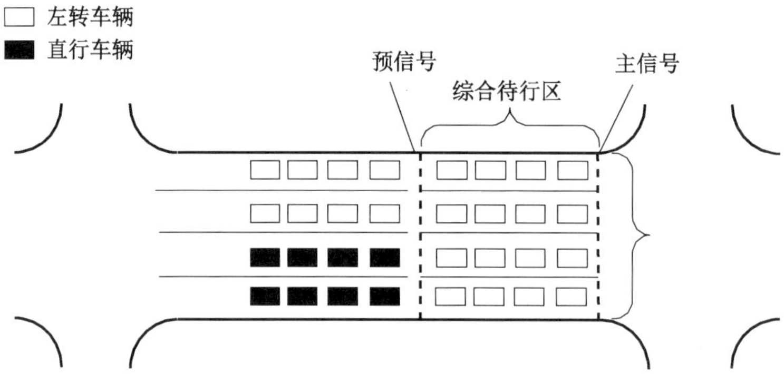


(a) 综合待行区长度过短

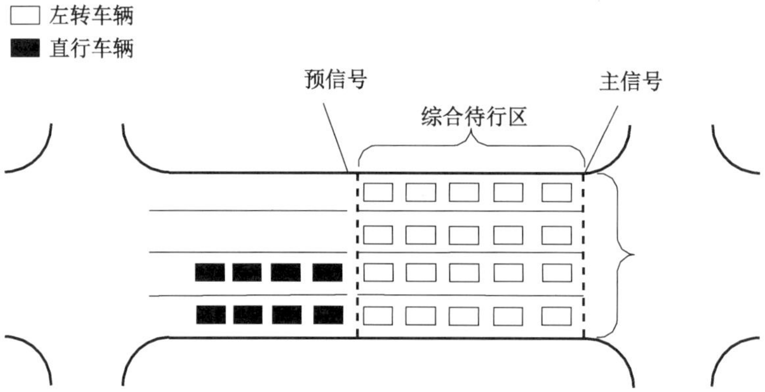


(b) 综合待行区长度适中

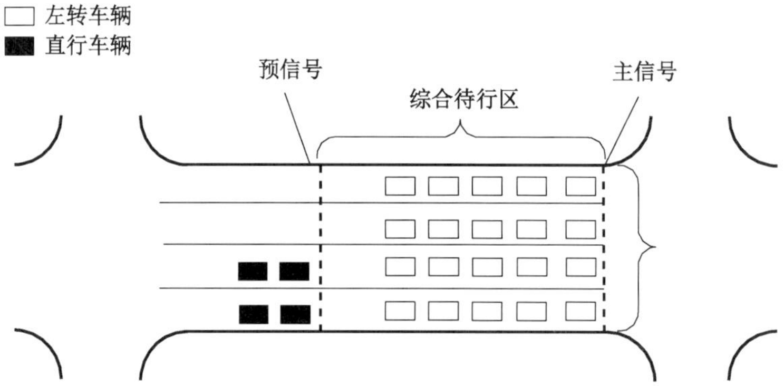


(c) 综合待行区长度过长

**图 3-23　综合待行区设置长度示意图**

(3) 长度适中

综合待行区的长度设置既不能过短，又不能过长，所以长度适中的综合待行区不仅可以满足任何一个方向的车辆通行需求，还可以使车道空间得到充分利用。换言之，可将某一方向排阵待行区域内等待通行的车辆全部收入综合待行区内部，又可以将其顺利排空。如图3-23(b)所示，综合待行区的长度设置适中，左转车辆可以全部进入到综合待行区内部等待通行，而综合待行区内部的车道空间也被全部利用，没有空闲浪费的空间资源，在这种情况下才可以达到排阵式信号控制所追求的理想控制效果。

由此可见，如何设置合理的综合待行区长度是提高排阵式信号控制方法运行效果并降低资源浪费的关键问题。

4）设置方法

综合待行区最优设置的考虑因素主要包括主信号和预信号的协调以及综合待行区内部及预信号前的排队演化过程等。

车辆通过预信号停车线之后，将在综合待行区内重新排队，其排队演化的过程是排队长度计算和分析的基础。为了更准确地获取车辆在综合待行区中的排队演化过程，将通过交通流波动理论对其进行分析。研究假定左转相位在直行相位之前，而当直行相位在左转相位之前时，演化过程同样适用。

如图 3-24 所示，主、预信号协调控制存在两种相位相序结构，其中图 3-24(a)中的相位相序Ⅰ是交叉口常规相位相序，而图 3-24(b)中的相位相序Ⅱ则在一定程度上属于非常规的相位相序。在相位相序Ⅱ下，通过预信号左转绿灯进入的车辆和通过预信号直行绿灯进入的车辆并不是连续地在主信号绿灯相位中通过交叉口的，而是在主信号中存在一段红灯时间，这是二者的主要区别。

在保证一个周期时间内综合待行区清空车辆的条件下，车辆排队过程就是基于主、预信号变化及其对应产生的集结波或消散波的演化过程，如图 3-24(a)所示。当预信号左转绿灯启亮时，左转车辆通过预信号停车线到达主信号停车线前，产生左转集结波并向后传播（波速为图 3-24(a)中所示的 $W_L^1$）。随后主信号左转绿灯启亮，主信号前的排队车辆以饱和流量通过交叉口，产生左转消散波并向后传播（波速 $W_L^2$）。并且一般情况下消散波的波速大于集结波的波速，因此左转消散波会在一段时间后追上集结波。同理，当预信号直行绿灯启亮时，直行车辆可能会直接到达主信号停车线，也可能在到达停车线之前即遇到左转的排队，进而产生集结波（波速 $W_T^1$）。在获得主信号直行绿灯后，也会产生消散波（波速 $W_T^2$）。通过对这一过程的详细描述，即可求得左转和直行的排队长度。

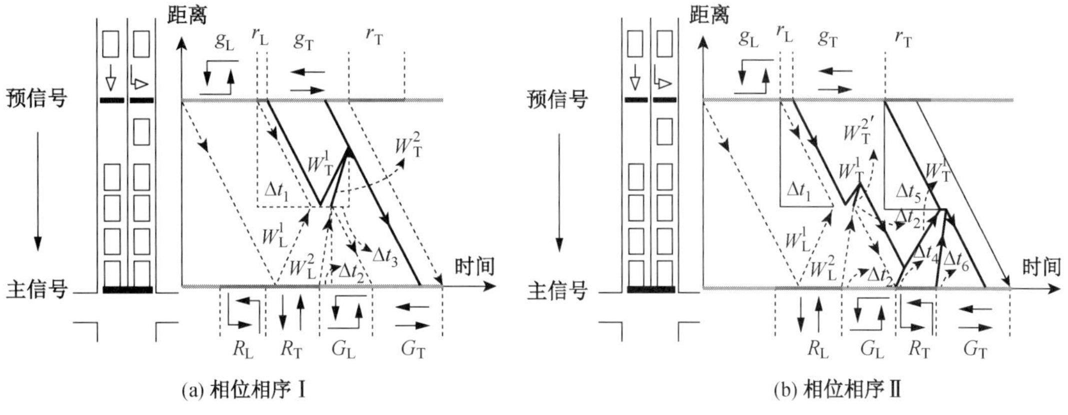


**图 3-24　主、预信号协调下的排队集结与消散**

如图 3-24(b)所示，相位相序Ⅱ中当左转车辆清空，综合待行区中已经有直行车辆进入通行，而这样的直行车辆会完成一段时间的集结，形成另一种情形的集结波。此时的直行车辆集结波(波速 $W_{T}^{2\prime}$)与波速为 $W_{T}^{2}$ 的集结波,区别在于初始集结车辆的行驶车道的数量。而这种情形的集结进行一段时间,排队消散后的直行车辆发生两次集结,出现特殊情况的集结后,又恢复为与相位相序Ⅰ相同的直行车辆集结波。在相位相序Ⅱ下,为区别左转车辆清空后两次直行车辆的集结波,分别将之称为直行车辆第一集结波、直行车辆第二集结波。这里的第一和第二并非指直行车辆的集结先后次数,因为不同的情况下直行集结次数不同。而是指当综合待行区中左转车辆清空后,直行车辆在主信号前存在两种不同的集结过程。

不同的主、预信号配时和待行区长度,将会产生不同的车辆排队演化过程。在预信号左转或直行绿灯相位初始进入的第一辆车和绿灯末尾进入的最后一辆车对于判断各个不同情况的时间节点具有关键性作用。关于消散波追上集结波的时间节点讨论,是整个排队演化的分类临界点。

根据相位相序的不同,车辆排队演化的结果可以分为若干种不同情况,演化过程如图 3-25 所示。

对于图 3-24(a)相位相序Ⅰ的最终排队演化结果存在 4 种情形。

情形 1:最后一辆左转车并未在综合待行区集结就直接通过交叉口,因此整个排队长度就是左转车辆消散前的最大排队长度,与直行车辆没有关系。

情形 2:第一辆包括后面所有的直行车辆都未在综合待行区中停车集结,类似于情形 1,整个排队长度就是左转车辆的最终排队长度,与直行车辆也没关系。

情形 3:此种情况如图 3-24(a)所示,综合待行区的车辆排队由左转车辆和直行车辆共同组成,排队长度大小与消散波追及停车波的时间直接相关。

情形 4:此种情况下主信号绿灯全部得到有效利用,所有车道均以饱和流量放行左转或直行车辆。综合待行区的车辆排队同样由左转、直行车辆共同组成,但是排队长度大小与预信号直行绿灯相位末尾进入的最后一辆直行车遇上直行车辆集结波的时间直接相关。

同时,对于图 3-24(b)相位相序Ⅱ的最终排队演化结果存在 7 种情形。

情形 1:在预信号直行相位绿灯启亮前,左转车辆的排队已经清空,因此不存在直行车辆的两次集结和两次消散过程。直行车辆排队取决于消散波与集结波的追及时间。左转车辆仍是取决于对应消散波与集结波的追及时间。而整个排队长度需要比较左转车辆和直行车辆的排队。

情形 2:与情形 1 相同之处在于不存在直行车辆的两次集结和消散。直行车辆排队取决于消散波与最后一辆通过预信号的直行车辆的相遇时间。综合待行区内的车辆排队总长度仍需要比较左转、直行车辆的排队。

情形 3:在通过预信号的直行车辆到达主信号前,左转车辆的排队已经清空,也不存在直行车辆的两次集结和两次消散过程。直行车辆排队与最后一辆通过预信号的直行车辆有关。

情形 4:与情形 3 类似,但是直行车辆的排队长度取决于消散波与集结波的追及时间。

情形 5:通过预信号的直行车辆在综合待行区中将完成两次不同的集结。排队长度需要考虑左转车辆排队、直行车辆紧随左转车辆后的排队以及左转车辆清空后直行车辆的排队。这种情形下,左转车辆清空后直行车辆集结过程只存在第一集结波。

情形 6:与情形 5 类似,但左转车辆清空后直行车辆的集结过程有两种不同的集结状态,存在第一集结波和第二集结波。

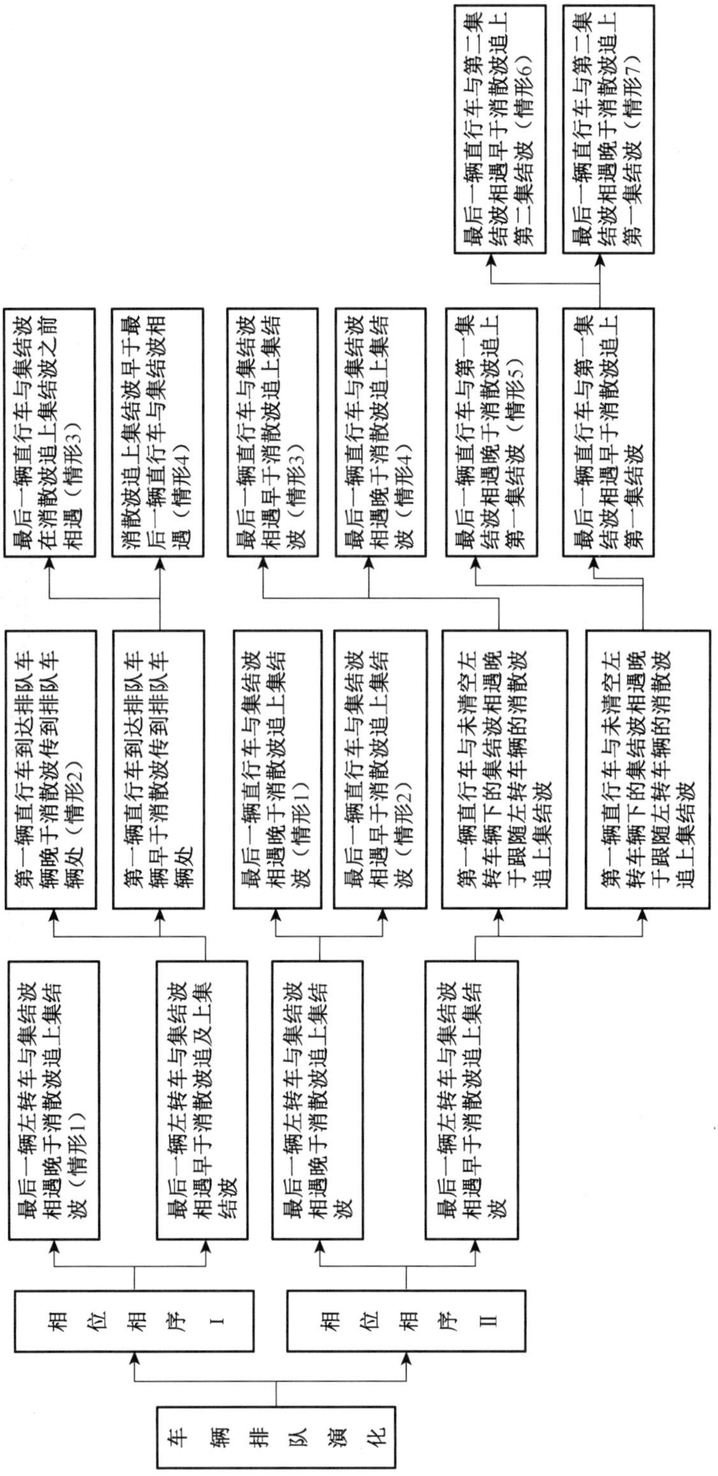


图 3-25　车辆排队演化的分类讨论树状图

情形7：与情形6唯一的不同之处在于，直行车辆排队与消散波有关，而非最后一辆通过预信号的直行车辆。

左转车辆或直行车辆通过预信号后，进入到综合待行区中。由于预信号绿灯相位总是先于主信号，因此车辆在主信号前停车，从而形成集结波并向后传播。同样地，当主信号绿灯相位启亮时，排队前端的车辆将开始启动，形成消散波并向排队末尾传播。这就是综合待行区中车辆的集结波与消散波。综合待行区的具体车道划分与数量都与预信号前的车道不同，在计算波速的时候需要加以考虑。

根据不同排队演化的过程，可以得到各种排队情况的特征以及预信号的空间位置，如图3-26所示。

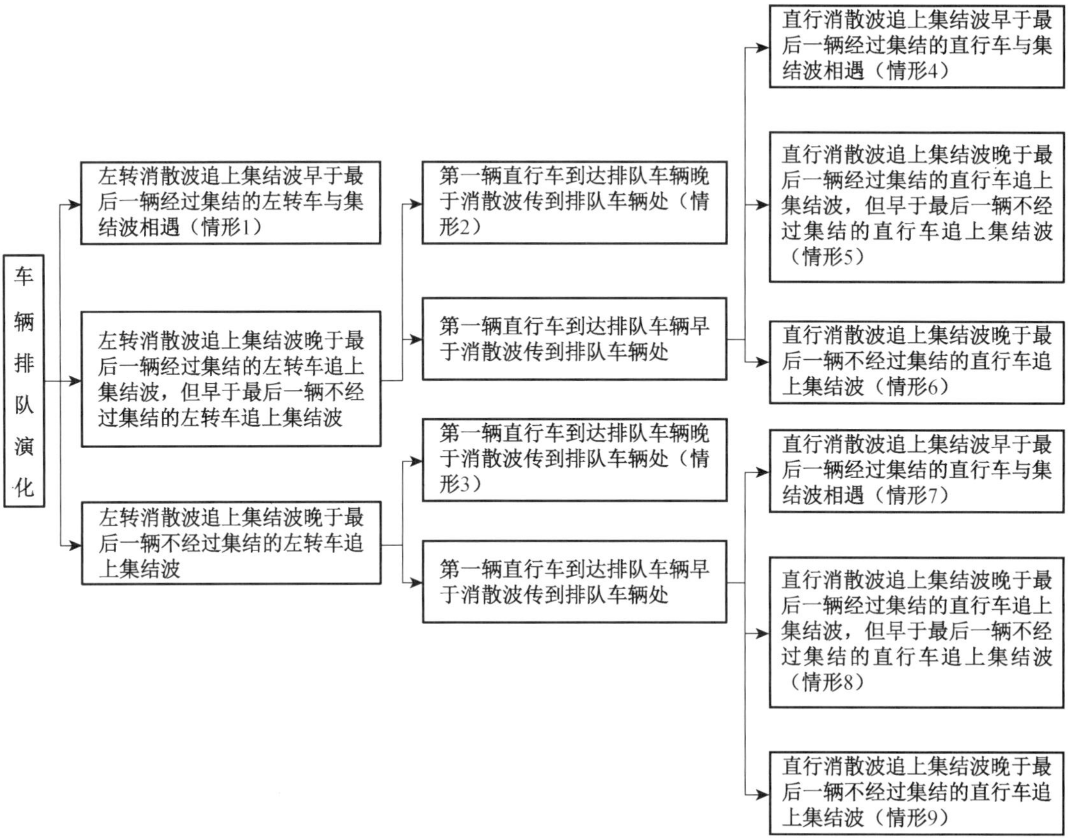


**图3-26　考虑预信号前集散的排队演化分类树状图**

根据预信号前进入的最后一辆车是否经过集结，并结合主信号与预信号的排队演化分析，可以得出9个不同的情形。每个情形都显示着预信号空间位置和主、预信号协调之间有着密切关系，并且对于综合待行区的设置也有着重要的影响。

情形1：预停车线前左转消散波追上综合待行区内集结波的时间点早于最后一辆经过集结的左转车辆与集结波相遇。当此类情形发生的时候，综合待行区只完成了一部分左转车辆的集结，使得主信号与预信号不协调，需要对主、预信号进行协调控制优化。

情形2：预停车线前左转消散波追上综合待行区内集结波的时间点晚于最后一辆经过

集结的左转车追上集结波,但早于最后一辆不经过集结的左转车追上集结波,并且第一辆直行车到达预停车线前的排队车辆晚于消散波传到排队车辆处。当此类情形发生的时候,预停车线前的车辆排队结束时,仍有一段非饱和交通流进入综合待行区。

情形3:预停车线前左转消散波追上综合待行区内集结波的时间点晚于最后一辆不经过集结的左转车辆追上集结波,但第一辆直行车辆到达排队车辆晚于消散波传到排队车辆处。当此类情形发生的时候,最后一辆通过预停车线的左转车就是预停车线前排队队尾的车辆。

情形4:预停车线前直行消散波追上综合待行区内集结波早于最后一辆经过集结的直行车与集结波相遇,在此类情形发生的时候,直行绿灯末尾有部分时间还可以更好地利用,预停车线的最佳设置位置就是直行消散波追上集结波的位置。

情形5:直行消散波追上集结波晚于最后一辆经过集结的直行车追上集结波,但早于最后一辆不经过集结的直行车追上集结波,在此类情形发生的时候,预停车线的最佳设置位置为直行消散波追上集结波之处,但计算上需要考虑预信号前不经过集结而进入的车辆所形成的波速。

情形6:直行消散波追上集结波晚于最后一辆不经过集结的直行车追上集结波,在此类情形发生的时候,预停车线的最佳设置位置由最后一辆通过预信号的直行车辆与消散波相遇之处决定。

情形7:直行消散波追上集结波早于最后一辆经过集结的直行车与集结波相遇,在此类情形发生的时候,直行绿灯末尾有部分时间还可以更好地利用,预停车线的最佳设置位置就是直行消散波追上集结波的位置,但在计算上不需要考虑预信号前不经过集结的左转车辆所形成的波速。

情形8:直行消散波追上集结波晚于最后一辆经过集结的直行车追上集结波,但早于最后一辆不经过集结的直行车追上集结波,在此类情形发生的时候,预停车线的最佳设置位置为直行消散波追及上集结波之处,不需考虑预信号前不经过集结的。

情形9:直行消散波追上集结波晚于最后一辆不经过集结的直行车追上集结波,在此类情形发生的时候,预停车线的最佳设置位置由最后一辆通过预信号的直行车辆与消散波相遇之处决定,不考虑预信号前不经过集结的左转车辆。

为了更形象地说明综合待行区的设置方法和影响效果,我们采用一个模拟案例来进行说明。以实际交叉口为雏形,选择同样一个四路交叉口作为案例进行计算和分析,交叉口饱和流量为1 800 pcu/h,最大饱和度约束是1.0;交叉口的信号配时为左转绿灯时长12 s,直行绿灯时长6 s,周期90 s;车辆总流量为240 pcu/h,其中左转车辆140 pcu/h;预信号前左转、直行车道各一个,综合待行区中有两条车道可供左转、直行车辆轮流占用,并且与上游交叉口的间距为160 m。

根据排队演化过程的分析以及以上各分类情况的讨论,在能够确定出最佳空间位置情况下,主信号绿灯时间利用需要最为充分,即综合待行区内所有车道均用于放行左转或直行车辆。同时,直行车辆的消散波、集结波以及最后一辆通过预信号的直行车辆交于一点。因此,能够得到综合待行区最佳位置下的运行状况及其车辆集散情况,如图3-27所示。

在与上游交叉口不同间距的情况下,在保证每个周期内预信号前和主信号前不滞留车

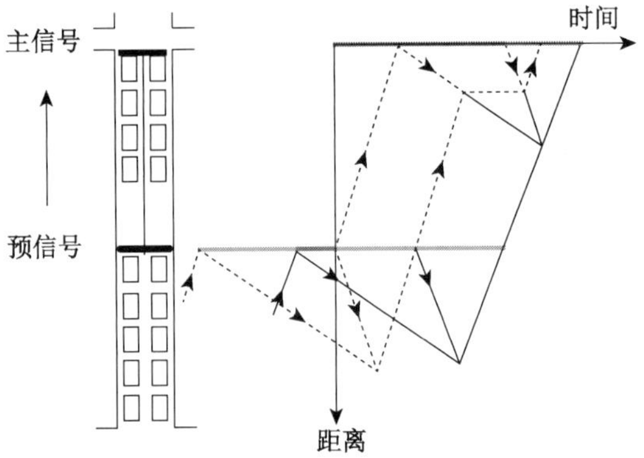


图 3-27　综合待行区最佳位置下的运行与集散情形

辆的前提下，根据各个不同的排队演化情形，计算得出对应的预信号最佳位置，同时得出通行能力，如表 3-2 所列。

表 3-2　　不同交叉口间距下的综合待行区最佳位置

| 不同条件 | | 与上游交叉口间距/m | 待行区最佳长度/m | 通行能力/(pcu·h$^{-1}$) |
|---|---|---|---|---|
| 控制策略 | 普通方法 | — | — | 318 |
| | 排阵式信号控制方法 | 0 | 0 | 318 |
| | | 80 | 63 | 536 |
| | | 160 | 87 | 556 |
| | | 240 | 87 | 556 |

从表中可以看出，在综合待行区长度不足的情况下，为了避免预信号前排队溢出，最佳位置需要保证与上游交叉口有一定长度的距离。同时，需要保证综合待行区能够容纳尽可能多的车辆进入集结，因此最佳位置又必须保证综合待行区的长度最大化。

预信号最佳位置，即综合待行区的最佳长度是 87 m，满足交叉口间距 160 m 的要求，能够按最佳空间位置要求来设置综合待行区。同时，对应的预信号配时为左转绿灯时长 8.9 s，直行绿灯时长 6.4 s。根据前面的分析，双停车线方法的通行能力是主、预信号通行能力中的较小值。在此为了证明最佳位置的效果，将双停车线方法与普通方法进行对比，综合待行区通行能力所提高的效果如图 3-28 所示。

根据分析结果，在综合待行区到达最佳位置以后，通行能力不会进一步提高。而排阵式信号控制法主、预信号协调控制的效果在最佳最优综合待行区位置下能达到最佳效果，在该种交通流量与车道数的案例中，通行能力比普通方法高出 74.84%。可见，合理的空间划分可以有效提高综合待行区内部的车流运行以及排阵式信号控制方法的实施，但仅是进行空间设计划分是远远不足的，能够采用合理的配时方法、协调主信号与预信号的控制、提高综合待行区内车道的通行效率才是提高排阵式信号交叉口通行能力的“密码”。为深入探究提高排阵式信号交叉口通行能力的内在原因，下文对排阵式信号交叉口的通行能力及其协同控制方法进行了详细介绍和分析。

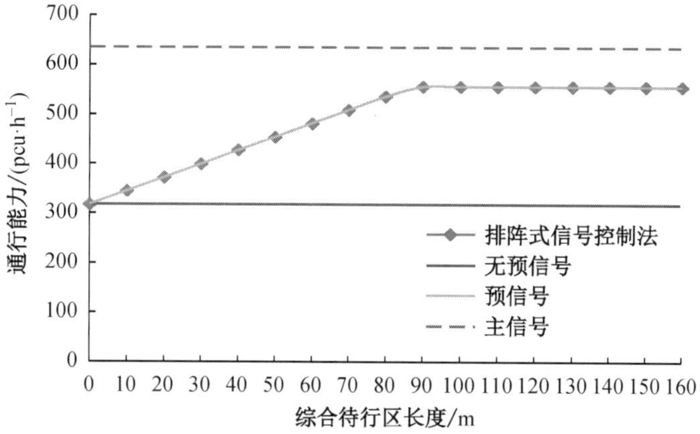


图 3-28　最优综合待行区位置的通行能力对比分析

### 3.2.2　提高通行能力的密码

下文采用饱和流率法进行排阵式信号交叉口的通行能力分析。

1. 饱和流率分析

排阵式信号交叉口的通行能力由主信号和预信号的通行能力共同决定,当主信号通行能力大于预信号时,虽然综合待行区能提供大量通行能力,但预信号前的车辆始终无法完全同等程度地进入到综合待行区之中,此时瓶颈点在于预信号。反之,当预信号通行能力大于主信号时,虽然预信号前能够提供大量通行能力,但通过预信号的车辆仍无法完全地通过主信号,甚至存在车辆滞留综合待行区的情况。因此,需要对排阵式信号交叉口饱和流率的影响因素进行定性分析。

1）驾驶员非熟悉操作影响

预信号控制的存在是排阵式信号交叉口与常规信号交叉口运行的一个显著差异,虽然在实施初期可以采取人工指挥的方式进行引导,但即使在运行多年后仍会存在对此控制方式不熟练的驾驶员,导致在预停车线处违规进入综合待行区的现象。由于此时综合待行区内车辆的行驶方向与违规车辆行驶方向不同,因此当主信号绿灯开启后,综合待行区内正常行驶方向的车辆会正常行驶,而违规车辆由于行驶方向与此时主信号绿灯行驶方向不同无法通行,导致综合待行区内车道的阻塞,影响后续车辆的正常通行。

如图 3-29 所示,此时主信号为直行绿灯,①,②,④号车为正常进入综合待行区的直行车辆,③号车为左转车,由于此相位并非其通行方向,因此③号车在主停车线处待行,导致①,②号车辆阻塞不能通行。其中②号车辆选择继续等待,而①号车辆选择变道至 2 号车道,此时综合待行区内 1,2 号车道的饱和流率均受到了影响。因此,进行驾驶员非熟悉操作修正分析时,需考虑驾驶员

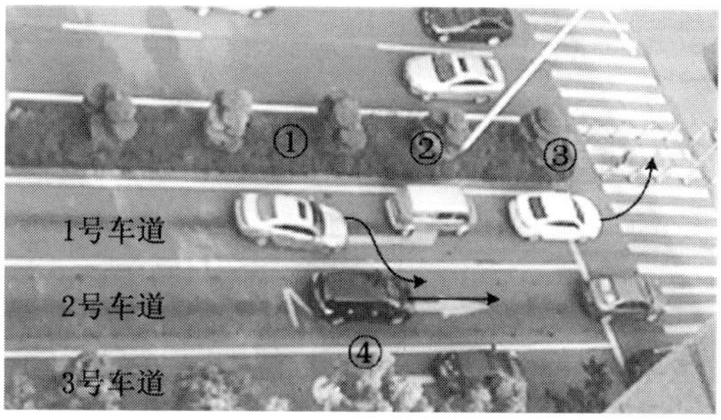


图 3-29　非熟悉操作造成综合待行区车道阻塞

错误驶入综合待行区所造成的阻塞以及其后方车辆变换车道的概率和对饱和流率造成的影响。

2）车道利用影响

车道利用率反映的是在多于一条车道的车道组内各车道之间交通量分布的不均匀性。理论上车辆按照预信号指示进入综合待行区时应尽量分散至综合待行区内全部车道，即应充分利用综合待行区内车道使其达到最大利用效果。然而，由于驾驶员的驾驶行为习惯，车辆在进入综合待行区前会在预停车线处进行车道选择，并在进入综合待行区时会根据本车道及相邻车道的排队长度、运行情况等进行车道变换。如图 3-30 所示，①号车进入综合待行区前选择 3 号车道行驶，②号车仍保持原车道不变道，③号车则在进入综合待行区后换道至其左侧的 1 号车道。

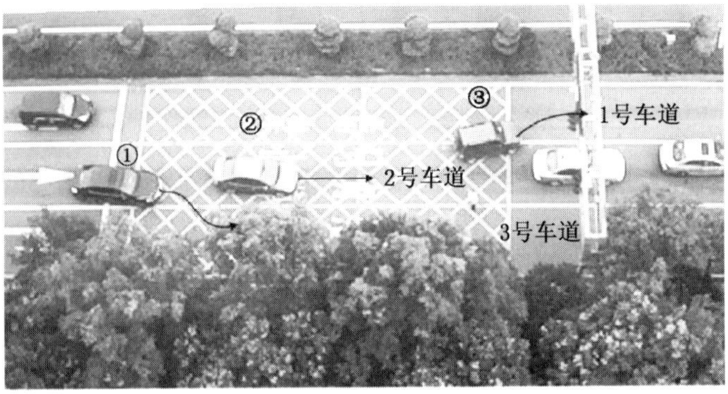


**图 3-30　综合待行区过渡段车辆车道选择示意图**

由于车辆进入综合待行区前及进入综合待行区后存在的两个选择变道可能性，因此综合待行区内各车道的利用率会出现差别（图 3-31），从而对车道的饱和流率造成影响。因此，进行车道利用率修正分析时需考虑驾驶员于预停车线处车道选择和综合待行区内部的车道变换概率以及其对饱和流率造成的影响。

**图 3-31　综合待行区内车道利用分布示意图**

3）综合待行区车辆滞留影响

综合待行区的设置使得综合待行区内车辆的行驶方向交替变化，因此当主信号相位某方向绿灯结束后仍有车辆未离开综合待行区时，会造成车辆滞留综合待行区的现象。此时，车辆不仅会阻塞本车道下个相位通行车辆的正常行驶，并且会影响相邻车辆的运行效率。

车辆滞留的概率受主、预信号绿灯结束时间差，绿灯信号启亮后消散波波速，车辆自身车速等多因素的影响。如图 3-32 所示，此时时间点为主信号直行方向绿灯结束，③，④，⑤号车均为直行方向车辆，其中④号车在正确时间内驶离了综合待行区，而③，⑤号车由于前车速度异常变化而滞留于综合待行区，导致后方本应左转的①，②号车辆在下一相位时无法通行，造成阻塞。因此，进行综合待行区车辆滞留修正分析时需考虑车辆驶离综合待行区的时间和滞留综合待行区内的概率及其对下一个相位的车道饱和流率造成的影响。

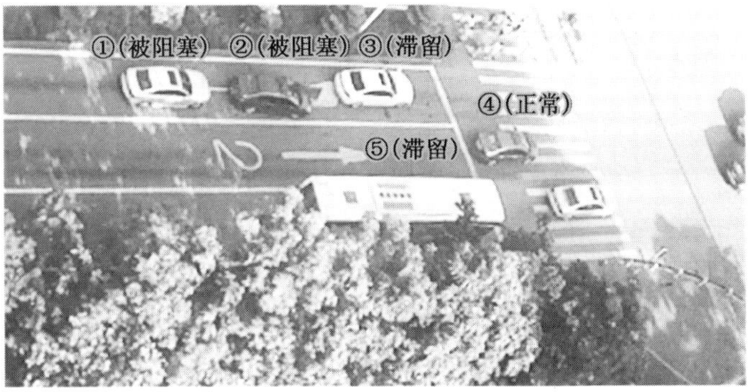


**图 3-32 综合待行区内车辆滞留示意图**

根据以上对排阵式信号交叉口饱和流率影响因素的分析，可以得到排阵式信号交叉口饱和流率的修正模型：

$$s = s_0 \cdot f_{t1} \cdot f_{t2} \cdot f_{t3} \tag{3-1}$$

式中 $s_0$—— 基本饱和流率，即控制关闭阶段车道饱和流率；

$f_{t1}$—— 驾驶员非熟悉操作修正参数；

$f_{t2}$—— 车道利用修正参数；

$f_{t3}$—— 综合待行区车辆滞留修正参数。

2. 信号配时

与传统的信号控制交叉口相比，排阵式信号交叉口由于设置了预信号灯组，因此其与传统的信号控制方法不同，需要对主信号和预信号进行协调控制并分别设置相位时间。

排阵式信号交叉口的综合待行区的设置，会使设置了综合待行区的进口道的交通流量在相位方向的初步阶段成倍地增长，并对不同的车辆到达率也会产生相应的变化。因此，为了提高综合待行区的蓄车能力以及通行效率，传统的四相位控制方法不再适用，需要在此基础上进行改变。

根据排阵式信号交叉口的车流运行特征我们可以发现，对于此类交叉口的信号控制，其主、预信号的相位及时间是不相同的：对于预信号的信号配时，由于需要提前控制预停车线前的排阵待行区域内的车辆使其能合理且正确地进入综合待行区，因此预信号灯组的信号配时需要提前于主信号启亮，将主信号下一个相位放行的方向的车辆提前放入综合待行区内。对于主信号的信号配时，因为考虑到预信号的存在，并且要留出综合待行区内部车辆运行及重组的时间，所以其信号配时与传统交叉口的信号配时也存在一定的差别。对于排阵式信号交叉口的信号配时，可以根据主信号和预信号的相位和相序分为以下 3 种信号配时方法。

1) TLR 型配时方法

TLR(Turn-Left-Red)型配时方法指的是交叉口中使用排阵式信号控制方法的进口道，其

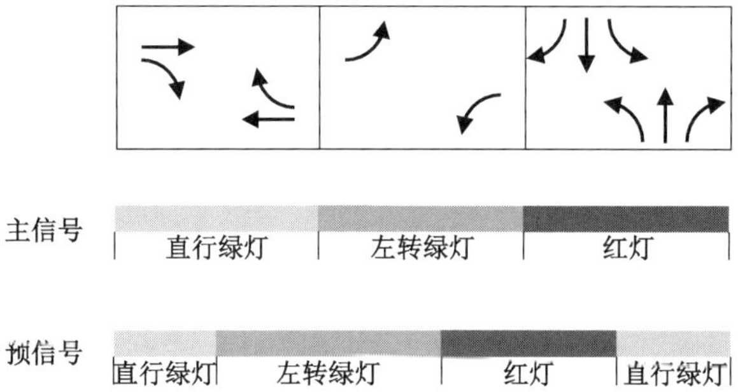


图3-33　TLR型配时方法相位相序图及主、预信号顺序图

主信号的相位为直行绿灯通行，然后是左转绿灯通行，最后是此方向红灯禁止通行，即与未使用排阵式信号控制方法的交叉口的正常相位同行。而相应的，预信号的相位为直行预信号绿灯通行，左转预信号绿灯通行，预信号红灯禁止通行。其信号相位相序及排阵式信号控制进口道信号灯组顺序如图3-33所示。

对于TLR型配时方法，主信号并未对原有的信号配时相位和相序进行改变，其主信号的相序保证此方向的直行车辆在一个周期内优先通行，随后是左转车辆按照主信号的控制通行。由此可以看出，这种配时方式将直行车辆的运行放置在左转车辆运行的前面，实现了直行车辆的优先通行。所以，TLR型信号配时方法的排阵式信号交叉口适用于此进口道直行交通流的流量大于左转交通流的流量的交叉口。

TLR型配时控制方法如下：预信号直行绿灯启亮，预停车线处直行车流进入综合待行区，此时到达主信号处的车辆到达率为预停车线直行方向车道处的饱和流率。当综合待行区内车辆达到一定数量时，主信号处车辆的到达率不断降低，预信号绿灯结束，直行车辆不再进入综合待行区，综合待行区内车辆在主信号直行绿灯开启后驶离，此时主信号处的车辆到达率为零。随后，主信号直行绿灯启亮，直行车辆按照信号控制以一定的饱和流率驶离综合待行区；随后，预信号左转绿灯启亮时，预信号处车辆开始跟随直行驶离车流进入综合待行区。综合待行区内直行方向车流排空后，预信号处车流以预信号线处饱和流率的到达率到达主信号处，当综合待行区内车辆达到一定数量时，车辆运行状态与直行方向车辆运行状态相似。最后，主信号处左转绿灯启亮，左转车辆按照信号控制以一定的饱和流率驶离综合待行区。

应用TLR型信号配时方法，可以针对直行交通流明显大于其他交通流的信号交叉口。它明显提高了相同时间内通过交叉口内部直行及左转车辆的数目，也提高了交叉口对于直行交通流流量较大的进口道的通行效率。

2）LTR型配时方法

LTR(Left-Turn-Red)型配时方法指的是交叉口中使用排阵式信号控制方法的进口道，其主信号的相位为左转绿灯通行，然后是直行绿灯通行，最后是此方向红灯禁止通行，即与未使用排阵式信号控制方法的交叉口的正常相位同行。而相应的，预信号的相位为左转预信号绿灯通行，直行预信号绿灯通行，预信号红灯禁止通行。其信号相位相序及排阵式信号控制进口道信号灯组顺序如图3-34所示。

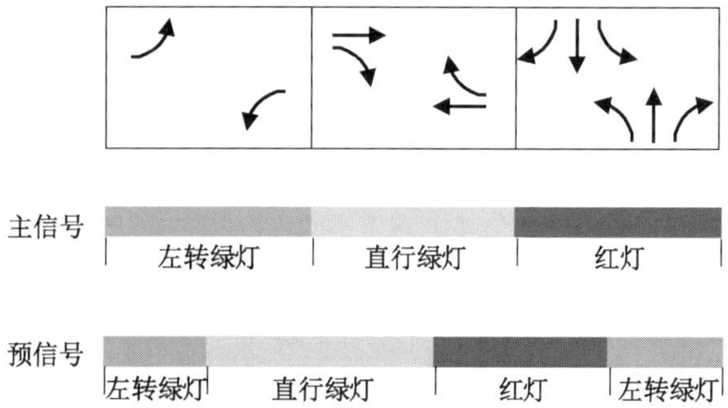


图3-34　LTR型配时方法相位相序图及主、预信号顺序图

对于LTR型配时方法，主信号并

未对原有的信号配时相位和相序进行改变，其主信号的相序保证此方向的左转车辆在一个周期内优先通行，随后是直行车辆按照主信号的控制通行。由此可以看出，这种配时方式将左转车辆的运行放置在直行车辆的运行的前面，实现了左转车辆的优先通行。所以，LTR 型信号配时方法的排阵式信号交叉口适用于此进口道左转交通流的流量大于直行交通流的流量的交叉口。

LTR 型配时控制方法如下：预信号左转绿灯启亮，预停车线处左转车流进入综合待行区，此时到达主信号处的车辆到达率为预停车线直行方向车道处的饱和流率。当综合待行区内车辆达到一定数量时，主信号处车辆的到达率不断降低，预信号绿灯结束，左转车辆不再进入综合待行区，综合待行区内车辆在主信号左转绿灯开启后驶离，此时主信号处的车辆到达率为零。随后，主信号左转绿灯启亮，左转车辆按照信号控制以一定的饱和流率驶离综合待行区；随后，预信号直行绿灯启亮时，预信号处车辆开始跟随左转驶离车流进入综合待行区。综合待行区内左转方向车流排空后，预信号处车流以预信号线处饱和流率的到达率到达主信号处，当综合待行区内车辆达到一定数量时，车辆运行状态与直行方向车辆运行状态相似。最后，主信号处直行绿灯启亮，直行车辆按照信号控制以一定的饱和流率驶离综合待行区。

应用 LTR 型信号配时方法，可以针对左转交通流明显大于其他交通流的信号交叉口。它明显提高了相同时间内通过交叉口内部直行及左转车辆的数目，也提高了交叉口对于左转交通流流量较大的进口道的通行效率。

3）TRLR 型配时方法

TRLR（Turn-Red-Left-Red）型配时方法与以上两种信号配时方法略有不同，指的是交叉口中使用排阵式信号控制方法的进口道，其主信号的相位为直行绿灯通行，此方向红灯禁止通行，左转绿灯通行，此方向红灯禁止通行。而相应的，预信号的相位为直行预信号绿灯通行，预信号红灯禁止通行，左转预信号绿灯通行，预信号红灯禁止通行。其信号相位相序及排阵式信号控制进口道信号灯组顺序如图 3-35 所示。

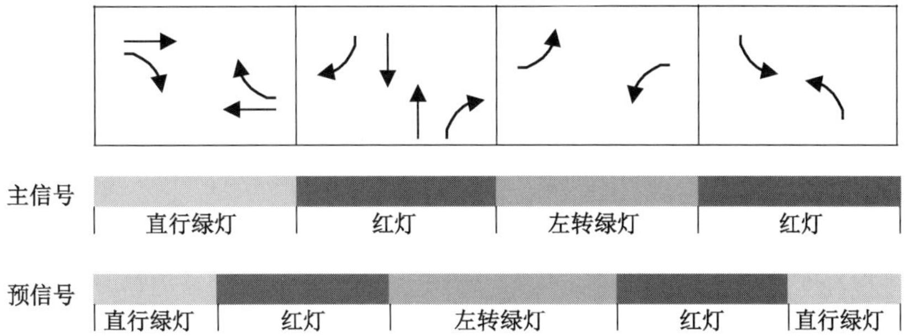


**图 3-35　TRLR 型配时方法相位相序图及主预信号顺序图**

对于 TRLR 型配时方法，主信号将左转与直行的控制相位间隔开来，与其相交道路，即未使用排阵式信号控制方法的进口道的控制相位进行穿插设置，使得横向与纵向的信号相位交替控制。由此可以看出，这种配时方式将使用排阵式控制方法的进口道交通流的控制与相交道路的信号控制相互穿插，为直行交通流和左转交通流在综合待行区内提供了足够的蓄车时间。所以，TRLR 型信号配时方法的排阵式信号交叉口适用于此进口道左转交通流及直行交通流的流量均较大的交叉口。

TRLR型配时控制方法如下：预信号直行绿灯启亮，预停车线处直行车流进入综合待行区，此时到达主信号处的车辆到达率为预停车线直行方向车道处的饱和流率。当综合待行区内车辆达到一定数量时，主信号处车辆的到达率不断降低，预信号绿灯结束，直行车辆不再进入综合待行区，综合待行区内车辆在主信号直行绿灯开启后驶离，此时主信号处的车辆到达率为零。随后，主信号直行绿灯启亮，直行车辆按照信号控制以一定的饱和流率驶离综合待行区；随后，预信号左转绿灯启亮，预停车线处左转车流进入综合待行区，此时到达主信号处的车辆到达率为预停车线直行方向车道处的饱和流率。当综合待行区内车辆达到一定数量时，主信号处车辆的到达率不断降低，预信号绿灯结束，左转车辆不再进入综合待行区，综合待行区车辆在主信号左转绿灯开启后驶离，此时主信号处的车辆到达率为零。随后，主信号左转绿灯启亮，左转车辆按照信号控制以一定的饱和流率驶离综合待行区。

应用TRLR型信号配时方法，可以针对左转及直行交通流均较大的信号交叉口。它明显提高了相同时间内通过交叉口内部的直行及左转车辆的数目，也提高了交叉口对于直行交通流流量较大的进口道的通行效率。

无论是哪一种配时方式，均是对主信号和预信号的相位相序的安排及控制，其主要目的就是最大化地提高综合待行区内部及外部车道的通行效率。但是，由于综合待行区的存在，原本应该在进口道停车线排队的车辆后移到了预停车线处进行排队，从直观上会感觉车辆的排队长度有所增加。那么，事实上使用排阵式信号控制后车辆的排队长度真的变长了吗？下一节会针对这一问题进行分析和解答。

### 3.2.3 排队长了吗？

1. 排队行为分析

通过以上对排阵式信号交叉口相关交通条件的分析，我们可以看出，排阵式信号控制这一非常规的交叉口信号控制方法，其控制核心内容是将原有车道功能固定的交叉口进口道重新划分区域，并将原来在固定功能的车道内排队的车辆从原来进口道处停车线后移到预停车线处，再对其进行重新组织。

由于设置了综合待行区，原有车辆开始排队的位置便后移，这使得车辆在此方向预信号为红灯时期的排队空间仅为排阵待行区域这一部分，与未实施此控制方法相比，单车道的排队长度有所增加。如图3-36所示，其中(a)为未实施排阵式信号控制情况下左转车辆排队情况，(b)为实施排阵式信号控制情况下左转车辆的排队情况。由于图3-36(b)中预信号左转信号并未开启，因此左转车辆只能在预信号处进行排队等待。此时与图3-36(a)相比，图3-36(b)中左转车辆末车距离主停车线的距离明显大于图3-36(a)中排队的左转车辆中末车距离停车线的距离。此时可以看出，在左转车辆排队初期，相比于传统的信号交叉口，排阵式信号控制交叉口在非预信号绿灯通行方向的转向的车辆排队较大，其排队开始位置较为靠后。

排阵式信号控制交叉口的预信号与主信号存在协调控制，其绿灯开启时间会提前于主信号绿灯开启时间。因此，在综合待行区内上一个转向车辆驶离后，此转向车辆在预信号的控制管理下逐步进入到综合待行区内，此时原来排队在预停车线后的左转车辆依次驶入综合待行区。由于综合待行区内部多条车道的车道功能相同，所以此转向车辆的横向排列数量增加，相应的纵向的排队长度减少。同时，预停车线前的左转车辆进入综合待行区后，预停车线后方的车辆排队长度也逐渐减小。图3-37(a)为图3-36(a)的常规信号交叉口在一

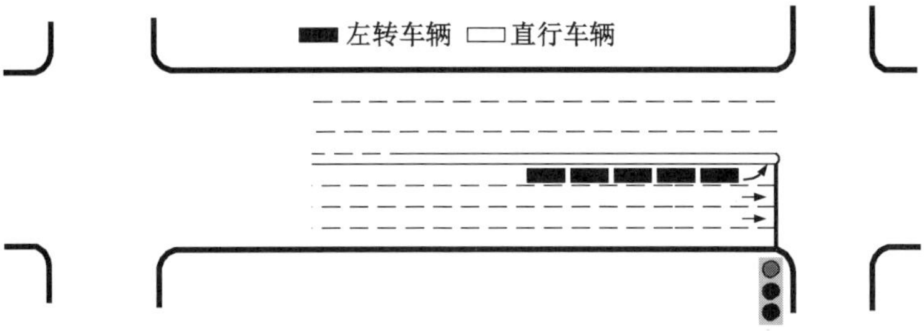


(a) 常规信号交叉口

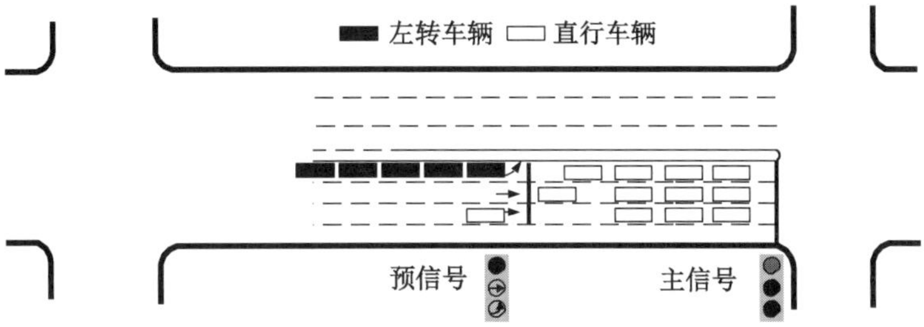


(b) 排阵式信号交叉口

图 3-36　两种信号交叉口左转车辆排队初期模拟图

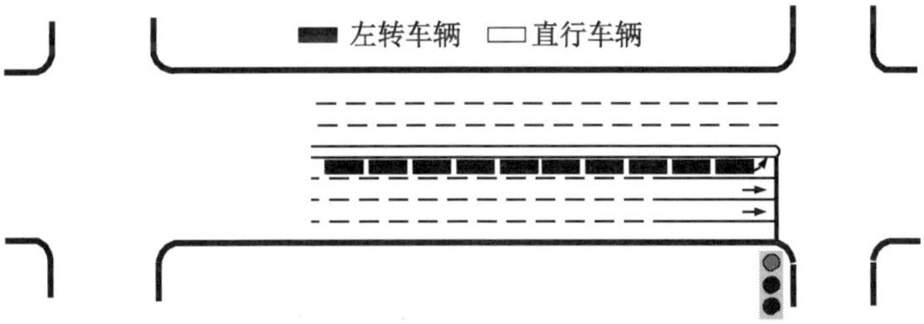


(a) 常规信号交叉口

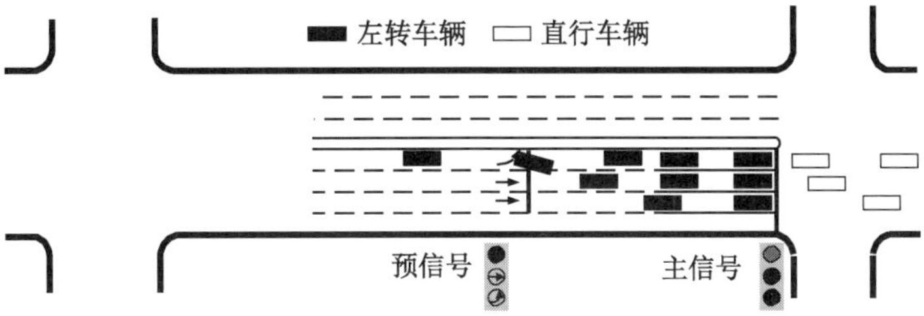


(b) 排阵式信号交叉口

图 3-37　两种信号交叉口左转车辆排队中期模拟图

段时间后的左转车辆的排队情况。由图可以看出，由于左转车道只有一条且进口道各车道的车道功能固定不变，因此驶入进口道的左转车辆只能在此左转车道依次排队，其排队逐渐加长。而图 3-37(b)为图 3-36(b)中排阵式信号交叉口在一段时间后的左转车辆的排队情况，由于此时预信号左转绿灯开启，左转车辆已经进入到综合待行区内部，使得原本在预停车线前停车等待的左转车辆可以同时使用综合待行区内的 3 条车道进行排阵重组。此时，预停车处的车辆排队由于进入到综合待行区而逐渐减少，队伍的总长度也逐渐趋近于综合待行区的总长度。

在主信号此转向绿灯启亮之前，如果综合待行区内仍有一定的运行空间，则后来驶入进口道的此转向车辆不需要再在预停车线处排队等待，而是可以直接驶入到综合待行区内，直至此转向预信号绿灯关闭，不再允许此转向的车辆进入为止。图 3-38(a)为图 3-36(a)的常规信号交叉口在左转绿灯启亮之前的左转车辆的排队情况。由图可以看出，由于左转车道只有一条且进口道各车道的车道功能固定不变，因此驶入进口道的左转车辆只能按照左转车辆队伍继续排队，使得左转车辆的排队不断增加。而图 3-38(b)为图 3-36(b)中排阵式信号交叉口在主信号左转绿灯启亮之前的左转车辆的排队情况。此时左转预信号绿灯已开启，而综合待行区内部仍有一定的空间，此时驶入进口道的左转车辆可以直接驶入到综合待行区内部，不需要再在预停车线处排队等待。因此，此时左转车辆的排队长度逐渐接近于综合待行区的长度。

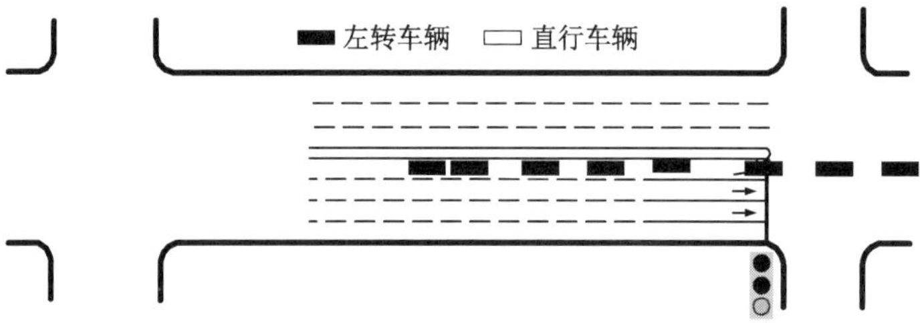


(a) 常规信号交叉口

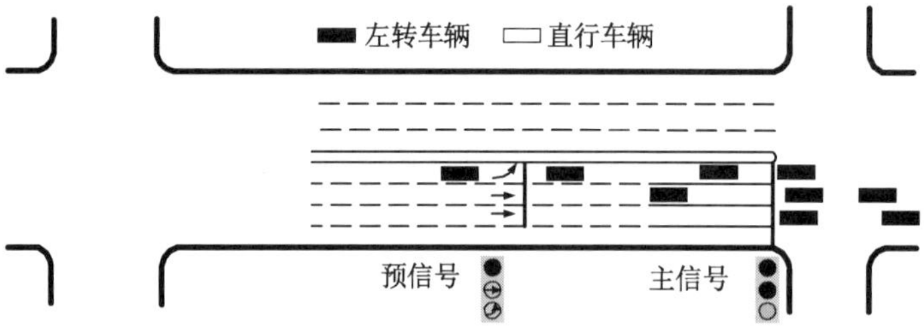


(b) 排阵式信号交叉口

**图 3-38　两种信号交叉口左转车辆排队末期模拟图**

通过以上的排队行为分析，我们可知，虽然综合待行区的设置增加了预停车线，使车辆初始排队的位置后移，但由于其综合待行区的特殊控制方法，在一个周期内某转向的车辆排队并不一定会比传统信号交叉口某转向的车辆排队长度增加。

2. 对比分析

排阵式信号交叉口进口道的车辆排队长度不仅与综合待行区的长度，即预停车线的设置位置有关,还与预停车线及主停车处的车辆波动有关。除此之外,由于某方向的预信号要先于主信号的绿灯启亮,这就控制了该方向的车辆什么时间开始进入到综合待行区及综合待行区的车辆与预停车线外的车辆的相互影响,因此也会间接影响到车辆的排队长度。

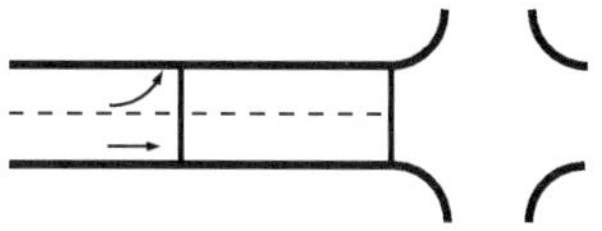

(a) 实验组几何设计形式

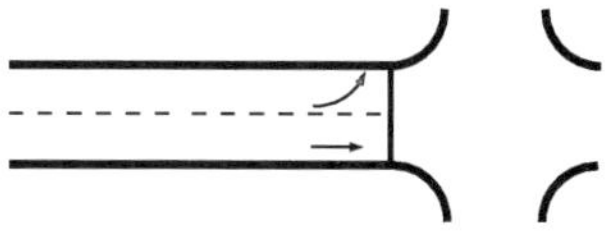

(b) 对照组几何设计形式

**图 3-39　模拟实验各组几何设计形式**

为了更直观地探究排阵式信号交叉口与传统信号交叉口进口道处的排队情况,我们进行了模拟实验,在 3.2.1 节中建立的排阵式信号控制交叉口的模拟试验中加入对照组,即不使用排阵式信号控制方法的常规交叉口,其车道设置及功能与前者一致(即一条左转车道、一条直行车道)。两个交叉口的几何设计形式如图 3-39 所示。

分别对实验组(排阵式信号控制方法)和对照组(常规信号控制方法)运用交通模拟软件进行对比试验,并在不同设置情况下对实验组进行自身对比试验。

1) 排队长度比较

分别对实验组的主信号和对照组采用相同的信号配时及运行相位控制,对实验组的预信号与主信号进行协调控制,并分别对每个周期实验组和对照组中左转交通流和直行交通流的排队长度进行统计,可以得到图 3-40 所示的排队长度对比图。

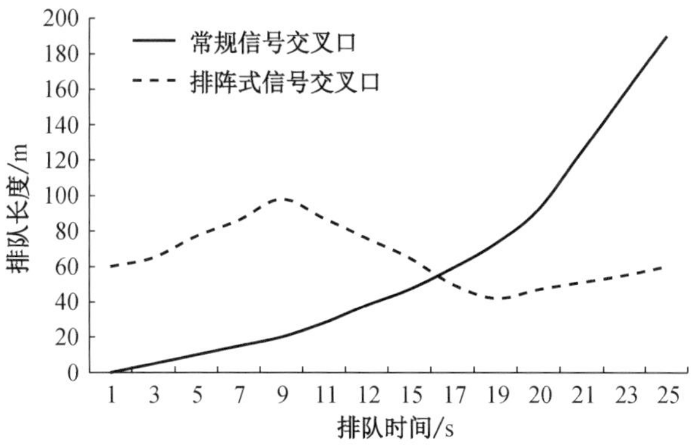


(a) 左转交通流

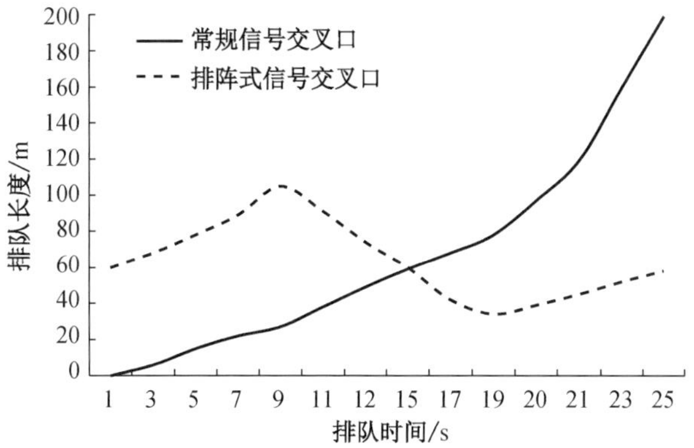


(b) 直行交通流

**图 3-40　模拟实验各转向交通流排队长度对比图**

由图 3-40 可以看出，对于常规的信号交叉口，由于其左转车道只有一条，且进口道各车道功能固定，因此驶来的左转车辆只能在左转车道依次排队，左转车辆的排队长度不断增加，如果左转交通流的流量较大，可能会出现过饱和现象，左转车辆的排队长度过大，甚至可能会外溢到上游交叉口。对于排阵式信号交叉口，虽然在预停车线前的排阵待行区域内属于左转车辆的车道也仅有一条，并且由于综合待行区的存在，左转车辆需要在预停车线处开始等待，而此车道在综合待行区内则被直行车辆使用，因此左转车辆开始排队时就等同于已经存在了一定的排队长度。但是，一段时间后，当左转预信号的绿灯启亮时，左转车辆会依次进入到综合待行区内，并且由于综合待行区的两条车道在此时均可使用，所以已经排队的左转车辆会逐渐扩散到综合待行区内部的两条车道上。也就是说，虽然在开始阶段排阵式信号控制交叉口的左转车辆的排队长度会略大于常规信号交叉口，但是在左转预信号绿灯开启后，排阵式信号控制的交叉口的左转车辆排队长度将会减少而不再增加，其预信号前的车道也一直处于未饱和状态，对于直行车辆也是如此。

2）主、预信号时间差比较

主、预信号时间差指的是某方向预信号绿灯比主信号绿灯提前启亮的时间。主、预信号时间差的不同，会影响车辆在综合待行区内部的排队演化过程，相对地也会影响预信号前排队车辆的集结与消散。根据排队演化过程可以看出，相位差越小，即主、预信号时间差越短，则主信号处排队时间越短。为验证不同主、预信号时间差对排阵式信号交叉口进口道的车辆排队影响，对实验组进行控制变量模拟试验，所控制的变量即为主、预信号时间差，可以得到如图 3-41 所示的对比图。

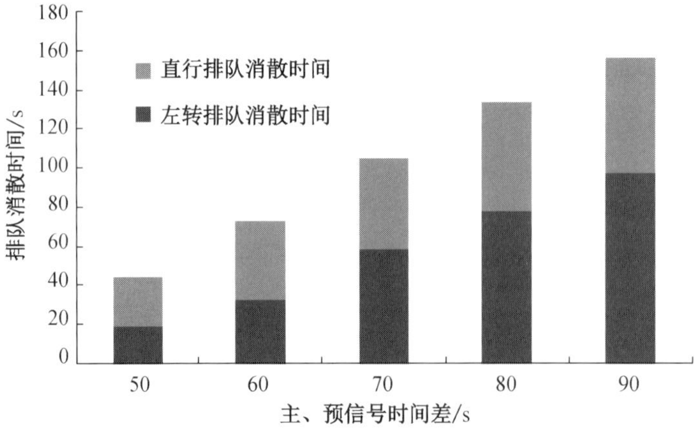


**图 3-41　主、预信号时间差与排队消散时间关系图**

由图 3-41 可以看出，对于排阵式信号控制交叉口，其主、预信号时间差是决定进口道车辆排队长度的一大因素。由于预停车线停车等待的左转车辆需要等到预信号的左转绿灯启亮才可以进入综合待行区，而左转绿灯何时启亮取决于综合待行区内部上一个相位的直行车辆何时排空。所以，在预信号绿灯启亮之前，左转车辆需要在排阵待行区域进行排队。当预信号的左转绿灯启亮后，左转车辆才可依次进入到综合待行区并进行先一步的通行。通过以上分析并结合对比图我们不难发现，左转车辆在预信号处等待的时间越长，其车辆排队的长度就越长，而车辆排队的长度越长，在预信号左转绿灯启亮，车辆开始进入综合待行区时的排队消散时间也就越长。所以，能够控制左转车辆队伍消散时间，换句话说，能够控制左转车辆的排队长度的关键因素就是主、预信号时间差。

与左转车辆的变化相同，从图 3-41 中我们同样可以看出，对于驶入排阵式信号交叉口的直行车辆，其在预停车线处的排队长度变化、排队消散时间等也均与主、预信号时间差有着密不可分的联系。但是，虽然直行车辆的排队消散时间随着主、预信号时间差的增加而增加，其增加的幅度却不及左转车辆的增加幅度大，这是因为主、预信号时间差可以决定初始驶入综合待行区内部的车流方向。在模拟实验中，由于此进口道的主信号采用 TLR 型配时方式，即先允许直行车辆通行，再允许左转车辆通行，所以对于直行车辆来说，由于每个周期均属于有限相位，其排队长度变化及排队消散时间会略少于左转车辆。

3）进口道流量比较

排阵式信号交叉口的特殊控制方式，将常规信号交叉口的进口道空间组织形式进行了重新划分，通过预停车线的设置将整个进口道分隔成了综合待行区及综合待行区外两大区域。显而易见，综合待行区由于设置在预停车线与主停车线之间，其长度即为固定，因此综合待行区内所能储存的车辆或者说车辆的排队长度也即为固定。然而，对于综合待行区外部的路段，由于其开放程度与常规信号交叉口进口道的开放程度相似，连接着上游交叉口的出口道，因此在流入的交通流量不同时，其能够承载的车辆数即车辆的排队长度也不尽相同。在通过排队行为分析的基础上，分别对实验组和对照组进口道输入不同流量的左转交通流和直行交通流，其配时方式、信号周期、车道功能等因素均保持不变，可以得到如图 3-42 所示的对比图。

由图 3-42 可以看出，无论是排阵式信号交叉口还是常规信号交叉口，当输入进口道的某一方向流量增大时，该方向车道内的车辆排队长度均会增加。这是因为，对于常规信号交叉口，其车道功能固定不变，输入车辆在进入车道后只能依次排队等待，并不能进入其他车道或者通过其他方式行驶。所以，当交叉口的信号配时和相位相序不变时，随着流量的不断增加，排队的车辆也会不断增加，而当驶入交叉口进口道该方向的车流量增加到一定数值时，由于车道承载能力有限，此时会出现车道满溢现象，即该车道的车辆已超过其饱和通行能力，过饱和状态下的车道已经无法满足交通流的需求。当然，在实际设计交叉口的初期，会将可能驶入进口道的交通流的流量考虑在通行能力的计算范围内，但即使实际的交通流量未达到饱和状态，在逼近饱和临界值的情况下，车道的排队长度也会达到临界值，严重影响交叉口的通行效率。

对于排阵式信号交叉口，如前所述，虽然其通过综合待行区从而充分利用了进口道主停车线前的区域，但是在预停车线前的区域其实和常规信号交叉口的进口道停车线前的区域是一样的。所以，当驶入进口道某转向的交通流的流量增大时，该方向车辆的排队长度也会不断增加。但是，与常规信号交叉口的车辆排队长度变化方式不同的是，排阵式信号交叉口的进口道某转向的排队长度不会呈某种函数形式一直增加，而是在预信号该转向的绿灯启亮后排队长度将会逐渐减少，其主要过程及原因已在排队行为分析中详细说明。所以，在对实验组进行不同流量测试时，从得到的结果可以看出，随着流入进口道某转向的交通流量增加，该转向的车道排队长度会随之增加，但均未达到车道的饱和值，仍可以保证车道内车辆的正常通行。

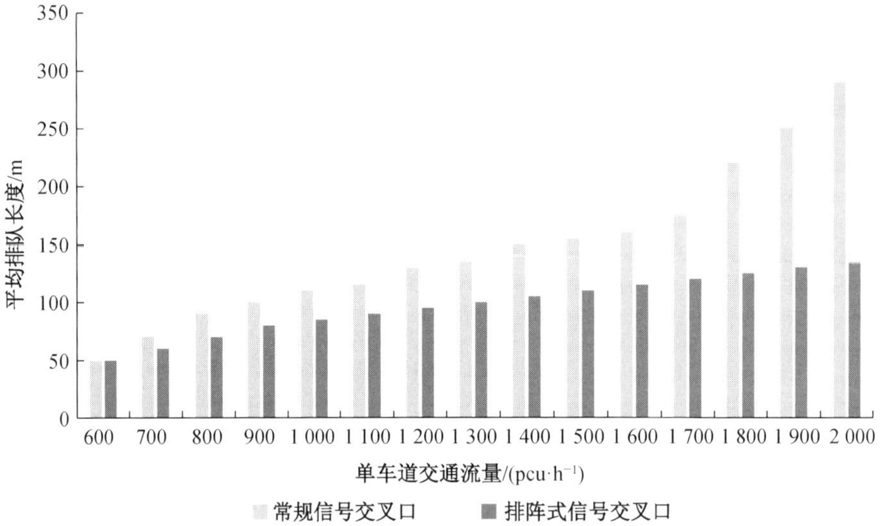


(a) 左转交通流

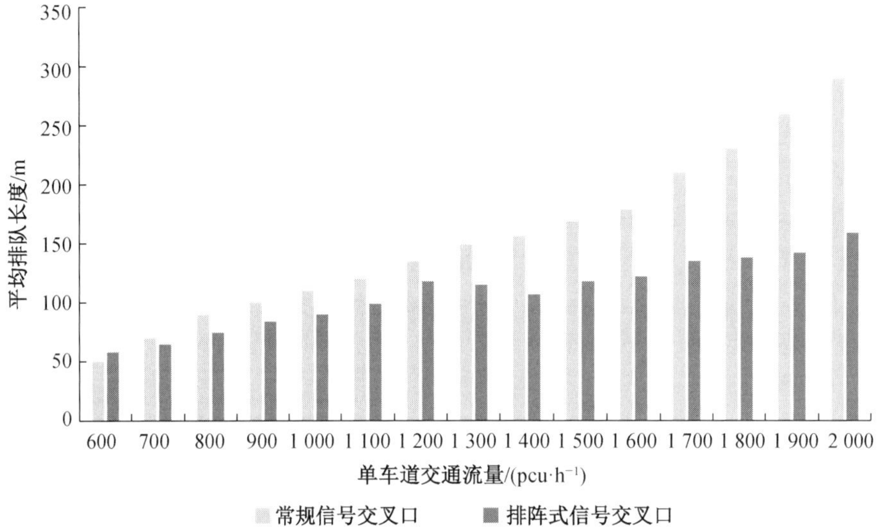


(b) 直行交通流

**图 3-42　不同流量下各转向交通流平均排队长度对比图**

通过以上分析我们可以看出，排阵式信号交叉口这种“串联系统”的非常规交叉口，与传统“并联系统”的常规信号交叉口相比，确实具有降低排队长度、提高通行效率、降低交叉口延误等作用。其独特的主信号与预信号的协调控制、综合待行区的排阵重组以及进口道区域的充分利用均为此类控制的效果提供了保障。但是，由于综合待行区的特殊控制方法，就要求驶入综合待行区内的车辆须严格按照秩序进行通行，以维持其车流运行的规律性。那么，在实际应用中，面对不断变化的交通运行情况，如何才能维持好车辆的运行秩序，这就成为应用这种控制方法的关键步骤。下面我们将围绕如何维持排阵式信号交叉口的运行秩序进行研究和探讨。

## 3.3　维持秩序

排阵式信号交叉口引入了综合待行区来进行车辆管理，而根据其控制方法可以看出，综合待行区内部车辆的转向呈交替性变化，虽然各个变化波段之间的车辆转向是不相同的，但是每个变化波段里的车辆转向必须是相同的。换句话说，如果进入综合待行区内的车辆有一辆未按照规定的车辆运行方式行驶，即车辆未按照秩序驶入综合待行区，就会影响到该进口道综合待行区内这辆车所在车道后几个相位的车辆通行。为了更详细地对排阵式信号交叉口的车辆维持行驶秩序的重要性及原因进行深入研究，以及对其在实际设置及应用中需要考虑的问题进行分析，我们通过以下几个角度进行阐释和说明。

### 3.3.1　随机性

车辆是一个充满随机性的交通元素，无论是启动、行驶、减速或者停止，其速度的增减、轨迹的变化、方向的选择等都充满着不可预知性。同样，对于由众多车辆组成的交通流来说，其内在车辆元素的随机性也使得交通流具有了一定的随机性。对于排阵式信号交叉口来说，其特殊的控制方法使得原有的交通流随机性又增添了一些变化，而如何合理地解决这些随机性问题也就显得尤为重要。为了更为细致地对可能出现在排阵式信号交叉口运行过程中的随机性问题进行研究，本节对各类随机性问题进行分类考虑与分析，并提供相应的解决方法。

1. 交通流量随机性

交叉口优化设计的最终目的是最大化各相位各转向车辆的通行效率。然而，由于交通流的随机性，从上游交叉口驶入进口道的交通流量也是随机的，那么对于交叉口来说，其每个周期所承载的各转向的车辆数目也是随机的。所以，如果当某一时段的交通流量超过交叉口设定的承载能力上限时，交叉口该进口道或许不能完全消散这时段交通流的全部排队车辆，部分车辆会等到下一个周期此相位绿灯启亮才可以通过交叉口，这就是所谓的二次停车通行。如图3-43(a)所示，左转交通流的流量较小，并未达到交叉口该进口道左转车道的车道承载能力，即饱和流率。所以，在该进口道左转相位时，左转绿灯开启，在车道内排队的车辆可以在绿灯期间全部通过交叉口，并且后续驶来的车辆也可以直接通过交叉口，甚至在绿灯末尾时段没有左转车辆通行，因而这种情况下左转车辆通行是顺利且安全的；在图3-43(b)中，左转交通流的流量刚好达到交叉口该进口道的饱和流率，在该进口道左转相位时，左转绿灯开启，在车道内排队的车辆刚好在绿灯相位内全部通行完毕，但对于后续驶来的左转车辆，由于绿灯时长的原因，不能在这个周期通过交叉口，只能停车等待下一个周期，此时左转车辆在通行时仅能刚好保证排队车辆全部通行，并且可以对其运行安全提供保证；在图3-43(c)中，左转交通流的流量严重超出车道的饱和流率，当左转绿灯即将结束时，在车队末尾的几辆左转车辆才刚行驶至停车线，由于左转绿灯结束，这几辆车只能在停车线处再次停车等待，直到该进口道下一个周期的左转相位的到来。也就是说，这几辆左转车辆在此进口道处出现了二次停车现象，这不仅影响了该进口道的通行效率，不断变化车速的车辆也对后方车辆的运行造成了很大的影响。

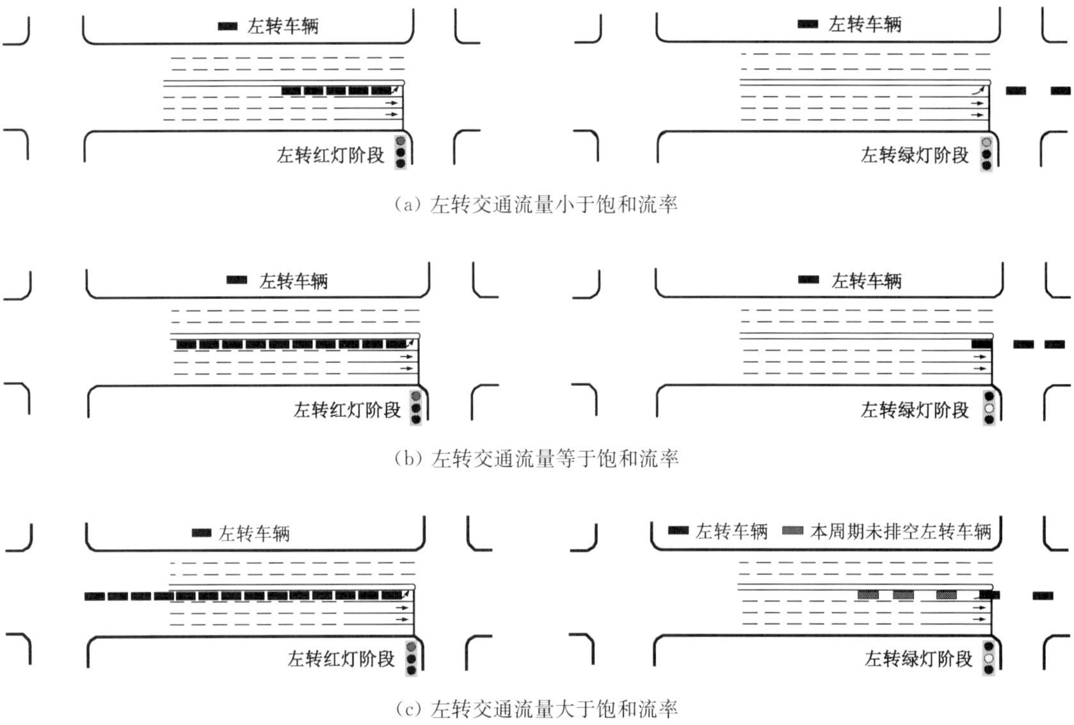


**图 3-43　不同左转交通流量下常规交叉口车流运行情况**

那么对于排阵式信号交叉口，随机变化的交通流量又会造成怎样的影响呢？实际上，根据排阵式控制方法的原理，无论交通流量如何变化，在预停车线处和主停车线处，受到排阵式信号控制转向的车辆均需要进行二次停车才可以通过交叉口。但是，排阵式信号控制方法的二次停车却与常规信号交叉口出现的二次停车现象有着本质的差别。常规信号控制交叉口的二次停车现象的发生是由于该转向车道的承载能力不能满足此时交通流量的需求而出现的通行问题，是严重影响通行效率的运行延误，而排阵式信号控制中的二次停车则是为了满足其控制方法而出现的正常现象。如图 3-44(a)所示，左转交通流的流量较小，在预信号绿灯启亮时，进入到综合待行区内的左转车辆并不能完全地占满综合待行区的全部空间，仍有一定的空间剩余。因此，在主信号左转相位，综合待行区内的车辆可以全部通行，并且由于预信号要早于主信号的绿灯启亮，因此在左转绿灯结束阶段，预停车线处的直行车辆会在预信号直行绿灯的控制下依次进入综合待行区，并等待主信号的控制。在图 3-44(b)中，左转交通流明显增大，在预停车线前形成较长的车辆排队，但是当预信号左转绿灯启亮时，左转车辆依次驶入综合待行区，此时由于综合待行区内的车道功能相同，左转车辆可以全部使用，因此不仅满足已经排队的左转车辆，而且可以满足后来驶入该车道的左转车辆的通行，并且不会对直行车辆造成任何影响。在主信号左转绿灯的末尾阶段，由于预信号已由左转绿灯变为直行绿灯，因此并不会有左转车辆驶入综合待行区，而是直行车辆依次驶入并进行排阵。

由此我们可以看出，虽然交通流量具有随机性，但与常规信号交叉口相比，排阵式信号交叉口由于在综合待行区内的车道功能共享，使得某转向的车道承载能力会在预信号绿灯

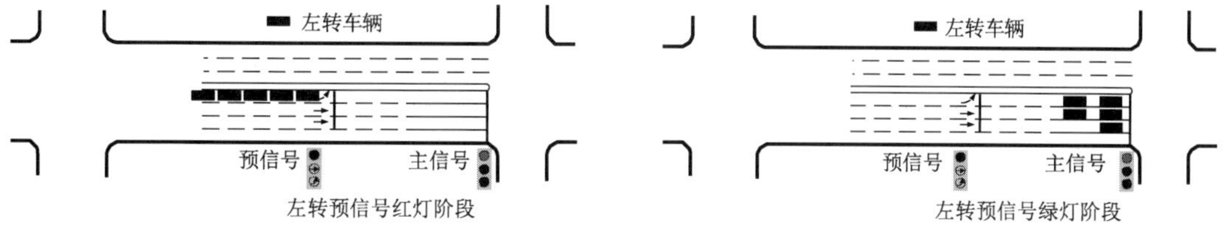


(a) 左转交通流量较小

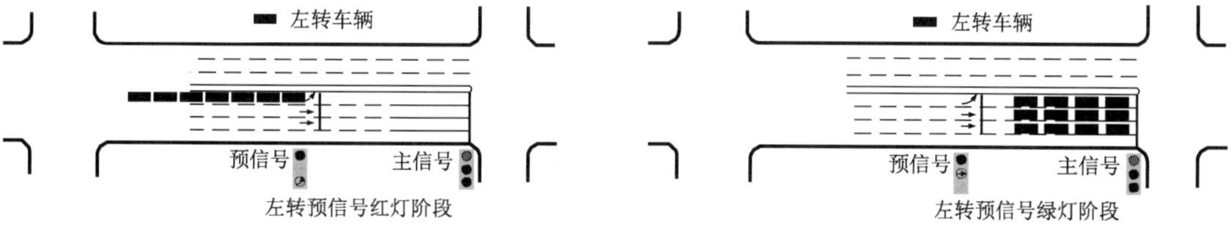


(b) 左转交通流量较大

**图 3-44　不同左转交通流量下排阵式信号交叉口车流运行情况**

开启后由单车道的承载转变为单车道和综合待行区的承载,因此其成倍增长的承载能力使得预停车线前的车道在相同的交通流量变化下仍能始终处于不饱和状态。但是值得注意的是,由于综合待行区需要占用一定的进口道空间,因此即使预停车线前的车道保持不饱和状态,但是车辆在预信号绿灯启亮前的排队空间是明显减小的,所以在设置预停车线位置的时候需要综合考虑交通流量的随机性,并保证其在预信号绿灯启亮前的车辆运行安全。

2. 车道选择随机性

在本书 3.2.1 节中已提到,排阵式信号交叉口的综合待行区可分为排阵重组区域和重组待行区域两部分,其中排阵重组区域是为进入综合待行区的车辆进行车道选择而提供的空间区域。在排阵式信号控制方法中,某转向预信号绿灯启亮是预停车线前该转向排队车辆可以进入到综合待行区内的标志。但是,无论是哪一种转向的车辆,其在预停车线前该转向可以使用的车道数都会少于综合待行区内该转向可以使用的车道数。换句话说,无论预停车线前该转向的车道有几条,在该转向预信号绿灯开启阶段,这些车道内的车辆均会面临由一到多或多到更多的车道选择问题。由于综合待行区内的车道功能在此时是相同的,所以理论上该转向的车辆选择任意一条综合待行区内的车道都是可以的。但是,由于车辆选择车道的时候存在一定的随机性,因此会对本车道及相邻车道的车辆运行造成影响。在本书 3.2.2 节的排阵式信号交叉口饱和流率分析中,我们已经对这一类现象进行了数量化的分析,下面我们可以通过图例更直观地理解其中的含义。如图 3-45(a)所示,由于预信号左转绿灯刚刚启亮,综合待行区内部也已经排空,因此进入到综合待行区的左转车辆可以随机选择任意车道进行通行,并且无论选择哪一条车道,对于本车道及相邻车道均不会造成太大的影响;如图 3-45(b)所示,预信号左转绿灯已经经过了一段时间,综合待行区内各车道已有一定的车辆排队,此时再进入综合待行区的左转车辆理论上仍可以随机选择任意一条车道,但是考虑到车辆运行状况和前方车辆排队情况,在随机选择的条件下车辆可能更愿意尽量保持原车道不变,或选择前方排队长度较小的车道;如图 3-45(c)所示,综合待行区的各车道排队已达到一定的长度,此时进入到综合待行区的车辆考虑到行驶的便利性及安全性,可能会尽量选择排队长度较小的车道。

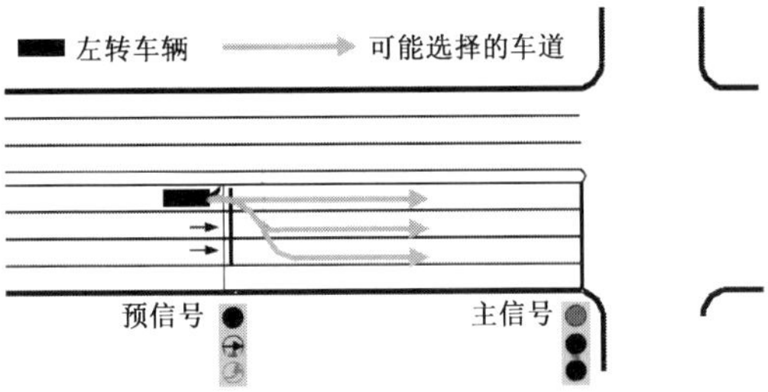


(a) 左转预信号启亮初期车道选择

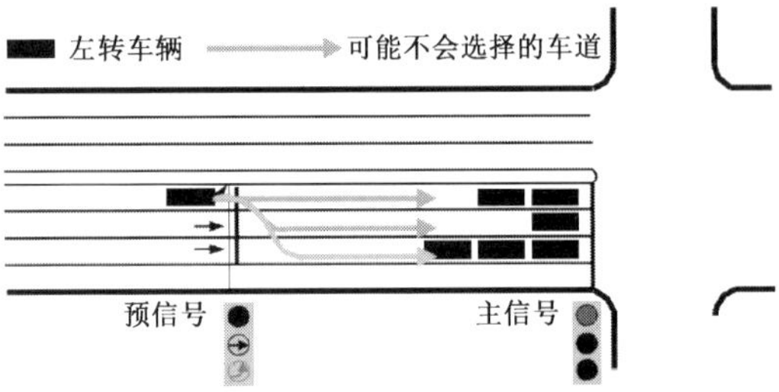


(b) 左转预信号启亮中期车道选择

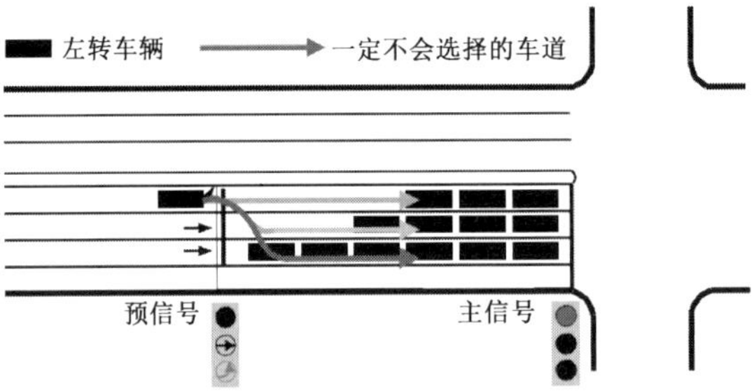


(c) 左转预信号启亮末期车道选择

**图 3-45　不同左转预信号时段车辆车道选择示意图**

通过以上分析可以看出，虽然车辆进入到综合待行区内部，在进行车道选择时存在随机性，但是这种车道选择的随机性会随着综合待行区内的车辆变化而呈现一定趋势的变化。为了保证车辆在综合待行区内车道选择的安全与顺畅，在设置综合待行区时需要从信号控制和空间布局两方面进行考虑。

(1) 信号控制方面，由于综合待行区的车辆流入与流出受到主信号与预信号的双重控制，因此在控制车辆进入综合待行区时，需要充分考虑车辆在预停车线处进行车道选择及变道的时间，并且需要考虑车辆在综合待行区内部的运行时间，应该在保证车辆合理选择车道、安全进入综合待行区的基础上最大化进入综合待行区的车辆数，以提高其运行效率。

(2) 空间布局方面，考虑到不同车辆在进行车道选择时其空间需求是不同的，所以在设置综合待行区的时候需要考虑并预留合理长度的排阵重组区域，不仅需要保证车辆排阵重组时的安全性，也要保证后方车辆进入综合待行区的效率。

3. 驾驶错误发生随机性

以上两点随机性的影响均是建立在排阵式信号交叉口车辆正常运行的基础上，然而在实际设置的时候，不得不考虑的一点则是驾驶错误发生的随机性。排阵式信号交叉口是一种新型的交叉口，虽然整体的空间形式并未进行过大的改变，但由于其特殊的控制方法，车辆必须按照信号控制运行，才可以保证其正常使用。但是并不是每个驾驶员对此控制方法都很熟悉，当出现驾驶错误时，对该交叉口的运行会有很大的影响。下面我们根据驾驶错误可能发生的位置分别进行讨论与分析。

1) 驾驶错误发生在预停车线前

排阵式信号交叉口预停车线前的车道功能与常规信号交叉口的车道功能相同，是固定不变的，即每条车道规定了可以使用这条车道的车辆转向，换句话说，正常情况下，非该车道允许驶入的转向的车辆不应该驶入该车道。如图 3-46(a)所示，当左转车辆错误地行驶到直行车道时，由于交叉口的信号控制，因此在左转绿灯开启时，排队在直行车道的左转车辆并不能通行，也不能进行车道变换，但此时不会对其他车道的车辆造成影响。而当直行绿灯启亮时，直行车辆会依次进行通行，但当左转车辆到达停车线后，由于并非是其想要通行的方向，因此左转车辆会停车等待，而这种行为则会阻碍后方排队的直行车辆。

而对于排阵式信号交叉口来说，如图 3-46(b)所示，预停车线前直行车道中驶入左转车辆，在预信号左转绿灯开启时，直行车道内的左转车辆无法随着左转交通流进入到综合待行区内，但当预信号直行绿灯启亮时，直行车辆进入综合待行区，但此左转车辆在行驶至预停车线处停车等待，这不仅阻碍了后方直行车辆进入综合待行区，而且使得此周期综合待行区内部的一部分空间未被利用。更为严重的是在下一个周期预信号左转绿灯启亮时，该左转车辆会汇入到左转车流中，而这种汇入的空间会打乱原有的排阵空间，对正常行驶的左转车辆的运行造成一定的影响。

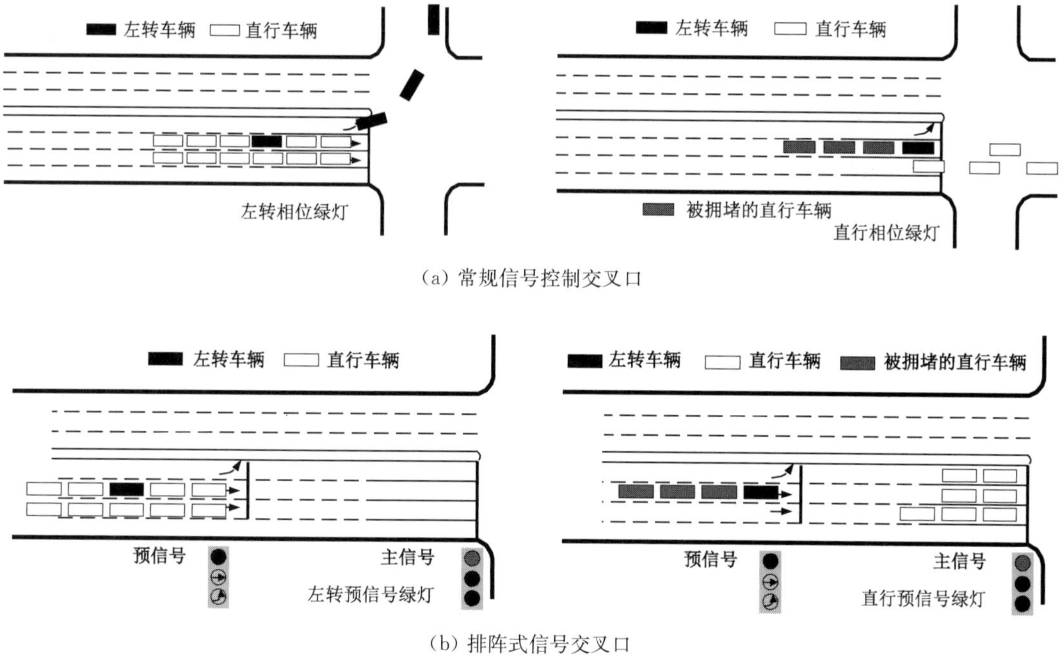


**图 3-46　预停车线前驾驶错误分析图**

2）驾驶错误发生在主停车线前

此类行驶错误的发生与前者相似但又有所不同。相似之处在于，此类错误发生的原因与前者相同，均为非此方向的车辆进入到错误的车道内，但与前者不同的是，在到达预停车线时车辆并未发觉自身的驾驶错误而进入到综合待行区内部，但当主信号绿灯启亮时驾驶员才发觉自身驾驶错误而不再通行，此时该车辆不仅阻碍了此周期后方车辆的正常通行，对下一个周期的车辆通行也造成了很大的影响。如图 3-47 所示，当左转车辆错误地进入到预停车线前的直行车道时，驾驶员并未发觉自身的行驶错误而随着直行车流进入综合待行区内。当主信号直行绿灯启亮时，左转车辆的驾驶员在行驶到主停车线处后选择停车等待，阻塞了后方车道直行车辆的通行。在下一个周期主信号左转绿灯启亮后，该左转车辆离开综合待行区，但是阻塞的直行车辆由于此时的主信号为左转绿灯而无法通行，只能等待下一个相位直行绿灯启亮才可以驶离交叉口。因此，此类驾驶错误发生后产生的影响明显大于行驶错误发生在预停车线前产生的影响。

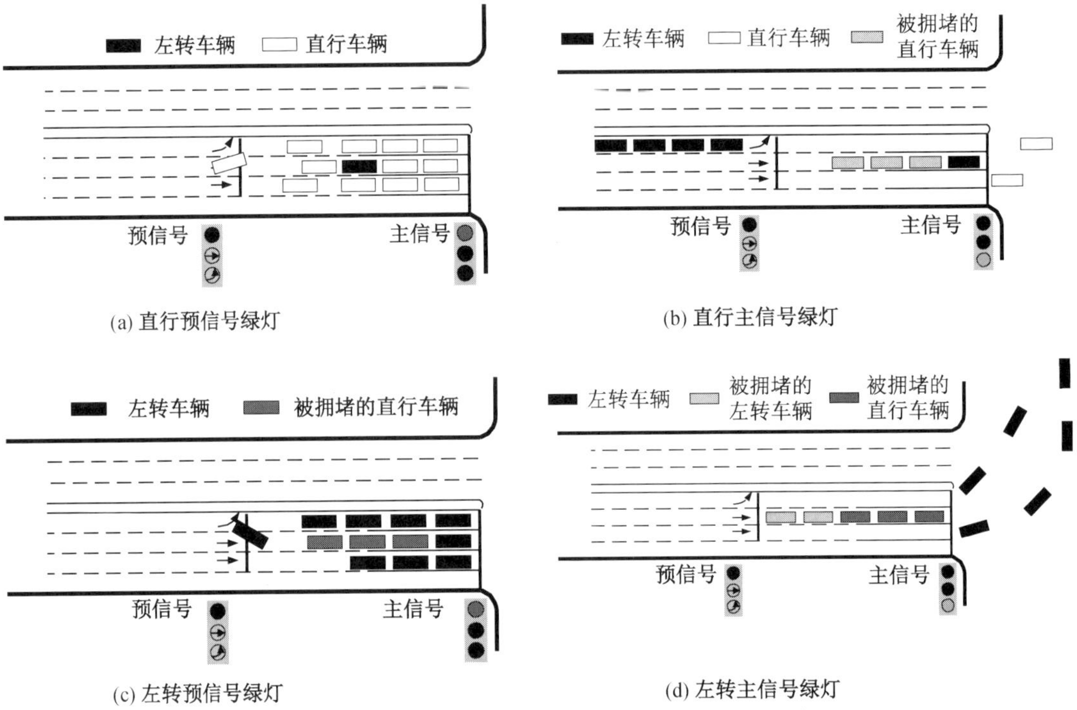


(a) 直行预信号绿灯　(b) 直行主信号绿灯

(c) 左转预信号绿灯　(d) 左转主信号绿灯

**图 3-47　主停车线前驾驶错误分析图**

通过上述分析可以看出，发生在主停车线前的驾驶错误其后果十分严重，会使得一个周期内综合待行区的一条车道处于“瘫痪”状态。不仅如此，“瘫痪”的车道还会使得正常进入综合待行区的车辆的运行空间等方面受到严重的局限，在发生此类驾驶错误后的这个周期的通行能力也会受到很大的影响。

因此，在排阵式信号控制实施时，需要充分考虑驾驶员驾驶错误的可能性。可以设立合理、准确、易于理解的标志说明牌，也可通过人工辅助等措施对使用初期的排阵式信号交叉口进行协助管理。从而最大限度地降低以上两类驾驶错误的随机性，保障排阵式信号交叉口的运行安全并提高其运行效率。

### 3.3.2　信号协调

1. 信号不协调的后果

排阵式信号交叉口的控制方法是应用预停车线和主停车线对车辆进行二次管理。为了保证车辆能够按照正常的运行方式进出综合待行区，便引入了预信号和主信号两个信号灯组进行分别控制。虽然说是将原有进口道的一组信号控制灯变为预停车线处和主停车线处的两组信号控制灯，但是这两个灯组之间必须进行信号协调才可以保证其正常运行。

所谓的主、预信号的协调，简单来说就是指预信号和主信号启亮和关闭的时间如何掌握。在本书3.2.2节和3.2.3节中已提到,排阵式信号交叉口之所以能够有效地提高进口道的通行能力,关键的保障就是综合待行区的正常使用。换言之,车辆能够按照合理的秩序,在合理的时间进出综合待行区,并在恰当的时候驶入交叉口才是能够运用排阵式控制方法的前提。因此,主、预信号的协调控制就显得尤为重要,如果主信号与预信号之间失去协调控制的话,将极大地影响车辆的运行。下面将针对几种可能出现的信号不协调的情况,分析信号不协调对排阵式信号控制交叉口的影响。

1）预信号启亮不协调

预信号灯组是设置在综合待行区预停车线处的信号灯组。根据之前的介绍可知,预信号灯组的存在意义在于对进入到综合待行区的车辆进行预先控制及限制,控制的是应该在预信号绿灯相位进入综合待行区的转向的交通流井然有序地进入到综合待行区,而限制的则是其他不应在此时刻进入到综合待行区的车辆进入。所以,预信号的控制在一定程度上等同于整个排阵式信号控制方法的源头。正因如此,预信号的启亮及关闭时间显得尤为重要。

预信号的启亮时间是需要与主信号的显示时间之间进行协调控制的。某转向车道预信号的启亮,标志着这个转向的车辆可以进入到综合待行区内。也就是说,车辆是按照预信号的控制进入综合待行区的,而并不能通过自身的判断分析预测到预信号的启亮时间是否有问题。预信号的启亮不协调问题大致可以分为两类:预信号提前启亮和预信号滞后启亮。

预信号提前启亮,指的是预信号的启亮时刻远远早于上一个相位主信号的绿灯结束时刻。也就是说,在某转向的预信号绿灯启亮的时刻,主信号上一个相位的绿灯还需要一段时间之后才可以关闭。此时,根据预信号的控制,该转向的车辆依次进入到综合待行区内,但是因为主信号是上一个相位的绿灯,该转向的车辆不能通过交叉口,而只能在综合待行区内等待,直到主信号上个相位的绿灯结束,此转向车辆的主信号绿灯启亮。而在等待的时间段内,本来可以进入综合待行区通过交叉口的上一相位转向的车辆却因为综合待行区内已经排好了此转向的车辆而无法进入,这就使得想要通过交叉口的车辆不能通过,能通过交叉口的车辆又无法通过,造成了一定的时间浪费。如图3-48所示,由于预信号左转绿灯提前启亮,使得在预停车线前排队的左转车辆提前进入到综合待行区内部,而此时主信号则是在通行直行车辆。在将综合待行区内的直行车辆排空后,由于左转车辆已经进入到综合待行区内,并且此时预信号是禁止直行车辆进入综合待行区的,因此直到主信号变为左转绿灯的整个时间段内该进口道是没有任何车辆可以通过交叉口的,出现这种情况并不是因为这个时间段内没有直行车辆需要通过,而是因为预信号的提前启亮导致综合待行区被左转车辆提前占用了。

与预信号提前启亮相对应的另一种预信号启亮不协调的情况是预信号滞后启亮。所谓的预信号滞后启亮指的是预信号的启亮时间与主信号此转向的绿灯启亮时间相差甚小,甚至在主信号此转向的绿灯启亮的时候预信号的绿灯仍未启亮的情况。在这种情况下,由于预信号此转向的绿灯启亮滞后,使得在绿灯未开启时间段内此转向的车辆无法进入到综合待行区内,而在上一个相位的主信号绿灯即将结束时,综合待行区内的上一相位的车辆已经排空,那么在这个时间段内综合待行区内部没有车辆进行待行,出现了所谓的“真空”状态。这种真空状态会一直持续到预信号此转向的绿灯开启时刻才能消失。然而,由于此时刻主信号此转向的绿灯已经开启,车辆从预停车线启动到达主停车线进入交叉口这段距离需要行驶时间,在这个时间段内交叉口内部该进口道也无车辆通行,这就使得这段时间主信号的

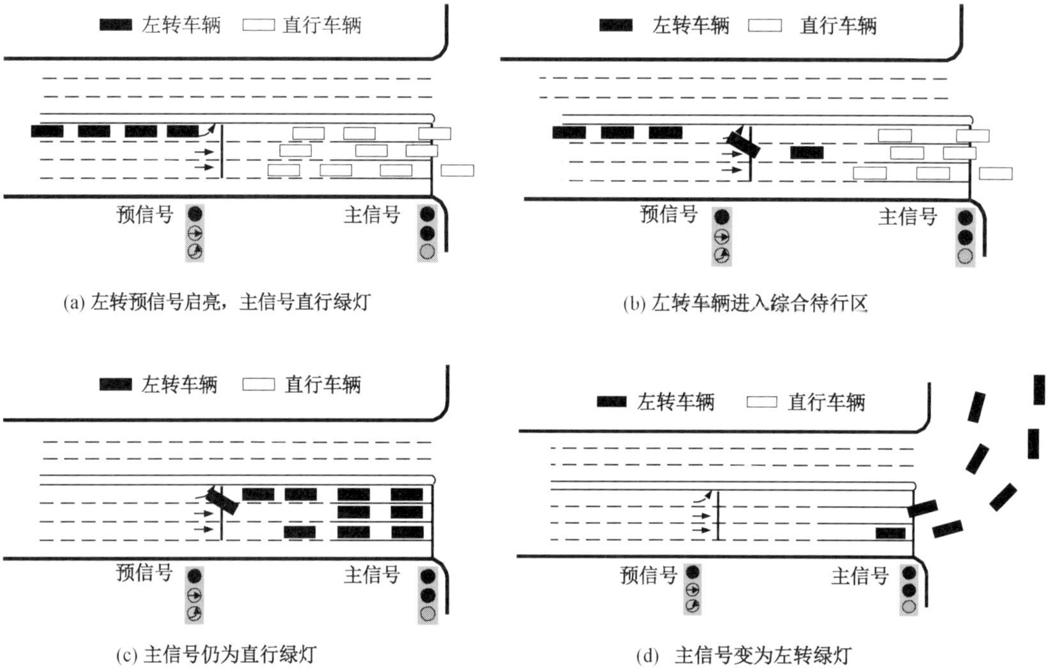


**图 3-48　预信号提前启亮对车辆运行影响分析图**

绿灯时段被浪费了。如图 3-49 所示，由于预信号左转绿灯滞后启亮，左转车辆无法进入到综合待行区内，而此时主信号的直行绿灯即将结束，综合待行区内的直行车辆被全部排空，但由于无直行车辆继续进入使得综合待行区内的空间未被有效使用。随后，主信号左转绿灯启亮，但此时车辆刚刚进入综合待行区，在车辆行驶到主停车线前的这段时间内无左转车辆进入到交叉口内，由此增加了左转车辆的通行延误。

2）预信号中断不协调

预信号的控制时间不仅与预信号的启亮时间有关，与预信号的中断时间同样有着重要的联系。预信号中断主要指的是预信号在早于此转向的主信号绿灯结束前结束绿灯通行，其目的在于提前阻止此转向的车辆进入到综合待行区，以保证进入综合待行区的此转向车辆在这个周期内可以全部通过交叉口。根据预信号中断的定义我们可以看出，预信号的中断应该早于主信号的中断，这样可以保证进入到综合待行区的车辆可以在主信号中断前全部排空，没有滞留。但是如果预信号中断的时间与主信号不协调，则会对车辆运行造成影响。与预信号启亮不协调相似，预信号中断不协调也可以分为预信号提前中断和预信号滞后中断。

预信号提前中断，即预信号的中断时间远早于主信号绿灯中断时间。在这种情况下，由于预停车线前的排队车辆是按照预信号的控制行驶的，预信号的提前中断使得本可以驶入综合待行区的该转向的交通流也提前中断，后方车辆只能停止在预停车线前等待下一个周期通行。而如果这种情况发生，会使得原本可以在这个相位进入综合待行区并通过交叉口的一部分车辆不能在这个周期通过交叉口，同时，综合待行区内部也由于这个时间段无车辆进入而没有车辆通行，这时主信号直行绿灯的末尾时间段的通行时间就被浪费了。如图 3-50 所示，由于预信号提前中断，使得直行绿灯末尾阶段综合待行区内无直行车辆进入并通行，而本可以通行的直行车辆则由于预信号的提前中断而只能在预停车线处等待。

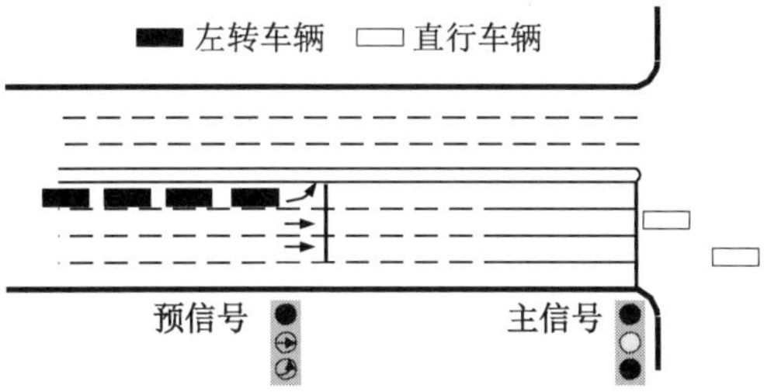


(a) 主信号直行绿灯即将结束

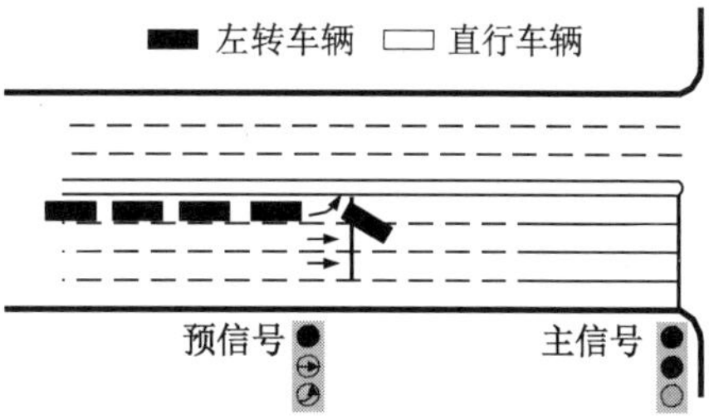


(b) 预信号左转绿灯刚启亮，
主信号左转绿灯已开启

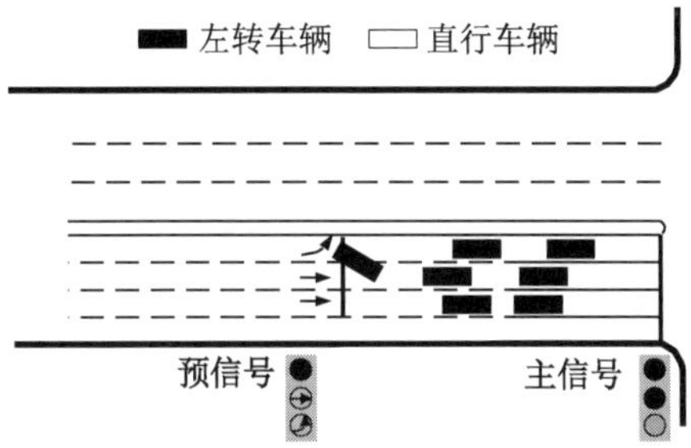


(c) 主信号左转绿灯

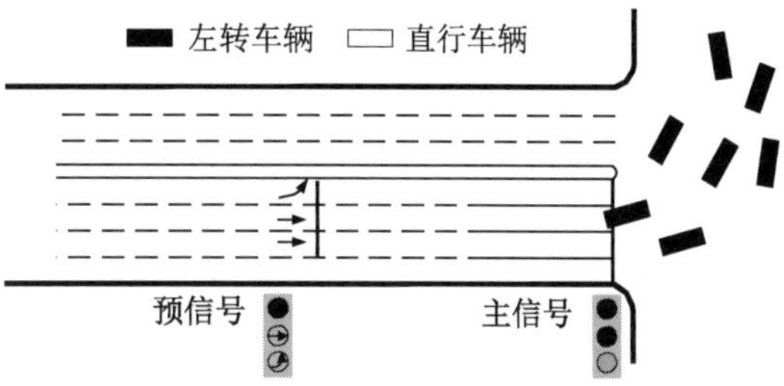


(d) 主信号仍为左转绿灯

图 3-49　预信号滞后启亮对车辆运行影响分析图

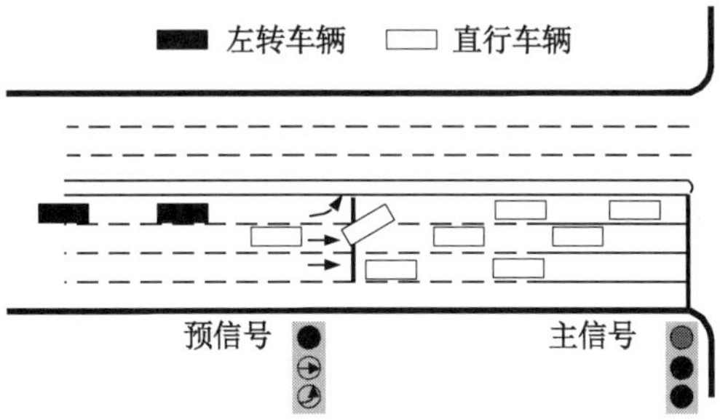


(a) 预信号直行绿灯启亮

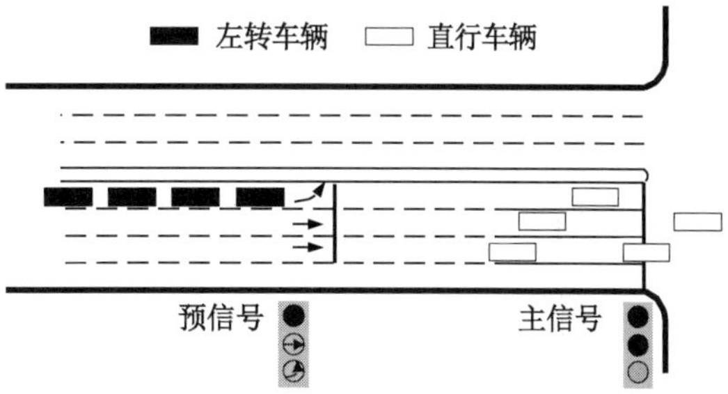


(b) 主信号直行绿灯启亮

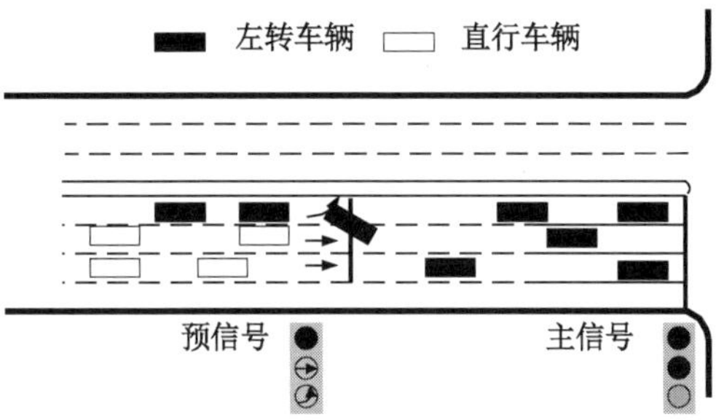


(c) 预信号直行绿灯关闭，主信号仍为直行绿灯

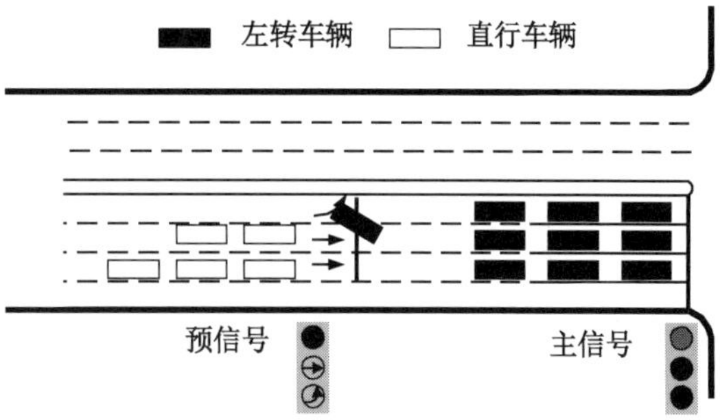


(d) 主信号直行绿灯关闭

图 3-50　预信号提前中断对车辆运行影响分析图

预信号滞后中断,即是预信号的中断时间与主信号的中断时间十分相近。在这种情况下,由于预信号的控制,使得在主信号即将结束时仍有此转向的车辆通过预停车线进入到综合待行区内部,但由于主信号此转向的绿灯时间结束,这部分进入的车辆无法通行,导致在主停车线处等待,那么这部分车辆就会和本书 3.3.1 节中提到的驾驶错误的车辆相似,不仅影响了本周期下个相位的通行,还会对下一个周期的车辆通行造成影响。如图 3-51 所示,由于预信号滞后中断,在主信号直行绿灯末尾阶段,仍有直行车辆进入到综合待行区内,而这些直行车辆行驶到主停车线时主信号直行绿灯已经结束,这部分直行车辆只能停车等待,继而阻碍了之后进入综合待行区的左转车辆的正常通行。

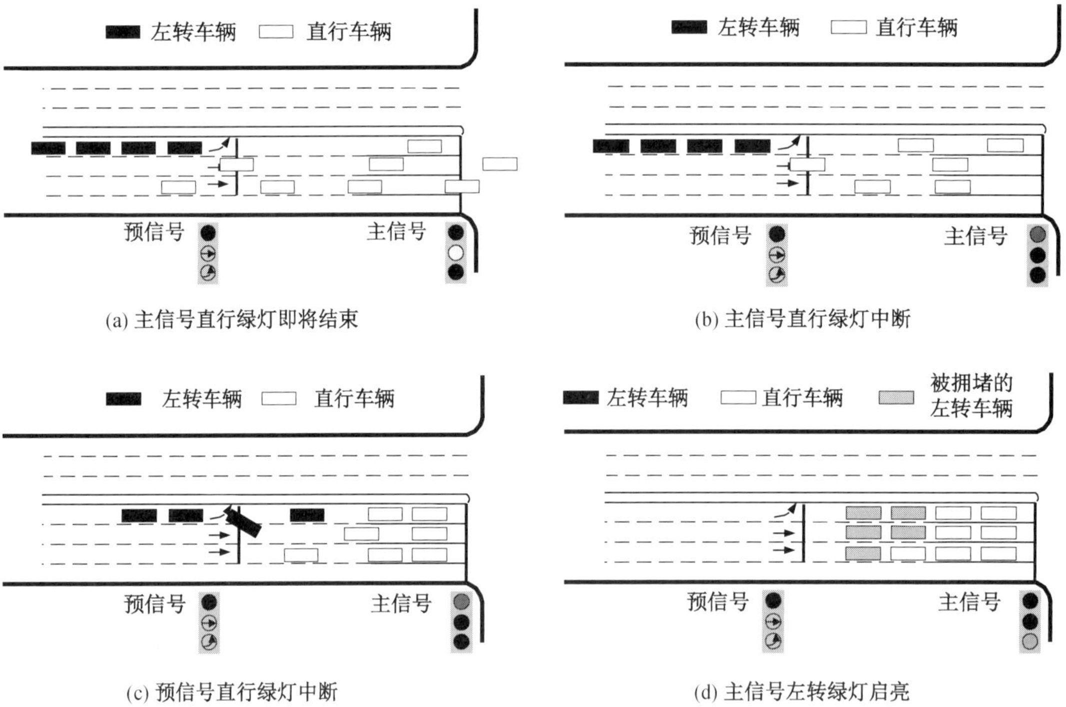


图 3-51　预信号滞后中断对车辆运行影响分析图

3）主信号启亮不协调

以上主要分析了预信号不协调所造成的影响,然而与预信号相比,主信号的不协调会直接影响到整个进口道的运行效率。主信号灯组是设置在综合待行区主停车线处的信号灯组,主信号灯组的存在意义与常规信号交叉口的信号灯组相似,即控制综合待行区内的车辆按照规定驶离停车线并通过交叉口。实际上主信号与常规信号交叉口的信号灯组是一样的,连接了进口道与交叉口,起到了疏导车辆及管理秩序的重要作用。

与预信号启亮时间的设置不同,主信号的启亮时间受到综合待行区内各车道的饱和流率、车流量以及运行时间等多方面的影响。因为进入综合待行区内的车辆在主停车线前的下一步运行全部依赖主信号的控制,所以当主信号的启亮不协调时,会严重影响综合待行区内的车辆排空与通行。与预信号类似,主信号的启亮不协调也可以分为主信号提前启亮和主信号滞后启亮。

主信号提前启亮指的是在预信号此转向的绿灯开启后不久主信号此转向的绿灯就已经开启,此时车辆刚进入综合待行区,并未在主停车线处完成排队就进行通行。这种主信号提前启亮的不协调对综合待行区内的车辆行驶的影响较小,由于预信号本来就是提前于主信号绿灯开启,即车辆已进入到综合待行区,所以车辆可以再次直接通行。但是正如图3-52所示,虽然不会造成车辆运行安全等方面的问题,但是由于综合待行区有一定的长度,因此在主信号提前启亮的初期,刚刚进入综合待行区的直行车辆还未行驶到主停车线处,也就是说初期时间段的主信号直行绿灯时间未被充分利用。

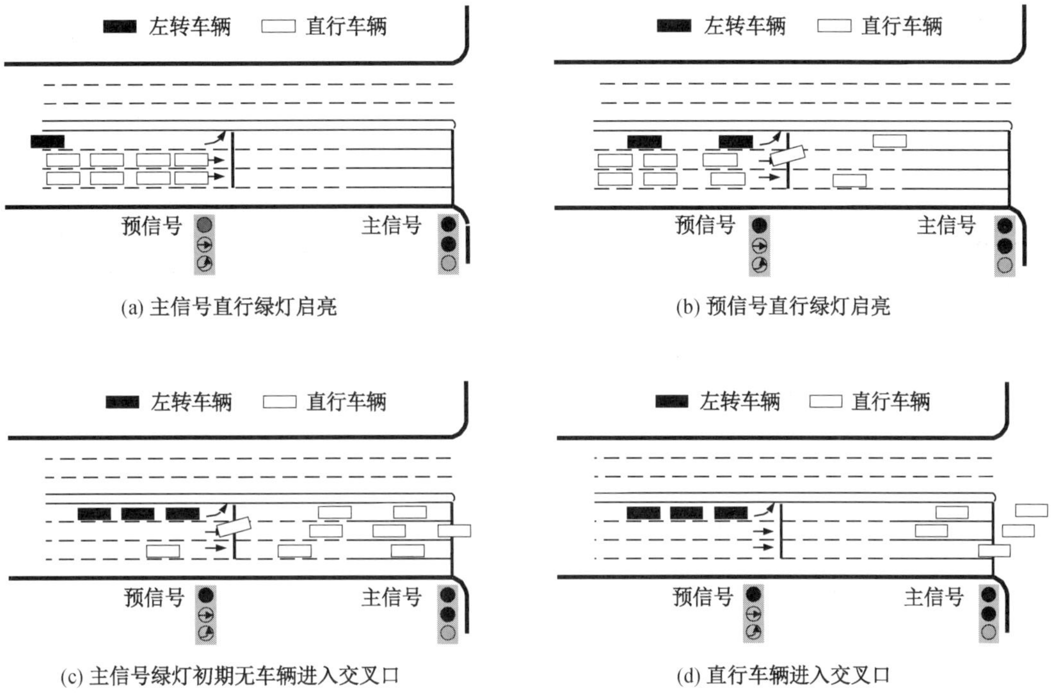


(a) 主信号直行绿灯启亮　(b) 预信号直行绿灯启亮

(c) 主信号绿灯初期无车辆进入交叉口　(d) 直行车辆进入交叉口

**图 3-52　主信号提前启亮对车辆运行影响分析图**

同样的,主信号的滞后启亮,则是指在预信号绿灯已经开启一段时间后主信号绿灯才启亮。此时综合待行区内该转向的车辆可能已经排阵完毕,依次通过主停车线即可。但是需要注意的是,虽然主信号的滞后启亮可能不会过多地影响综合待行区内的车辆通行,但是由于该区域空间有限,使得在预信号开启阶段本应该进入综合待行区的车辆由于空间限制无法进入而出现在此转向预信号绿灯的情况下只能在预停车线处等待的情况。如图 3-53 所示,在综合待行区已被直行车辆排阵完毕的情况下,虽然预信号仍然是直行绿灯,但是直行车辆不得不在预停车线前等待,也就是说这个时间段的预信号时间未被充分利用,等同于降低了进口道的通行能力。

4) 主信号中断不协调

最后,我们来考虑一下主信号中断不协调的问题。主信号的中断标志着这个相位的通行结束和下一个相位的通行开始。所以,主信号的中断等同于一个相位车辆通行的终止。主信号的中断不协调同样可以分为主信号提前中断和主信号滞后中断两类。对于主信号提前中断问题,由于此转向的主信号提前结束,可能会使得综合待行区内排队车辆的末尾车辆不能驶离综合待行区,这将会严重影响下一个相位及下一个周期综合待行区内的车辆运行以及此进口道的通行效率。如图 3-54 所示,由于主信号直行绿灯提前中断,使得综合待行

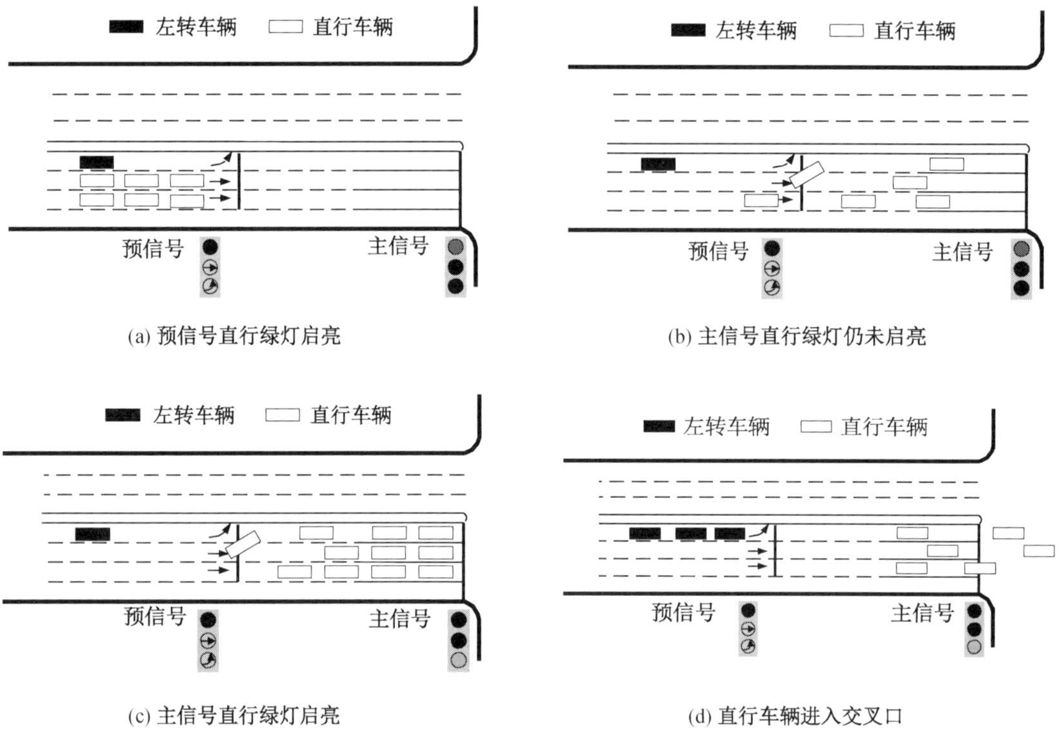

(a) 预信号直行绿灯启亮 (b) 主信号直行绿灯仍未启亮
(c) 主信号直行绿灯启亮 (d) 直行车辆进入交叉口

图 3-53 主信号滞后启亮对车辆运行影响分析图

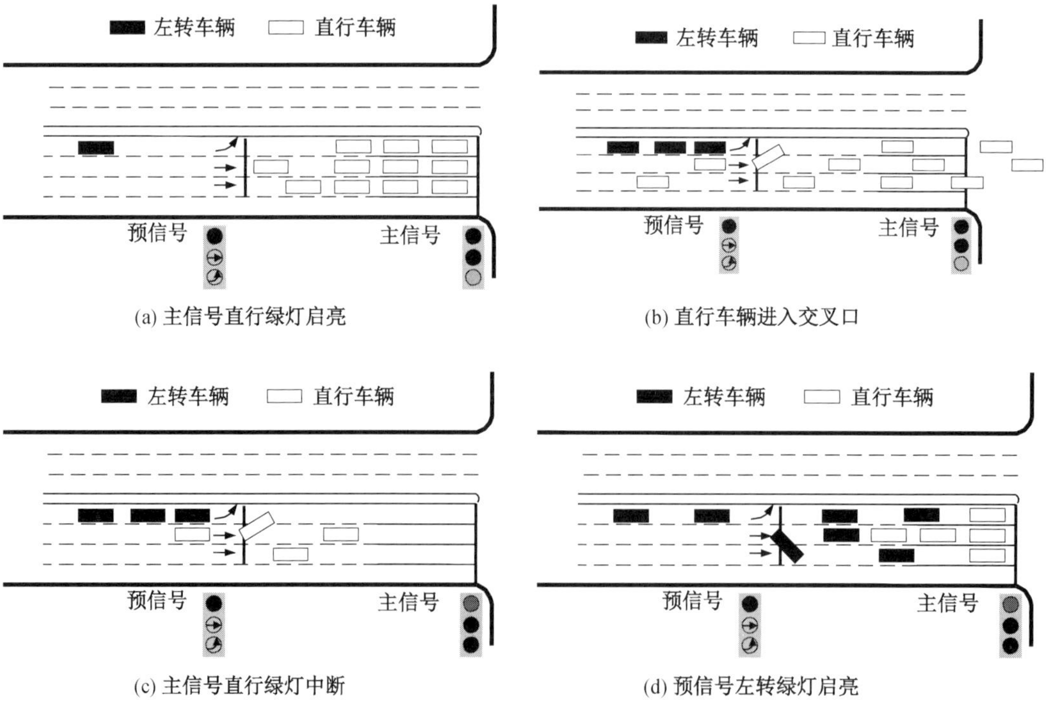

(a) 主信号直行绿灯启亮 (b) 直行车辆进入交叉口
(c) 主信号直行绿灯中断 (d) 预信号左转绿灯启亮

图 3-54 主信号提前中断对车辆运行影响分析图

区末尾部分的直行车辆在到达主停车线处时并不能正常离开，由此就会阻塞下一个相位的左转车辆以及下一个周期的车辆运行。

对于主信号滞后中断，则是在综合待行区车辆排空且此转向预信号已中断的情况下，主信号此转向的绿灯仍未结束。此时，由于综合待行区内该转向的车辆已经排空，而随后进入综合待行区的车辆不能通行，使得滞后的这一段绿灯时间未被充分利用，造成了一定的浪费。

通过以上对排阵式信号交叉口的信号不协调的分析，我们可以看出：主、预信号的协调控制是排阵式控制方法有效实施的重要保证，通过对主、预信号进行协调控制，能够使得进入综合待行区的车辆顺利且及时地驶入交叉口；同时，主、预信号的协调配合也确保了各相位预信号和主信号的通行时间被充分利用，这样不仅保证了车辆在排阵式信号交叉口的运行安全，也保证了排阵式信号控制方法下进口道的通行能力以及车辆运行效率。

### 3.3.3　服务水平提高了吗？

为了全面衡量排阵式信号控制交叉口的服务水平，我们从以下几个方面进行综合分析。

1. 车辆延误

车辆运行延误是对信号控制交叉口服务水平评价的重要指标。车辆延误的根源在于车辆的启动、制动以及期间的速度变化。对于一辆车来说，在通过一个交叉口时，由于前方、后方和旁侧车辆的相互影响，以及所在车流的运行特性，其在交叉口进口道驶入交叉口的整个过程中并不能时刻保持均速的运行状态，而当这个运行状态出现变化甚至停止时，车辆就会在交叉口内消耗正常运行时间之外的一部分时间，而这一部分时间就是所谓的延误时间。

一般来说，对于一个常规的信号交叉口，其内部行驶的车辆可能发生延误的情况主要包括以下几类。

1）进口道内车辆相互干扰

车辆在交通流的运行中并不是完全自由的，考虑到运行安全，每一辆车均需要与前车保持一定的安全距离，而这个安全距离虽然不是固定值但仍是存在极限的。也就是说，当前车的速度变小，与此车的安全距离减小时，此车为了保证行驶的安全也应进行相应的速度变化，此时，车辆通过交叉口的整体时间就会有所增加。

2）停车等待

无论是无信号控制交叉口还是信号控制交叉口，交叉口内的停车等待是一定会出现的。但是不同的是，无信号交叉口的停车等待是主动式的，也就是说，由于无信号控制，车辆在交叉口内自由通行，但在本书3.1.1节中我们提到，对于无信号控制的交叉口交通流会在其内部形成冲突区域，而在这些冲突区域内，为了保证安全，车辆会停车让行以保证行车的安全和效率。而对于信号控制交叉口，停车等待的行驶则由主动式变成了被动式。因为受到信号灯的控制，交通流不能自由进出交叉口，而是有次序地分相位地进出，这就意味着在不是本相位通行的时间内，驶入进口道的车辆只能在停车线处停车等待，而这个停车等待时间也是通过交叉口的车辆延误时间的一部分。

3）交叉口通行

车辆延误除了出现在进口道内部之外，在车辆进入到交叉口内进行通行的时候也同样会产生。这一类的车辆延误主要发生在交叉口的左转交通流进行通行的时候。前文提到，左转交通流由于其特殊的运行轨迹，在交叉口内通行的时候需要更多的运行空间，同时由于左转车辆在转弯时存在一定的转弯角度，因此内侧车道和外侧车道的左转车辆的运行时间是不同的。同时，为了保证运行安全，并排转弯时不同车道之间的车辆以及同车道的前后车辆之间也会对运行速度造成影响，形成一定的延误。

综合以上考虑，为了验证排阵式信号交叉口在车辆延误方面的服务水平，我们通过对比实验进行验证。对比实验的设置及参数条件继续采用本书 3.2.3 节中的数据，同样将排阵式信号交叉口作为实验组，将常规信号交叉口作为对照组，并以左转交通流和直行交通流的不同流量作为检测标准，在不同的交通流量下检测两组的车辆延误时间，实验结果如图 3-55 所示。

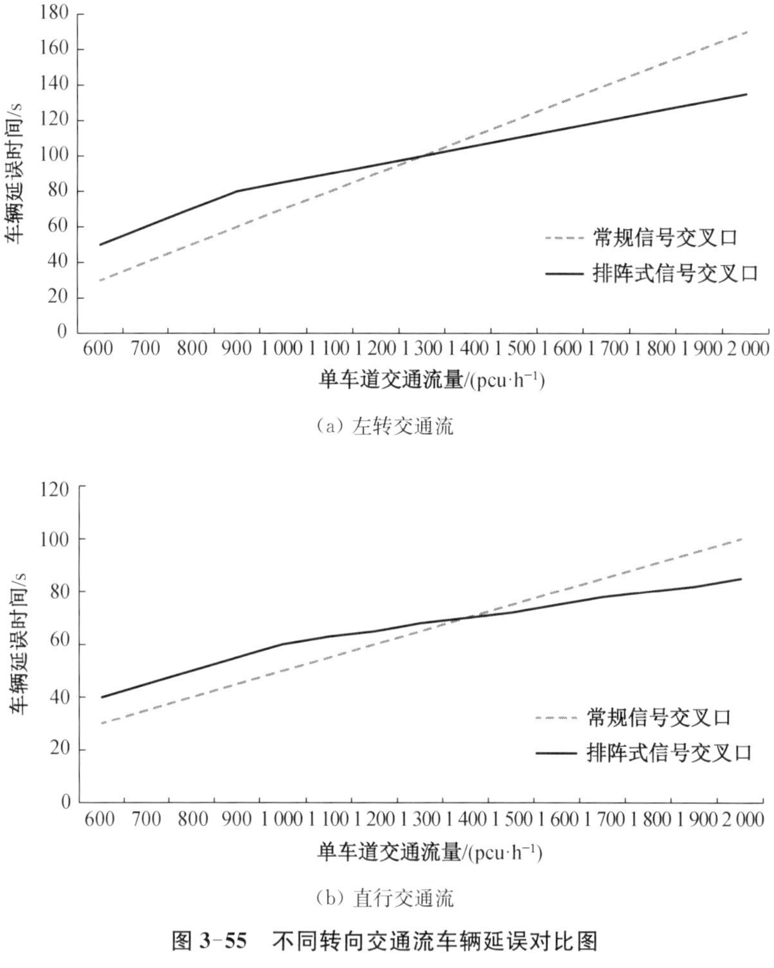


**图 3-55　不同转向交通流车辆延误对比图**

实验结果表明，在同等交通条件下，常规信号交叉口与排阵式信号交叉口的车辆延误时间随着交通流量的变化规律是不同的。常规信号交叉口由于其固定的控制方式，对每条车道的通行权分配较为相似，因此其车辆延误会随着交通流量的增长而增大。在本书 3.2.3 节中的排队长度分析中我们知道，由于常规信号交叉口的车道功能固定，所以车辆的排队长度会随着交通流量的增大而不断加长，而这正是车辆延误时间不断增加的关键因素。而对于排阵式信号控制交叉口来说，其车辆延误时间随交通流量的变化是不同的。

例如,由图 3-55(a)可以看出,在左转交通流量较小的情况下,排阵式信号控制方法的车辆延误时间大于常规信号控制方法。这是因为综合待行区的存在使得车辆在预停车线和主停车线处均会停车等待,而这个等待时间在交通流量较小的情况下是高于常规信号控制方法的。此外,由于进入综合待行区的车辆需要在排阵重组区域进行车辆排阵,而当交通流量较小时车辆排阵的时间也会增大延误时间。

然而,当交通流量不断增大时,排阵式信号控制方法的优势就会逐渐体现。综合待行区的车辆重组将较大流量的交通流输入到交叉口内,保证交通流的通行效率,虽然由于交通流的增大车辆延误时间会有所增加,但与常规信号控制交叉口相比已有了显著的降低。可以看出,在使用排阵式控制方法时需要掌握交通流量数据,对于交通流量较小的交叉口,使用此方法在交叉口车辆延误方面会有所欠佳。

2. 运行安全

运行安全是评价一个交叉口服务水平的重要指标,同时也是交叉口能够正常运行、车辆可以顺利通过的基本保障。常规信号交叉口的车辆运行安全隐患产生点主要集中在进口道停车线区域及交叉口内部区域。在进口道停车线区域,由于无预先控制,车辆可以自由到达进口道的停车线,对于在交叉口排队等待的末尾车辆来说,在意识到前方绿灯时间即将结束的时候,为了避免二次等待而在这个相位通过交叉口,车辆会持续加速,此时就会对前方车辆的运行安全造成影响。另外,这种车辆速度的骤变也会对后方车辆以及旁侧车辆的行驶造成干扰。在交叉口内部,由于对向交通车流的存在,使得车辆在进入交叉口后的运行会受到对向交通流的干扰,并且对于左转车辆来说,由于其进行转向的过程需要一定的运行空间,在运行时也会受到对向左转车辆的影响,行车安全也存在一定的问题。

对于排阵式信号交叉口,同样存在着运行安全隐患的问题。根据上文的介绍,我们了解到,排阵式信号交叉口的控制方法是将车辆在综合待行区内部进行了排阵重组,并在通过主停车线时将综合待行区内的车辆全部排空,所以排阵式信号交叉口的安全隐患区域主要集中在预停车线处和交叉口内部。如图 3-56(a)所示,在预停车线处,由于车辆按照预信号控制依次进入综合待行区,并在排阵重组区域进行车道选择,这会使得车辆在这个区域进行必要的位置变化。而对于不同型号的车辆来说其需要的转弯空间及时间是不相同的,因此在前车未完成车道选择时如果后方车辆已开始进行车道选择,这时候就会存在安全隐患。在交叉口内部,如图 3-56(b)所示,由于主信号绿灯通行时综合待行区内部车辆全部排空,意味着当主信号绿灯启亮时通过交叉口的车辆为几个车道同时放行,而这种情况下相邻车道之间的车辆运行同样存在着一定的安全隐患。另外,与常规信号交叉口一样,当为左转绿灯

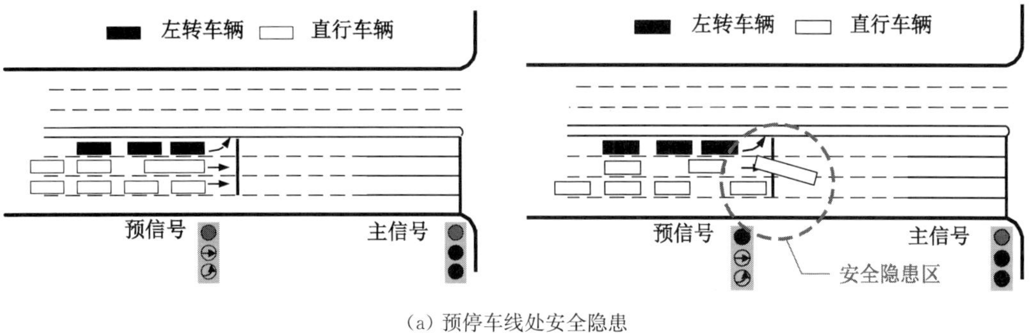


(a) 预停车线处安全隐患

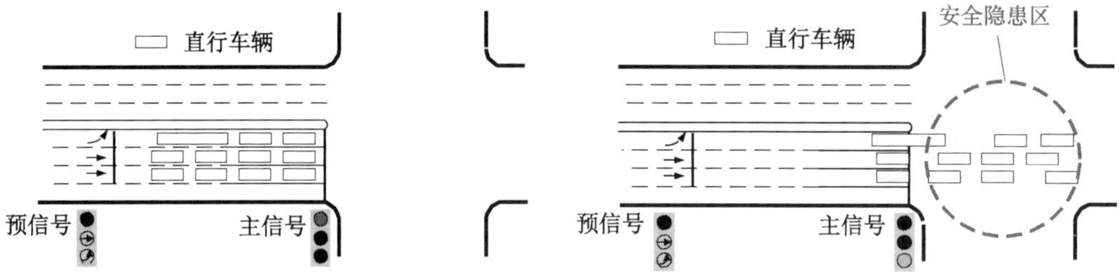


(b) 主信号绿灯通行时相邻车辆安全隐患

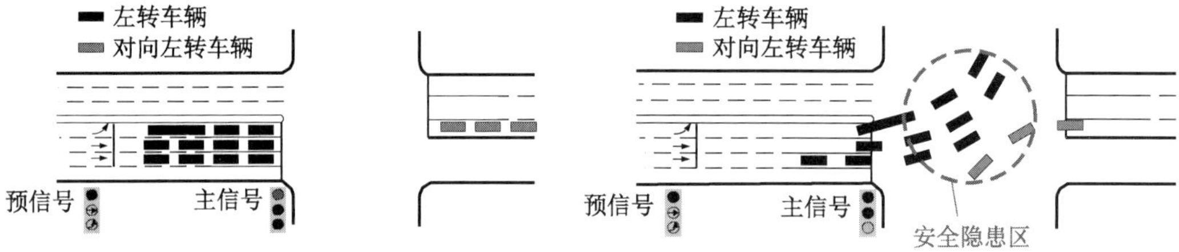


(c) 主信号绿灯通行时对向左转交通流安全隐患

**图 3-56　不同情况下排阵式信号控制交叉口安全隐患模拟图**

相位时,大量的左转车辆并排行驶,如图 3-56(c)所示,对于左转车流来说,其较大的左转运行空间也与对向的左转车流存在一定的相互影响。

除此之外,从机动车管理、交叉口通行能力、交通流排队长度等多个信号交叉口服务水平的评价指标来看,排阵式信号交叉口的总体水平虽然优于常规的信号交叉口,但是仍然存在一定的问题。在对一个交叉口实施排阵式信号控制方法时,一定要了解并掌握交叉口的运行情况,对于交通流量较小,车道宽度较窄,交通组织过于简单的交叉口,排阵式信号控制方法未必适用,盲目使用这种方法可能会适得其反。此外,由于排阵式信号控制的特殊性,其预停车线处和主停车线处的车辆需要严格按照信号控制进出,为了方便管理并且减少不必要的错误,应设计合理的主、预信号标志及预信号指示牌,同时可利用人工辅助管理及添加解释说明指示板等辅助手段,再利用公共平台等多种形式对这种控制方法进行宣传和普及,以便于驾驶员对这种控制方法的了解和使用。整体上来说,排阵式信号控制方法对于交通流量较大、交通需求较明显的交叉口可以起到提高通行能力、降低排队长度和延误时间、保证车辆运行安全、提升通行效率的作用,同时也为未来智能化控制道路的发展提供了一定的参考。

## 参考文献

[1] National Research Council. Highway Capacity Manual[R]. Washington, D. C. ,2000.

[2] 中华人民共和国国家质量监督检验检疫总局,中国国家标准化管理委员会. 道路交通标志和标线:GB 5768—2009[S]. 北京:人民交通出版社,2009.

[3] EDMOND C. P. Deciding alternative left-turn signal phase using expert systems[J]. ITE Journal, 1988, 58(1):21-27.

[4] HUMMER J E, MONTGOMERY R E, SINHA K S . Guidelines for use of leading and lagging left-turn signal phasing[J]. Transportation Research Record, 1991, 1324: 11-20.

[5] JOURNAL I. Left-turn phase design in Florida[J]. ITE Journal，1982，9：28-35.
[6] ASANTE S A，ARDEKANI S A，WILLIAMS J C. Selection criteria for left-turn phasing and indication sequence[J]. Transportation Research Record，1993，1179：11-20.
[7] WONG C，WONG S. Lane-Based optimization of signal timings for lsolated junctions[J]. Transportation Research Part B：Methodological，2003，37(1)：63-84.
[8] 马万经，杨晓光. 信号控制交叉口群左转交通协调设计方法[J]. 同济大学学报，2008，36(11)：1507-1511.

# 第 4 章

# 化整为零:各种绕行设计

## 4.1 矛盾集中

交叉口是一个交通流量集中、交通矛盾突出的区域。不同的交通流在交叉口处的交通需求,主要分为通过性需求和连通性需求两大类。

### 4.1.1 通过性需求

直行车流在交叉口是通过性需求,一般通过信号控制进行时间分离使直行车辆间的冲突点得以避免。当没有将左转相位从时间上分离出来时,主要的冲突点则来自左转交通流,直行车流的行车安全和通行效率都会受到一定程度的影响。延长信号周期一定程度上可以解决这个问题,但是,对于道路等级较高的干路,直行交通流有速度和连续性上的要求,而增加信号相位,延长信号周期,会进一步增加交叉口的均匀延误,影响通过性需求在交叉口的通行效率。

### 4.1.2 连通性需求

转弯车流在交叉口是连通性需求,其中左转车流与直行车流之间容易产生各种冲突。一般来说,在信控交叉口没有设置左转专用相位时,左转车需要利用对向直行车流的安全间隙完成左转,在等待安全间隙的过程中,会影响后方车辆的通行,在左转过程中,则会影响对向车流的通行,容易造成交叉口内部临时的拥堵,降低整体的通行效益。而设置左转专用相位,对交叉口的空间渠化设计又有一定的要求:需要设置对应的左转专用车道;设置左转专用相位,会对交叉口整个信号控制的效益带来影响,当直行需求较大时,整体效益反而会下降。

## 4.2 主次分明

当交叉口的矛盾集中时,采用化整为零的方法,根据需要,在交叉口采取禁左设置,使得左转车辆通过绕行的方式完成转向。下面将针对连续右转、远引掉头(直行+右转)、远引掉头(右转+直行)三种绕行形式进行介绍。

### 4.2.1 连续右转

连续右转的绕行方式,通过利用交叉口周边的支路资源,遵循右进右出的原则,通过多次直行加右转，最后变为在左转目标道路方向上的直行，其绕行路径如图 4-1 所示。这种绕行方式，充分利用了交叉口周边的支路微循环道路资源，把交叉口进口道的左转车流转移到附近支路上，最后又以直行的方式达到左转的目的，从而有效缓解交叉口本身的交通负荷。由于车道渠化和信号相位的设置要求，这种组织方式一般都是呈对偶关系的，否则会因为信号相位不匹配而降低交叉口的通行能力，从而达不到设置禁左绕行的目的。

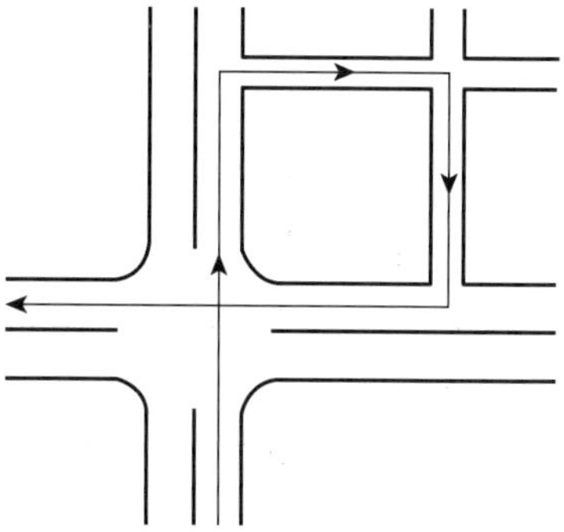

图 4-1　连续右转式绕行路径

在空间上，这种绕行方式对周边的支路会有一定的要求。首先，要有能够完成绕行的间距合理的支路；其次，对支路上的交通环境也有一定的要求，如较宽的路幅资源，路边停车干扰及其他干扰较少，对支路本身的交通功能产生较小影响的同时适合绕行车辆的通行。

在时间上，由于在交叉口右转时与其他方向的车辆冲突较少，尤其是在允许红灯右转的交叉口，右转带来的延误很小；绕行的主要通行时间则是在直行路段上的通过时间和再次通过交叉口时的直行延误。当绕行距离在合理范围内时，绕行带来的延误也将是可接受的。绕行延误计算公式如下：

$$D_c = \frac{L_c}{v_0} + \sum_{i=1}^{3} d_{ir} + d_t \tag{4-1}$$

式中　$D_c$—— 绕行延误；

$L_c$—— 绕行距离(m)；

$d_{ir}$—— 第 $i$ 次右转延误；

$d_t$—— 通过原禁左交叉口直行延误；

$v_0$—— 正常行驶速度(m/s)。

这种绕行方式，对周边交通流干扰较小，能够在原有路口周边范围内实现左转，也是驾驶员容易理解的一种方式，采取配套的指路标志，将会取得更好的效果。

### 4.2.2　远引掉头(直行+右转、右转+直行)

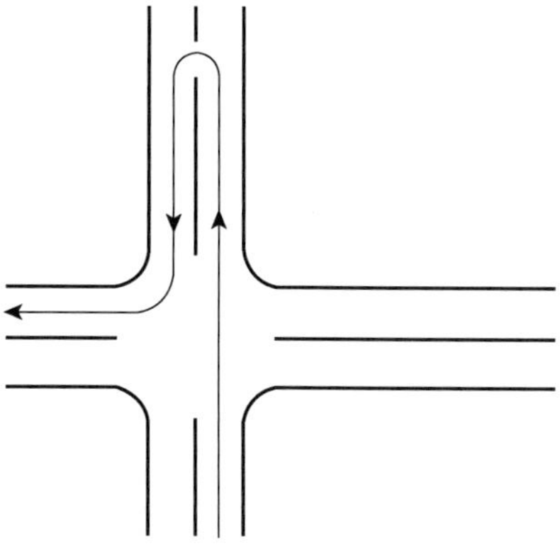

图 4-2　先直行再右转的远引掉头绕行路径

远引掉头是指将左转车辆先远引到路段上，然后通过掉头达到左转目的的绕行方式，主要包含两种形式，分别是先直行再右转和先右转再直行。

先直行再右转的远引掉头绕行方式，是在主要道路的禁左进口道上，左转车辆先直行通过交叉口，沿较宽的中央分隔带开口处作 180°回转，返向直行并切换到最外侧车道右转以实现左转的绕行方式，如图 4-2 所示。

先右转再直行的远引掉头绕行方式，是在次要道路禁左进口道上，左转车辆先右转并切换至中间车道，沿较宽的中央分隔带开口处作 180°回转，返向直行穿

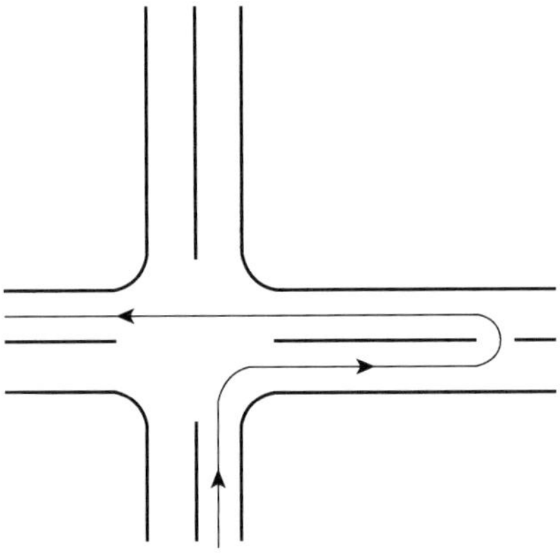

图 4-3　先右转再直行的远引掉头绕行路径

过交叉口以实现左转的绕行方式，如图 4-3 所示。

1. 空间设置条件

在空间上，这种绕行方式将左转车辆引到了主要道路或次要道路的路段上，对于道路条件要求比较高，主要道路有较宽的中央分隔带，方便车辆掉头，并且开口掉头点距离下游路口不能太近。中央分隔带路段中的开口设置在何处，距离禁左路口多远的距离为宜，则是中央分隔带设计中的一个关键问题。

确定中央分隔带开口间距，要考虑行车效率和行车安全性两方面因素。间距过长，将增加绕行距离，影响禁左与掉头措施的实施效率；间距不足，则对行车安全性不利，转向车流的相互干扰将加大事故发生的可能性。如偏保守考虑，中央分隔带开口间距至少应包含两段互不重叠的距离：一是车辆进入禁左路口以后，从最外侧车道逐渐交织，变换车道至最里侧车道所需的交织长度；二是完成交织后，减速以及排队等待掉头的缓冲长度（主要是排队长度）。其中，排队长度的计算值具体体现在拓展中央分隔带、设置的掉头专用车道的长度上；而具体值的确定可以参考一般信控路口转向车道的设置方法，根据转向比例估算。因此，中央分隔带开口间距的规划，关键是交织长度的计算。

交织长度的计算比较复杂，主要与车流运行车速、车流量和道路横断面状况等相关。此外，不同驾驶人的可接受车头时距等微观因素更是难以标定。在美国 *High Capacity Manual* 2000（HCM 2000）中，有相关模型可以计算交织长度，尤其是如图 4-4 所示的 C 型交织，与远引掉头中的交织特征是基本相同的，可以借鉴。

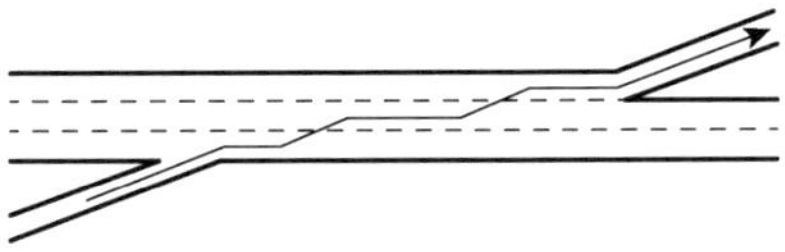

图 4-4　C 型交织区示例

HCM 中的计算模型主要适用于高速公路，是在已知道路几何条件、交织长度、设计车速和交织段各流向的交通量的情况下，计算出交织段的车流密度，进而得到交织段的服务水平。如果预先定义服务水平，也能反算交织长度。联立求解以下公式

$$W_{w} = W_{nw} = \frac{a(1+Q_{R})^{b}(Q/N)^{c}}{(3.28L_{w})^{d}} \tag{4-2}$$

$$V_{w} = 10 + \frac{V_{FF}-2}{1+W_{w}} \tag{4-3}$$

$$V_{nw} = 10 + \frac{V_{FF}-2}{1+W_{nw}} \tag{4-4}$$

$$V = \frac{Q}{\left(\frac{Q_{w}}{V_{w}}\right)+\left(\frac{Q_{nw}}{V_{nw}}\right)} \tag{4-5}$$

$$K = \frac{Q/N}{V} \tag{4-6}$$

式中　$W_w$, $W_{nw}$——交织车流和非交织车流的交织强度系数;

$a$, $b$, $c$, $d$——标定的常数,取值可参考 HCM;

$N$——交织段内总车道数;

$Q$——交织段内总交通流率;

$Q_R$——流量比(交织段内交织流率与总交通流率的比值),$Q_R = Q_w/Q$;

$Q_w$——交织段内的交织流率;

$V_w$, $V_{nw}$——交织车辆和非交织车辆的平均车速(km/h);

$V_{FF}$——道路设计车速(km/h);

$V$——交织段内的所有车辆平均车速(km/h);

$Q_{nw}$——交织段内的非交织流率;

$K$——车流密度;

$L_w$——交织长度(m)。

上式实际上由 6 个独立方程组成,在车流密度已知的情况下,只有 6 个未知量,即 $W_w$, $W_{nw}$, $V_w$, $V_{nw}$, $V$, $L_w$,由此可以直接求解交织长度 $L_w$,则中央分隔带开口间距 $L'$ 为:

$$L' = L_Q + L_w \tag{4-7}$$

式中,$L_Q$ 为排队长度,可参考信控路口转向车道的设置方法,根据转向比例估算。

考虑到模型适用范围存在一些差异,可采用微观仿真的方法进行验证,从而评价开口间距规划方法的效果。在已经得到优化的中央分隔带开口布局方案的基础上,分析在远引掉头环境下,中央分隔带设计的其他方面应做怎样的改变,以适应这一交通组织方式,并通过分析得到一般的设计原则以及相关指标的参考值。

(1) 从安全分离对向车流、绿化、防眩等中央分隔带功能要求出发,提出不同的功能要求对应不同的中央分隔带宽度设计;特别针对远引掉头技术的实施中,左转专用车道的设置所需要的中央分隔带宽度。

(2) 从转向车型和道路已有线型两方面考虑,分析中央分隔带开口形式的选择,并得到开口长度和开口转向半径等指标的设计原则和参考值。

(3) 从安全和效率两方面考虑,分析设置左转专用车道的必要性,并重点对其设计长度进行探讨,分析驾驶特征、交通流特性等对长度的影响,提出建议的设计方法。

此外,远引掉头这种绕行方式的绕行距离比连续右转式要短,但是也要求左转交通量不宜过大,车型以小型车为主,否则当左转车流找不到可插入间隙排队等待时,会对路段交通造成阻塞,影响车流的畅通。同时也要求左转入口处有良好的视距,来保证行车安全。

2. 通行延误计算

1) 直行+右转远引掉头式的交叉口

在时间上,左转车辆是受信号控制的,当本向直行为绿灯的时候,左转车流随直行车流一同通过交叉口驶入直行出口道,在出口道路段上某一特定地点进行掉头,停车等待进入行车道,由内侧车道转换至最外侧车道,最后右转通过禁左交叉口。绕行过程中,按照顺序存在 4 种延误,如图 4-5 所示。

(1) 减速延误。直行至掉头回转区存在减速延误,可以认为是减加速延误的一半。

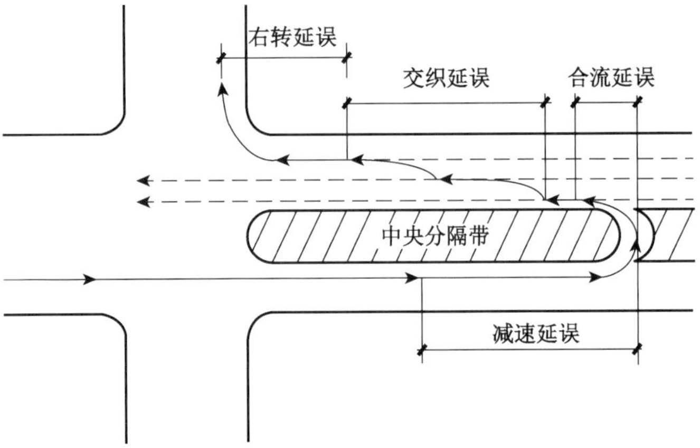


图 4-5　先直行再右转远引掉头车辆延误示意图

$$d_d = \frac{d_{da}}{2} = 0.15d_{st} \tag{4-8}$$

(2) 合流延误。机动车在掉头回转区等待进入行车道,类似于汇入直行车流产生的延误,此处称之为合流延误。根据交叉口复杂性指标中定义的合流点换算系数为 3,交叉点换算系数为 5,在合流延误计算时采用冲突点延误修正法。

$$d_h = 0.6d_d \tag{4-9}$$

(3) 交织延误。从内侧车道交织行驶至最外侧车道,存在交织延误。相对于冲突点延误、合流延误,交织延误介于两者之间,同样采用冲突点延误修正法。

$$d_i = 0.8d_{cr} \tag{4-10}$$

(4) 右转通过禁左交叉口,存在右转延误。默认禁左交叉口不存在冲突点延误,其右转延误为:

$$d_r = 1.3d_{sr} \tag{4-11}$$

因此,先直行后右转的远引掉头绕行延误公式为:

$$D_c = \frac{L_c}{v_0} + 0.15d_{st} + 0.6d_d + 0.8d_{cr} + 1.3d_{sr} \tag{4-12}$$

式中　$d_{st}$—— 直行车停车延误;

$d_d$—— 左转车冲突点延误;

$d_{cr}$—— 右转车冲突点延误;

$d_{sr}$—— 右转车停车延误。

值得注意的是,当掉头车辆与直行车流有较为严重的分流、合流干扰时,在掉头地点考虑设置路段信号灯控制。路段信号灯配时方案应与交叉口主控信号方案形成联动协调的机制,减少不必要的额外延误。

2）右转＋直行远引掉头式的交叉口处

在时间上,原则上不受信号灯控制影响的车辆,在交叉口进口道拥有等同于右转车辆的通行权,右转后在相交道路的出口道做直行,在交织行驶至出口道路段上某一特定地点掉头,进入行车道,直行通过原交叉口。绕行过程中也存在延误,如图4-6所示。

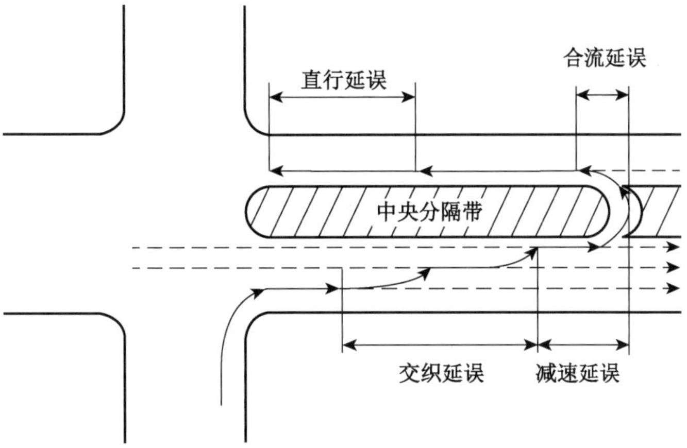


**图4-6　先右转再直行远引掉头车辆延误示意图**

（1）从最外侧车道交织行驶至最内侧车道存在交织延误;

（2）沿内侧车道行驶至掉头回转区存在减速延误;

（3）等待左转进入行车道,存在合流延误;

（4）最后直行通过交叉口存在直行延误。

类似先直行后右转的远引式掉头绕行方式,其绕行延误公式为:

$$D_c = \frac{L_c}{v_0} + 0.8d_d + 0.15d_{st} + 0.6d_d + 1.3d_{st} \tag{4-13}$$

式中参数同式(4-8)—式(4-12)。

## 4.3　系统优化

### 4.3.1　不一定要绕行

在选择化整为零,引导左转绕行时,虽然有解决交叉口矛盾集中的优势,但对其缺点也不能忽视。

1. *左转绕行的缺点*

（1）引导左转绕行会增加左转机动车流的行程距离。相对于机动车,左转非机动车的行程距离增加不是很多,左转非机动车一般是本禁左交叉口采用合理的交通组织实现左转,增加的行程距离有限。而对于左转机动车,距离的增加难以避免。尽管对于机动车驾驶员来说运行时间对出行的影响更大,但是绕行距离对驾驶员心理上产生的影响不容忽视,一旦超过可接受范围,不仅影响社会效益,也使得禁左绕行失去了意义。

（2）引导左转绕行会增加其他流向或路段上的交通量。左转绕行将禁左交叉口的左转车辆转移到了其他交叉口,通过在其他路段直行加右转组合完成在重要交叉口的左转。在交通量向其他路段转移的过程中,被禁的左转交通量都汇入到路段上,路段上交通流的密度增加,路段阻抗增加,平均车速降低,使车辆的总行程时间增加,车辆在路段上的延误增加,进而可能造成拥堵点转移的不良后果。

(3) 引导左转绕行会给公共交通带来不便,增加乘客步行距离。若对公共交通也一视同仁实施禁左管制,由于常规公交车的车身庞大,无法利用中央分隔带开口实现掉头回转,连续右转绕行则会增加乘客到站距离,增加出行时间。同理,引导左转绕行也不利于急救车等特殊车辆的运行。

(4) 引导左转绕行会对居民区的生活环境和某些商业设施造成不利影响。

2. 各种绕行方式的适用条件

如前所述,盲目实施绕行策略会带来一系列的问题。因此,必须要根据实际情况进行考虑,根据各种绕行方式的适用条件合理选择。

1) 连续右转适用条件

(1) 交叉口直行交通量很大,左转交通量不大,但左转交通量却对直行车的通行产生很大影响,在这种情况下,可考虑本交叉口禁止左转。

(2) 本交叉口周边的支路能够容纳增加的转弯交通量。

(3) 单条绕行支路长度不大于 200 m,总绕行距离不大于 800 m。

(4) 本交叉口逆向邻侧进口道能容纳增加的直行交通量。

2) 远引式左转适用条件

(1) 有中央分隔带或高架桥的地面道路且双向车道数不大于 6 条车道时,可考虑本交叉口采取远引式左转。

(2) 主要道路须有较宽的中央分隔带或高架桥桥下的空间,分隔带宽度或高架桥下的空间须满足回转车辆最小回转半径的要求:大型客车、公共汽车 8~10 m,小型客车 6~7 m,即中央分隔带或高架桥下的空间至少在 12 m 以上时,可考虑本交叉口采取远引式左转。

(3) 远引式左转也可应用于中央分隔带具有足够宽度的 T 形交叉口,即采用右进右出管理措施支路接主路的交叉口,但主路中央分隔带中间不开口,把支路拦断。

### 4.3.2 避免弄巧成拙

采用禁左绕行的处理方式时,需要科学地对其效果进行评估和优化。此处介绍一种一定区域网络上交叉口禁左交通组织优化的双层规划模型,以及以遗传算法对该模型进行求解的方法。

1. 道路与交叉口几何网络的处理

道路与交叉口几何网络处理是指在交叉口如何形象地给出各进口道直行、右转、左转车流的行驶路径,通常有增设虚拟边法和对偶图法。这两种方法的实质是相同的,都是通过将交叉口节点按 4 个方向拓展为 8 个节点(假设为十字形交叉口),每个方向的进口节点根据行驶方向的不同增加和其他节点对应的 3 条链,从而将交叉口拓展为 12 条链的不带转向信息的普通网络,再利用已有的算法进行计算。增设虚拟边法(以十字形交叉口为例)示意图如图 4-7 所示。

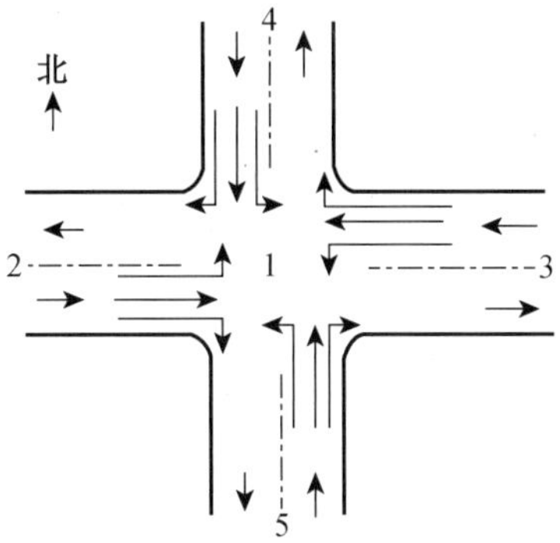

(a) 十字形交叉口

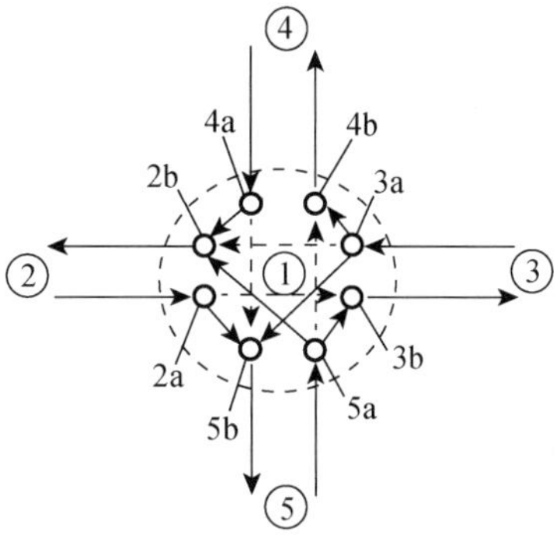

(b) 转向车流虚拟边

图 4-7 增设虚拟边法示意图

禁左交通组织管理一般是针对某个局部区域的交通组织管理而言,因此在有限个交叉口的情况下,采用增设虚拟边法计算的复杂度是可以接受的。可以根据实际情况先确定若干个可能进行禁左交通管理的交叉口备选集,然后对需要进行禁左交通管理的交叉口及禁左交叉口的具体进口道及禁左形式进行优化论证。

2. 双层规划模型的建立

建模之前首先探讨转向车流在交叉口的阻抗表达,设交叉口禁左与非禁左条件下转向车流通过交叉口的平均行驶阻抗,如表 4-1 所列。

**表 4-1** 转向车流交叉口平均阻抗

| 禁左方案 | 左转 | 直行 | 右转 |
| --- | --- | --- | --- |
| 禁左 | $\infty$ | $t'_z$ | $t'_R$ |
| 不禁左 | $t_L$ | $t_z$ | $t_R$ |

由表 4-1 可知,$t'_z < t_z$,并且对右转车流,由于不需停车等待,可直接通过交叉口,所以行驶阻抗时间接近零(如果考虑非机动车影响,则右转也需考虑一个小的时间阻抗)。设 $y$ 为区域网络备选交叉口的禁左决策向量,对各备选交叉口各进口道 $j$,若实施禁左,则 $y(j) = 1$,否则 $y(j) = 0$。显然这里 $t'_z$ 为 $y$ 的函数,即 $t'_z(y)$。假设转向车流在交叉口的阻抗仅与交叉口信号设置、是否禁左及禁左形式(即哪些进口道禁左)有关,与车流量大小关系不大。做此假设一方面是由于转向车流交叉口阻抗一般很难套用类似路段阻抗函数的某个具体的阻抗函数形式,另一方面该假设基本符合实际与计算精度的要求。

对于给定区域的道路网络 $N = (\mathbf{V}, \mathbf{A} \cup \mathbf{B}(y))$,其中 $\mathbf{V}$ 为节点集,记 $n = |\mathbf{V}|$,$\mathbf{A}$ 为道路路段集,$\mathbf{B}(y)$ 为备选交叉口转向车流虚拟边集合,显然 $\mathbf{B}(y)$ 是由禁左决策向量 $y$ 决定的。交通需求 OD 为$(q_{rs})_{n \times n}$,其中 $q_{rs}$ 为节点 $r$ 至节点 $s$ 的流量。在道路路段上通行能力为 $C(a)$, $a \in \mathbf{A}$,自由流行驶时间为 $t_0(a)$, $a \in \mathbf{A}$。交叉口虚拟边通行能力与交叉口信号设置、是否禁左及禁左形式等有关,其通行能力为 $C(a, y)$, $a \in \mathbf{B}(y)$。

系统优化目标设为各车流 OD 在网络上总的行驶时间最小,即车辆运行效率最大。

$$\min \sum_{a \in \mathbf{A} \cup \mathbf{B}(y)} x(a, y) t_a(x(a, y)) \tag{4-14}$$

式中 $x(a, y)$—— 弧段 $a \in \mathbf{A} \cup \mathbf{B}(y)$ 上的流量；

$t_a$—— 弧段 $a$ 的行驶时间。

以上两个参数均可通过交通分配得到。

期望通过采取禁左交通组织的方式使得各路段及各交叉口的饱和度能处在拥挤水平以下。因此，就有相应的约束条件：

$$S(a) = \frac{x(a, y)}{C(a)} \leqslant \bar{S}(a), \ a \in \mathbf{A} \tag{4-15}$$

$$S(a, y) = \frac{x(a, y)}{C(a, y)} \leqslant \bar{S}(a, y), \ a \in \mathbf{B}(y) \tag{4-16}$$

式中，$\bar{S}(a)$ 为弧段 $a$ 的最大限制饱和度。

以上三式构成道路网络交叉口禁左交通组织优化模型的上层规划模型，其中流量 $x(a, y)$，$a \in \mathbf{A} \cup \mathbf{B}(y)$ 可采用用户平衡分配模型（UE）求解获得。该模型的下层规划模型如下所示：

$$\min \sum_{a \in \mathbf{A} \cup \mathbf{B}(y)} \int_0^{x(a, y)} t_a(w) \mathrm{d}w \tag{4-17}$$

s. t.

$$\sum_{k=1}^{L(\mathrm{r, s})} f_k^{\mathrm{rs}} = q_{\mathrm{rs}}, \ r, s = 1, 2, \cdots, n \tag{4-18}$$

$$x(a, y) = \sum_{r=1}^{n} \sum_{s=1}^{n} \sum_{k=1}^{L(\mathrm{r, s})} f_k^{\mathrm{rs}} \delta_{ak}^{\mathrm{rs}}, \ a \in \mathbf{A} \cup \mathbf{B}(y) \tag{4-19}$$

$$f_k^{\mathrm{rs}} \geqslant 0, \ r, s = 1, 2, \cdots, n; \ k = 1, 2, \cdots, L(r, s) \tag{4-20}$$

式中 $L(\mathrm{r, s})$——OD 对(r, s) 的路径数；

$f_k^{\mathrm{rs}}$——OD 对(r, s) 的第 $k$ 条路径的交通流量；

$\delta_{ak}^{\mathrm{rs}}$—— 如果弧段 $a$ 在 OD 对(r, s) 的第 $k$ 条路径上，则 $\delta_{ak}^{\mathrm{rs}} = 1$，否则 $\delta_{ak}^{\mathrm{rs}} = 0$；

$t_a(w)$—— 弧段 $a$ 的阻抗函数。

3. 模型求解算法

采用遗传算法对模型进行求解，步骤如下：

步骤 1：对 $y(j)(j = 1, 2, \cdots, N)$ 进行实数编码，$N$ 为备选交叉口进口道数。设定遗传算法的交叉概率 $p_{\mathrm{c}}$，变异概率 $p_{\mathrm{m}}$，种群数目 $M$，最大进化代数 $g_{\mathrm{m}}$，令 $g = 0$。

步骤 2：取 $F(i) = C_{\max} - O(i)$，$F(i)$ 为第 $i$ 个个体的适应度，$O(i)$ 为第 $i$ 个个体的目标函数值，$C_{\max}$ 为估计的目标函数最大值，随机产生初始种群，设置 $g = 1$。

步骤 3：上层规划模型中给出 $y(j)$ 值，即可得到相对应的网络结构，代入下层规划模型利用 FrankWolf 算法计算流量，然后返回上层计算个体适应度及约束满足情况。如果 $g = g_{\mathrm{m}}$，满足约束条件适应度最大的染色体所代表的解即为最优解，否则转步骤 4。

步骤 4：将满足约束条件的可行解按适应值由高到低排在前面，不可行解按超出约束程度由小到大继续往后排，然后按轮盘赌方式进行选择，产生后代。

步骤 5：根据交叉概率 $p_{\mathrm{c}}$，执行多点交叉操作。

步骤 6：根据变异概率 $p_m$，执行单点变异操作，令 $g=g+1$，转步骤 3。

禁左绕行带来的影响不仅仅在单点交叉口上，而是涉及一个区域的路网，因此需要对路网进行系统的优化和评价，以提高整个路网的通行能力，避免不必要的绕行延误反而弄巧成拙。

## 参考文献


[1] 姚凌俊. 城市道路交叉口禁左交通组织影响分析[D]. 南京：东南大学，2007.

[2] 姚凌俊. 城市道路信号交叉口禁左交通组织延误分析[J]. 上海公路，2008(z1)：120-125.

[3] 龙科军，陈群. 道路网络交叉口"禁左"交通组织优化[J]. 北京工业大学学报，2011(6)：876-881.

[4] 陈恺，张宁，黄卫. 平交路口远引掉头技术应用研究的思考[J]. 交通运输工程与信息学报，2006，4(4)：82-86.

[5] 王伟. 平面交叉口机动车 XDL 逆序左转方案研究[D]. 昆明：昆明理工大学，2010.

[6] 张宁，陈恺，何铁军，等. 远引掉头方式下中央分隔带开口间距[J]. 长安大学学报：自然科学版，2009(1)：78-82.

# 第 5 章

# 倒行逆驶:动态出口左转车道

## 5.1 材大难用

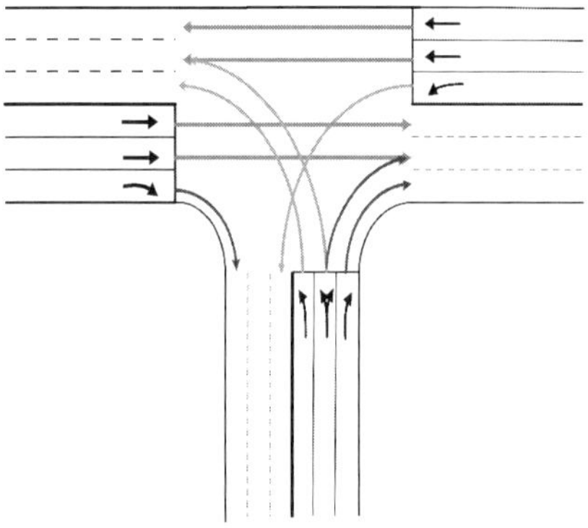

(a) 三路交叉口

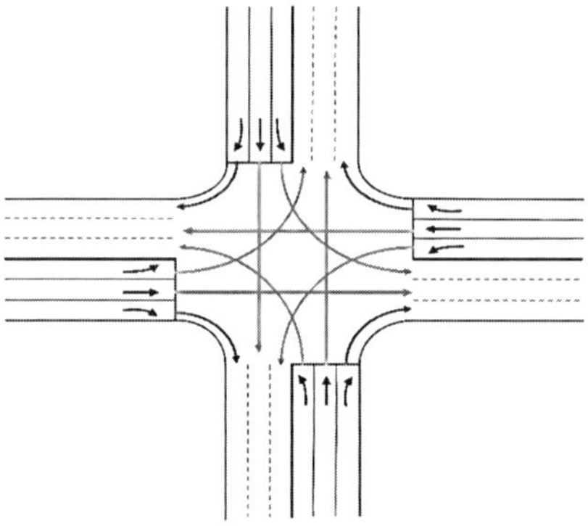

(b) 四路交叉口

**图 5-1　三路、四路交叉口交通流流向的复杂性**

城市道路交叉口是城市基础设施中最常见的，在城市道路网中只要有相交，若不是立体交叉，则必然会形成一个交叉口，最常见的是四路交叉口，也有三路交叉口(T 形交叉口)、五路交叉口以及环形交叉口等。随着城市特别是大城市交通拥挤程度的持续加剧，以及对节约土地、能源和保护环境等可持续发展要求的提高，如何利用有限的资源，建设并高效率利用道路交通系统，受到越来越多的重视[1]。宏观上看，城市道路交叉口作为城市交通路网的节点，虽然在整个城市路网中只是以一个个点的形态出现，但是它的重要性不言而喻，每一个道路交叉口都是城市交通系统的重要组成部分，缺一不可。从微观上看，城市道路交叉口是路段相交处形成的一片区域，其交通流复杂性比路段上的要高得多，路段上的交通流具有方向性一致的特点，而到达交叉口处则会有交通流流向的不同，会形成直行、左转和右转；另外，交叉口是由至少两条道路相交形成的，这就有至少三个路段产生多个进、出口道，所以，多个进口道的多个流向的车流在交叉口内部行驶，使得交叉口交通状况更加复杂和多变。图 5-1 所示是道路相交产生的三路、四路交叉口交通流流向的复杂性图。

由图 5-1 可以看出，在三路、四路交叉口，交通流的复杂程度不断上升，而且很多交叉口的某一流向并不是单车道的，有的车道数达到两条甚至三条，如三车道直行、两车道左转，这将会使交叉口交通流复杂度快速递增，各个流向的交通流互相存在严重的冲突，如果不采取任何措施来解决这些冲突，那么交叉口将是车流的阻滞点，而不是汇聚-消散点。另外，交叉口内部交通的复杂性告诉我们，不可以忽视交叉口设置的重要性，其作为城市交通路网的节点，是交通流汇聚和消散的关键之处，一旦交叉口的设置不合理，将会使交通流在此处发生较大的延误。所以，我们需要设置好交叉口的各项基本条件，包括交叉口几何条件、渠化以及信号控制方案等。

对于一个交叉口来说，其占地面积不过几百平方米，在整个城市公共用地中可以说占比很小。很多人认为一个交叉口的设置不过就是在这点面积内安排交叉口的各项条件即可，并不会有什么难度，然而事实上真有这样容易吗？

交叉口的设置除了前文提到的几何条件、渠化、信号控制这些最主要的部分，另外其作为城市公共基础设施之一，还要具有美观、实用、符合公共需求以及环境要求的作用，所以需要具备绿化带分隔带这类安全设施以及人行过街设施等。每一部分需要相互关联、相互制约。图 5-2 是一个城市道路交叉口基本组成部分示意图。

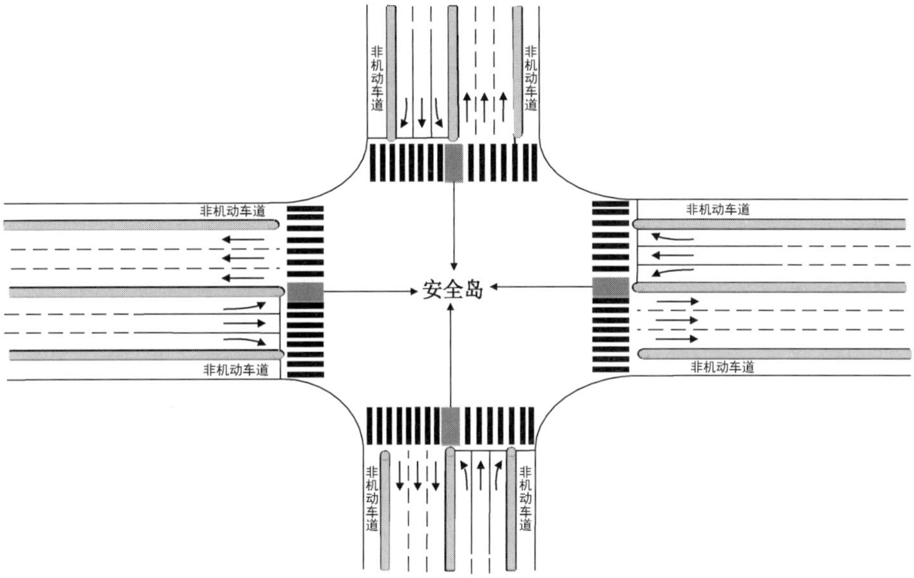


**图 5-2　城市道路交叉口基本组成部分示意图**

1. 几何条件与渠化

车道数与车道功能的划分不可分离，交通量的大小决定了进出口车道数，同样交通量流向的不同和量的大小决定同一车道功能的车道数的多少，二者相辅相成。虽然这一交叉口的设置条件容易确定，但是交叉口几何条件和渠化确定之后，一般轻易不会改变，特别是几何条件确定后，一旦实施都是经过工程方面的工作，如果改变需要经过工程改造等，比较烦琐。另外，交通流量并不是一成不变的，人们出行需求在不断地改变，这给几何条件和渠化的确定造成很大的波动性，所以几何条件和渠化的确定看似简单，实则要求很高，难度较大。

2. 信号控制

信号控制不是交叉口必须要有的，但这种情况只局限于交通量很小、道路规模小（一般是支路交叉）的交叉口，所以有必要讨论信号控制对于城市道路交叉口的重要性。对于交叉口信号控制的研究已有很长的历史，成果很多，理论成熟，有单点交叉口信号控制、干线协调信号控制、区域交叉口信号联动控制等。交叉口信号周期的确定方法有很多，目前应用最广泛的是 Webster 法计算信号周期，得到的最佳周期长度也被大家认可。但是，交通需求是时刻在变化的，交通流量在每天的不同时段都不一样，有平峰、高峰之分，所以定时信号控制的方法渐渐展现出其弊端，即不能够满足交通量变化带来的信号相位绿灯时间的要求。为了适应新的要求，人们研究出分时段交叉口信号控制，以及可以实时动态地修改信号配时方案以满足每时每刻不同的交通需求的动态实时信号控制。这些都基于交通需求的波动性来确定交通信号供给方案。所以，信号控制的重要性不容忽视，并不是随便配时即可的。

3. 绿化带分隔带等安全设施

道路交叉口是各流向交通流汇聚与消散的场所，虽然可以利用信号控制把不同流向的交通流在时间上分隔开，但是还存在机动车与行人、非机动车的冲突，为了减少这些干扰，消除安全隐患，可以考虑增加绿化带把机非车道分隔开。另外，在路段上为了降低双向的车流干扰，同样可以采用分隔带的方式，而分割带的具体形式可以是栅栏也可以是绿化带。再者，在道路交叉口内部，行人、非机动车与机动车之间互相干扰，为了保障交通安全，还要适时设置安全岛等安全设施。

4. 行人过街设施

混合交通流的交叉口为了保障安全和有序，要设置行人过街设施，这是城市道路交叉口必须具备的基础设施之一，行人过街设施可以是划设在停车线前面的斑马线，也可以是人行高架桥或者过街地道。

综上所述，一个道路交叉口的建设，并不是很容易就能建成的，除了需要合理规划，做好前期准备工作，包括流量调查、了解周边交通状况等，还要考虑需求的波动，最后充分考虑交叉口规模、几何条件等。对于城市道路交叉口的建设来说，“麻雀虽小，五脏俱全”，要能充分利用交叉口的这点面积，最大化发挥其效用，就需要城市交通管理者们通过详细分析以及复杂的工作流程才可以实现，而并非“一日之功”。

### 5.1.1 交叉口空间利用的不均衡性

城市用地面积是有限的，其中可供交通等基础设施建设的量更是有限。随着城市不断发展，很多城市的用地日趋紧张，人们可以感受到城市的拥挤给大家带来的诸多不便与烦扰。而作为城市运作的基础支撑的交通，在有限的用地面积下，也面临着许多的问题，比如城市道路越来越拥挤，道路的建设赶不上人们日益增长的交通出行需求。城市道路交叉口作为城市道路的重要组成部分和关键节点，其在城市交通中起着极其重要的作用，可以说它是城市交通的咽喉[2]。许多的交通拥堵发生在道路交叉口处，其影响是巨大的，如果短时间内不能消灭发生在道路交叉口处的堵塞，很可能使整片区域的交通瘫痪，可以说是“牵一发而动全身”。

正是由于城市土地资源的紧张和交叉口地位的重要性，很多专家和学者一直在研究如何充分利用道路交叉口有限的空间资源，减少交叉口拥堵问题的发生及其带来的不利影响。

在交叉口空间利用方面，虽然目前人们的研究和挖掘已经很详细透彻，但还是存在一些空间资源利用不均衡的现象，这不仅造成了城市土地资源的浪费，也在一定程度上加剧了交叉口拥堵。合理划分交叉口通行空间，明确各股交通流运行轨迹[3]，才能使机动车、自行车、行人，左转、直行、右转车流各行其道，再配合合理的交通信号控制方案，实现混合交通流的顺畅运行[4]。

1. 交叉口内部空间的不均衡

在交叉口内部，存在一定的不均衡。一般说来，交叉口内部是让车流能够有效地进行直行和转弯，没有获取通行权的流向是不允许车辆提前进入交叉口内部的，这是为了避免对正在通行的流向车流产生干扰，从而提高交通流运行的安全性和有序性。但是，在一些较大的交叉口，其内部面积充足，每个流向的车流正常行驶时行驶轨迹又仅局限在一定的范围内，此范围只要保证某一个流向通行时其他流向不会对其产生干扰即可。在此情况下,交叉口内部就会存在一些空间是没有被利用到的,如图 5-3 所示,这也是一个空间利用不均衡的现象,图5-3(a)是指东西直行时部分空间利用不均衡,图 5-3(b)是指南北直行时部分空间利用不均衡。当然在左转时也存在同样的情况,这里不再赘述。

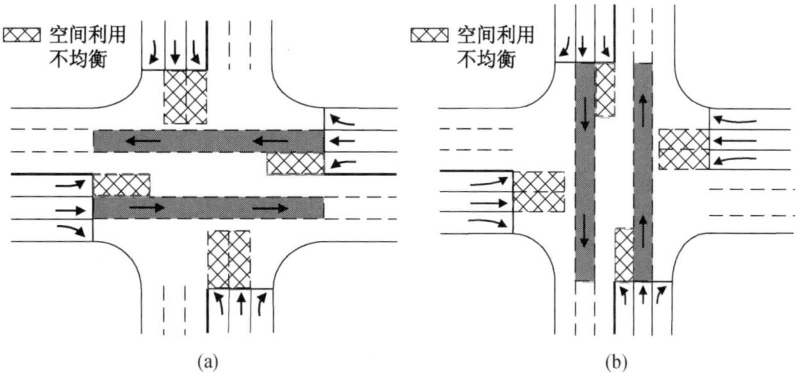


图 5-3　不同相位的交叉口内部空间不均衡现象

2. 进口道内部空间的不均衡

进口道一般分流向进行渠化设置,即一般包括左转专用车道、直行专用车道和右转专用车道。受交叉口信号控制,每个流向的交通流在交叉口处呈现间断性而非连续不断的。因此,在交叉口处就产生一种现象:当一个相位末尾或者结束之后,停车线后面的该流向不可变车道在一段时间内很少有车辆,而其他流向的车流甚至可能在自己的车道内有较长的排队,如图 5-4 所示,斜线框内在相位绿灯后期处于空置状态。这种现象也是一种空间利用

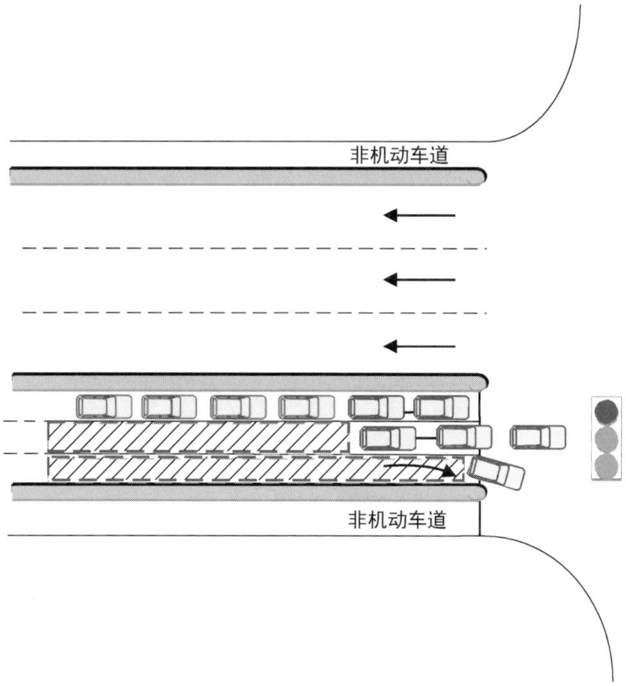


图 5-4　进口道内部空间利用的不均衡

不均衡的情况，而这是发生在交叉口停车线后面的不可变车道内。

3. 信号控制导致空间的不均衡

由于信号控制的不同对空间利用造成不均衡现象，这些也都客观存在。不均衡现象的发生，究其原因主要是由交叉口信号控制的特点产生的。由于交叉口信号控制存在相位相序，所以在某些相位中，造成交叉口处的空间没有得到利用，而其他的空间又得到利用，这就造成空间利用的不均衡。以下结合交叉口信号控制进行详细分析。

1）两相位控制方案

两相位控制方案是信号交叉口最简单的方式，很明显其只有两个相位：东西方向的所有流向为一个相位，南北方向的所有流向为一个相位。图 5-5 是两相位相序控制图。

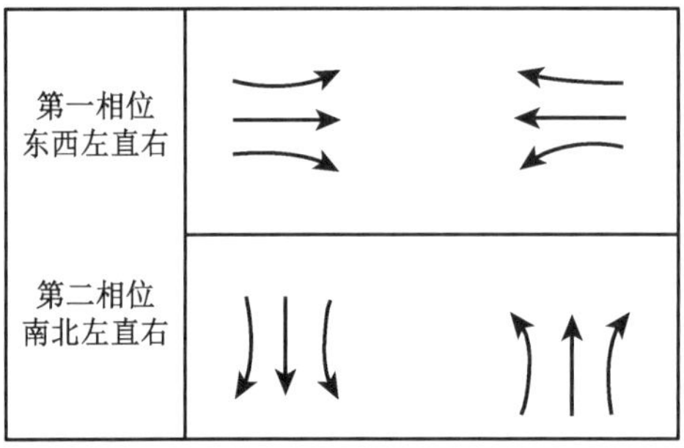


图 5-5　两相位相序控制图

由图中可以看出，当第一相位绿灯开始时，东西方向的左转、直行、右转三个流向的车流同时放行，若车辆在出口道不变换车道，那么此时占用的出口道分别是 4 个方向出口车道中的部分车道，并不是所有的出口车道，图 5-6 为交叉口进、出口道车辆对车道的利用情况分布图，南北方向的车道利用与东西方向的情况一样。

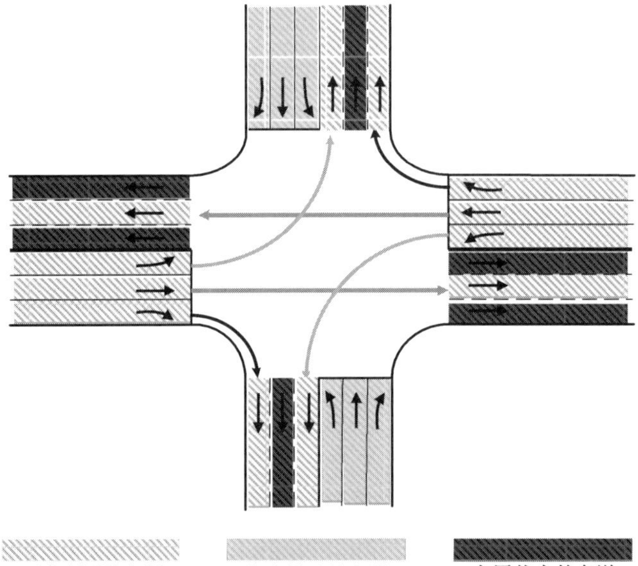


图 5-6　两相位交叉口进、出口道车道利用分布图

2）四相位控制方案

四相位控制方案在城市道路交叉口信号控制中是最常见的，通过不同的相位相序的变换以达到不同的效果。

图 5-7 是传统的交叉口四相位定时信号控制示意图，相位相序为：第一相位，东西直行；第二相位，东西左转；第三相位，南北直行；第四相位，南北左转。

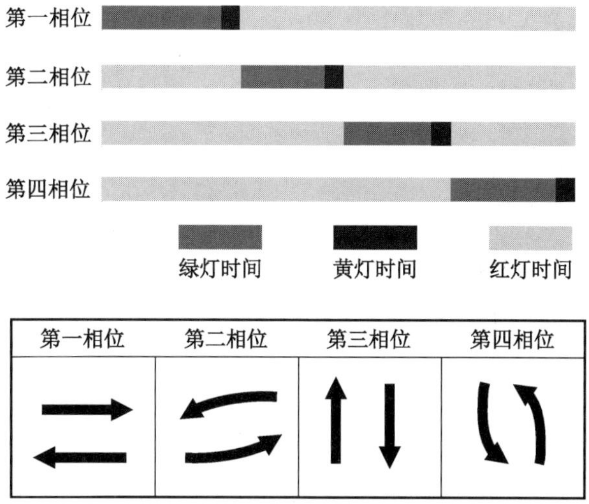


**图 5-7　传统的交叉口四相位定时信号控制示意图**

经过分析可知，当东西直行相位绿灯开启时，东西出口道被利用起来，但是南北出口车道此时除了有少量右转车外，很长时间是处于空置状态。当东西左转相位绿灯开启时，东西出口道长时间处于空置的状态。同理，当南北直行相位、左转相位分别开启时，东西出口道、南北出口道同样都有被空置的情况出现。虽然传统的四相位控制方式能够有效提高车辆通过交叉口的效率，但是可以发现交叉口存在较严重的空间利用不均衡现象，在部分相位时间内出口道没有被利用起来，造成空间资源的浪费。东西方向和南北方向进、出口道的空间资源在每时每刻并不能得到相同的利用，进口道由于采用了信号灯的控制，很大程度上提高了空间利用率；而出口道在信号控制的某些时间段才有车辆进入，所以空间资源的利用率并不是很高，使得进、出口道的空间资源利用并不均衡，如图 5-8 所示。

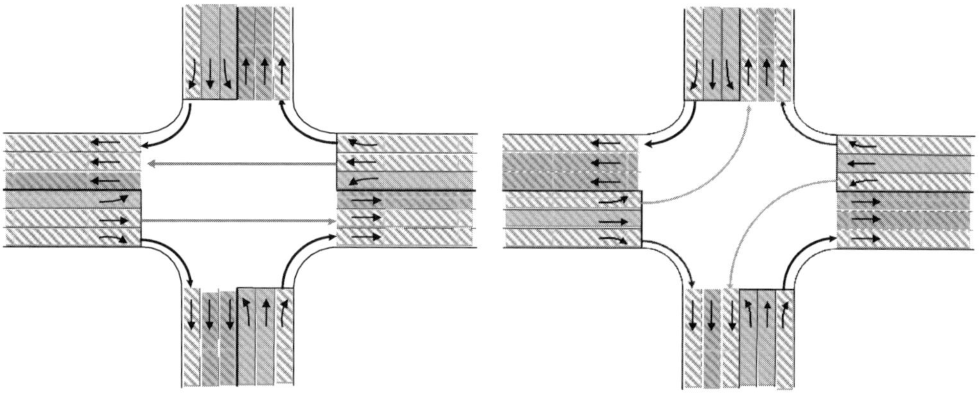

(a) 第一相位　　(b) 第二相位

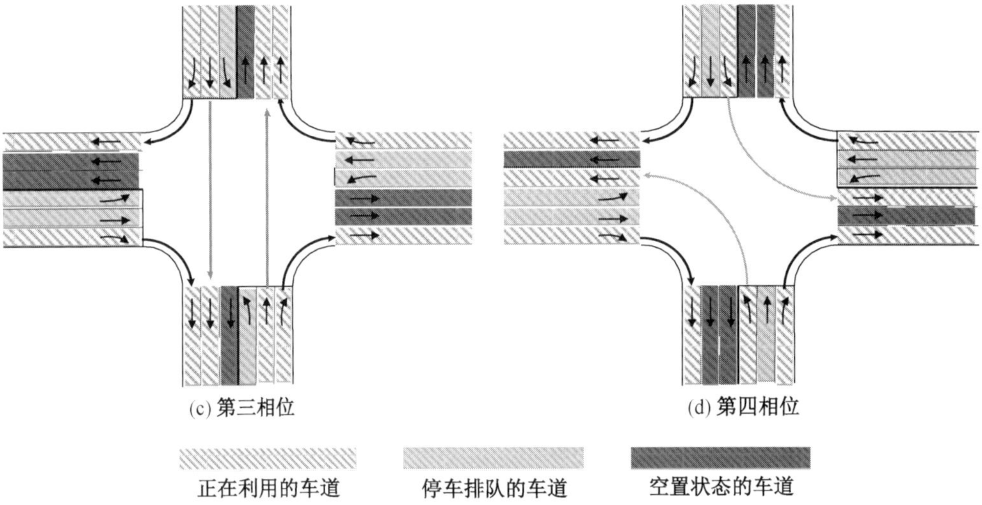


**图 5-8　四相位交叉口进、出口道车道利用分布图**

由图 5-8 可知:交叉口进口道和出口道存在明显的利用不均衡的现象,其中在直行相位中,进口道除左转车道有车辆排队占用外,其余车道都是正在被利用的状态,而其相应的出口道若不考虑车辆变道的问题只有一条车道未被利用,但是与其相交道路的出口道内侧两条车道都是空置状态未被利用,如图 5-8(a)、(c)所示,此时进口道左转车道处于停车排队状态;在左转相位中,进口道除了一条直行车道在停车排队外,其余车道都是正在被利用的状态,另外此进口道边上的出口道内侧两条车道都是空置未使用状态,相交道路的出口道也有一条车道同样没有被利用,如图 5-8(b)、(d)所示。上述情况是造成交叉口进口道和出口道利用不均衡的主要原因,导致了时间和空间的极大浪费。

另外一种四相位控制方式,即把每个进口道作为一个相位,4 个进口道一共有 4 个相位,按照每个进口道的顺序依次放行,称作单口放行信号控制交叉口。此种信号控制方式,由于一个相位控制的是一个进口道,所以当东进口道左、直、右三个流向驶入交叉口之后驶出交叉口占用的空间分别是南出口、西出口、北出口的某些车道,如图 5-9 所示。

与上文相似,图 5-9 中所示并不是所有出口车道都被占用,只是部分车道被占用,这也是空间利用不均衡。当西进口放行时,此时西出口完全处于空置状态,左转只有一条进口车道,南出口也有两条内侧车道空置,东西方向进、出口道的车道利用也有很大的差别,所以整体而言空间利用不均衡度较大。同理,其他相位进口道和出口道同样也存在这样的现象。

在紧张的城市用地现状下,我们应该“惜土如金”,充分利用好每一寸土地资源。再者,已有研究提出,在城市交通供给无法满足人们的出行需求时,并不是扩大城市道路的建设力度就能解决道路的拥堵现象,因为一条城市道路的新建同样会带来和增生更多的城市交通出行需求,另一方面城市交通道路建设速度无法赶上人们出行需求的增长速度。这就要求人们从宏观上对已有的道路网进行合理规划,从微观上对交叉口、路段等进行设计和创新,使车辆的通行效率提高,缓解区域、路段和交叉口的拥堵。而现实存在的交叉口空间利用不均衡的现象却与该思想背道而驰,虽然这是传统四相位控制方式必然产生的结果,但是我们仍应重视起来并且尽量将道路空间资源浪费降到最低。

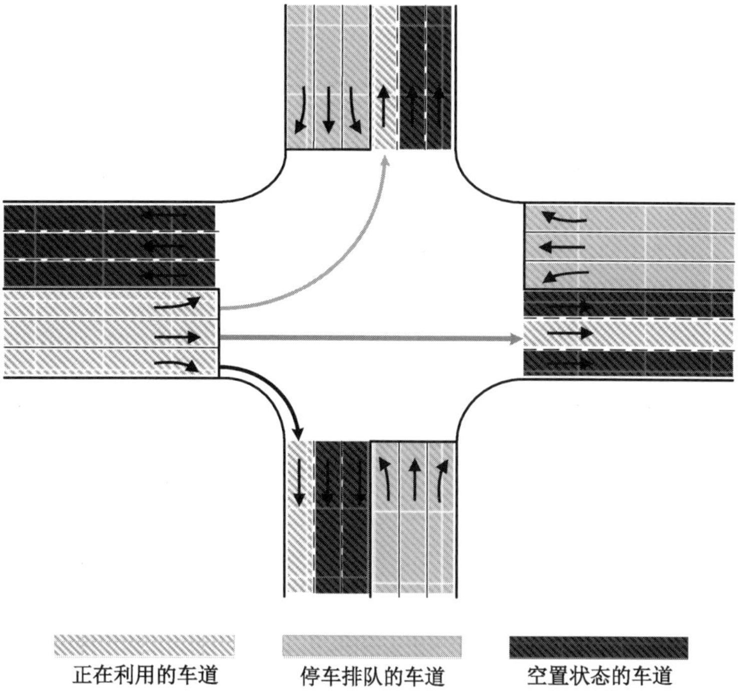


图 5-9　单口放行信号控制交叉口进、出口道车道利用分布图

## 5.1.2　可挖掘的空间

如前所述，城市道路交叉口存在空间资源利用不均衡的现象确实是一种浪费，那么对于这种资源的白白浪费，我们能不能从中探索出可挖掘的未利用空间，把它利用起来呢？众所周知，在挖掘城市道路交叉口可利用的空间方面，很多专家和学者已经做出很多的突破。

前文说到交叉口内部空间没有得到充分利用，存在不均衡的现象。那么这里有没有可以挖掘利用的待用空间呢？针对这个问题，人们已经得到了答案：划设左转、直行待行区。交叉口内部出停车线，一定距离范围内划设左转和直行待行区，把这部分空间利用起来，如图 5-10 所示。

这样的方法可以让车辆提前进入交叉口内部，在不影响其他流向车流通行的前提下排队等待，等到该流向的相位绿灯开启，再从新的停车位置启动，这样可以减少车辆通过交叉口的时间，还可以缩短绿灯时间，提高交叉口通行效率。

另外，在交叉口进口道停车线前方不可变车道内，存在车道空间利用不均衡的现象。为了解决这个问题，可以在停车线前方一定距离的区域内建立综合待行区——排阵式信号交叉口，此种设置方法在前文已有介绍，这里不再赘述。总的来说，这样的设置能够提高这些面积的空间利用率。

人们在把以上可以利用起来的空间进行深度挖掘之后，一些道路交叉口在高峰时段还是存在交通拥堵等问题，综合上述方法发现它们有一个共同点：都是在平面上的措施。于是，人们把立体空间考虑进来寻找方法，这就有了立体交叉，或下穿或高架上行。这样的设

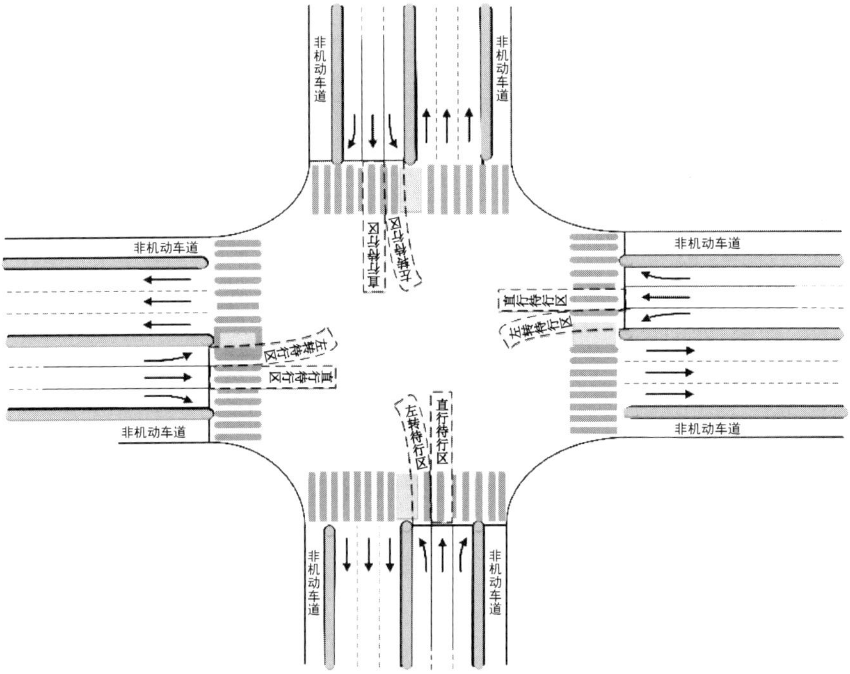


图 5-10　左转、直行待行区的设置图

置方式把相交的两个进口的流向车流在立体空间上隔开，避免了冲突和干扰，所以很高效地提高了交叉口的通行效率。但是，由于立体交叉的工程量大同时操作难度高，且在城市里面如果建造大量的立体交叉口并不实际也影响城市美观，所以本章主要讨论平面交叉口可挖掘的空间。

上述各种挖掘城市道路平面交叉口空间的方法，人们很容易接受，因为这些方法都避免了相互冲突的车流的干扰，特别是在交叉口内部挖掘可用面积的左转、直行待行区，只是借用了交叉口内部用不到的面积，这很容易实施。但是这也有局限性，因为待行区的划设必须考虑到当有车辆在待行区内停车等待时，其相交道路的车辆通行时不会被它们所阻挡或者干扰，所以该方法只能适用于较大规模的城市道路交叉口，中小型道路交叉口由于内部面积本来就不足因而无法划设待行区。考虑到城市中心地带用地面积通常较为紧张，大型的道路交叉口本来就不多，以中小型交叉口为主，所以这种待行区方法对于缓解城市中心地带的交叉口拥堵并不是很适用。另外，停车线前划设综合待行区属于将交叉口车道功能动态变化设置。在考虑到以上人们利用交叉口可挖掘的空间资源后，还有一些空间人们没有对其进行挖掘，这就是上面提到的进口道和出口道的车道利用不均衡，我们可以在未充分利用的出口道上做文章。

对于上面提到的在交叉口进、出口方面存在的空间利用不均衡现象，相较于前面两种即交叉口内部空间和进口道区域未均衡利用的现象，这种对交叉口空间利用不均衡的程度更大，原因在于：只要信号控制的存在，出口道在信号控制的某些时间内都存在空置状态，而每个出口道都存在这种情况，所以这些空间的面积越大，造成的浪费也越大。

那么，针对进、出口道的利用差别，即进口道利用远大于出口道，在出口道空间内，又有哪些空间可以挖掘呢？经过分析我们发现,在实际中,交叉口转向车流中,右转车流在很多情况下是不受信号控制的,所以,我们需要从出口道中留有一条车道供右转车行驶。另外,左转车在交叉口中是非常重要的一类交通流,对交叉口的运行有重要影响,因为左转车流的存在,使得交叉口车流运行更加复杂和困难。同时左转车流量大,进口道一条左转车道往往不足以满足左转需求,就会在进口道内增加左转车道数,通过拓宽进口道增加车道数或者压缩其他流向的车道数给左转提供车道。但是在很多城市中心,由于交叉口规模的限制,很难在进口道获取更多的车道数,导致交叉口运行状况每况愈下。而本文之前讨论过关于空间利用的不均衡性,进口道左转车道在内侧,另外出口道内侧两条车道在信号周期中的一段时间中处于空置状态,并且与进口道左转车道相邻,所以我们从中得到启发,可否让出口道内侧一至两条车道作为左转车道来发挥更大的作用呢?

鉴于此,我们提出一种新型的交叉口设计方法,将信号控制与进、出口道分配相结合,来应对左转交通问题。该方法的核心思想是将出口道内侧一至两条车道实行动态控制,在信号周期的不同阶段将其作为出口车道或进口左转车道使用,为左转交通提供额外的路权,从而提高道路交叉口的通行能力。我们称其为出口道左转(Exit-lanes for Left-turn, EFL)交叉口。EFL 交叉口不需要大量的改建工作,也不要求任何流向绕行,只需通过合理的路权分配、主信号和预信号的优化设计,即可提高交叉口的通行能力,并且应用灵活,可根据具体情况在交叉口的一个或多个岔口使用,根据交通需求选择方案的启用与关闭。出口道中设置左转动态控制的车道数可视左转车数量而定,设置一到两条车道作为综合功能区:综合功能区内车道的通行方向是可变的,在特定的时间段作为左转车道,与正常进口道左转车道共同发挥左转功能;为避免左转车与对向直行车流以及相交道路左转车流的冲突,在其余时间综合功能区内车道回归正常出口车道的功能,在进口道上游设置中央分隔带开口及预信号。部分左转车辆可在预信号绿灯期间,通过该信号控制中央分隔带开口进入综合功能区,随后在交叉口完成左转。由于这种交叉口布置方法增加了左转车道数,从而减少了左转相位所需的时间,可将更多的绿灯时间分配给与其相位冲突的流向,因此可提升道路交叉口的通行能力,如图 5-11 所示。

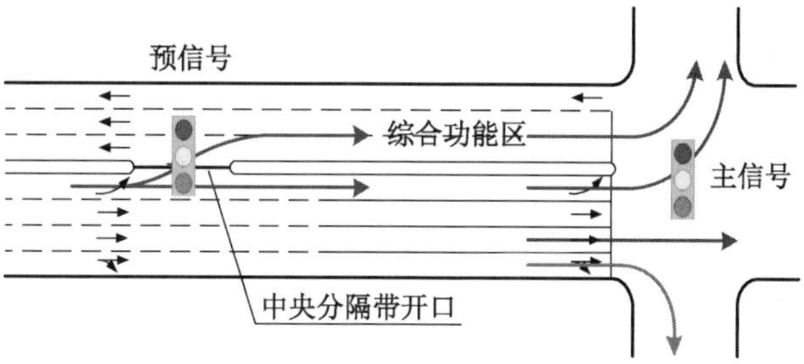


图 5-11　出口道左转动态控制示意图

经过实践检验,只要信号控制合理以及增设相关的预信号,综合功能区是可以利用起来的。赵靖等为了进一步提高出口车道左转交叉口这种非常规交叉口的运行水平,提出了一种基于组合设计的优化方法[5]。另外,田云强和商振华基于这种非常规交叉口的运行规则,在对其设置的约束条件进行分析后,研究了出口道可变车道的车道数、车道长度、车道开闭时间等参数的设置和相应的配套措施[6]。目前,这种设置方式在实际应用中还不是很多,我国的河北省邯郸市[7]、山东省济南市[6]、威海市[8]等有这种设置方式的实践，并取得了较好的效果，提高了道路交叉口整体通行能力。如此出口道部分车道功能动态转换，既完成了出口道的功能，也让左转车辆提高通过交叉口的效率和通行能力，不但充分挖掘这部分交叉口空间上的资源，其实也缩短了左转相位的绿灯时间，使得信号周期时间缩短，在时间资源上也得到节约，一举两得。

这些创造性想法的实施确实提高了城市道路交叉口的运行效率，在降低车辆经过交叉口的延误方面有很明显的效果。但是对于一些新的事物，人们还不是很了解，还不清楚其运行原理和规则，上述关于利用出口道空间的方法就是一个新的还没得到普及的方法，下面将重点介绍其原理和运行方面的问题，让大家对其能有较全面的认识。

## 5.2 见缝插针

为了使挖掘到的城市道路交叉口空间资源有效地发挥其作用，本书的思想是不仅要考虑把空间上的空隙利用起来，而且要结合时间的空隙，时空的有效连接和配合才能实现缓解道路交叉口拥堵的目标。本节主要探讨城市道路交叉口出口道在实际运行中可以利用起来的空间和时间，以及如何实现出口道动态控制使交叉口空间利用率得到提高。基于前文的分析，本节则深度分析出口道动态控制所需的时间和空间，利用包括在信号周期中的时机以及交叉口几何设计的空间，来完成出口道动态控制的设置和运行。当然，正是因为这些空隙的存在，才能给我们发挥的空间，针对此，我们努力做到"见缝插针"，不论是时间上的还是空间上的"空隙"，都努力做到最大程度的利用，做到物尽其用。

### 5.2.1 可利用的时机

众所周知，自从交叉口信号控制出现以来，其控制方法一直在不断地发展和更新，从最早的人工控制信号灯的变化，到定时控制信号的出现，随后出现分时段定时信号控制，还有目前研究较热门的感应信号控制。交通信号控制是道路交通管理的一项重要措施，是影响城市交通流运行质量的一个决定性因素[9-10]，这些信号控制的运行过程都有一个共同点，就是在某一个相位是绿灯时，为了避免车流产生冲突其他相位会切换到红灯状态。也就是说，一般情况下，在一个信号周期中，一个相位控制下的车流可以通行时，其他流向的车流只能停车等待，虽然这是符合信号控制规则的，但是细想一下，我们可以经过合理分配，把这段时间充分利用起来。

下面将对上述设想进行详细的分析，由于要求出口道左转动态控制，即保证左转车辆提前进入综合功能区二次停车等待，当车辆进入出口道之后，需保证这段时间内不会有车辆驶入这个出口道，分析可知，能利用出口道的来向车流可以是：对向直行车流、相交道路左转及右转车流，如图 5-12 所示。

所以，为了避免来向车流与进入出口道准备左转的车流之间的冲突，需要通过信号控制来解决这个问题，这就涉及信号相位相序的排列技巧。一般而言，传统的交叉口信号相位相序的排列是先直行、后左转，比如传统的四相位控制的平面四路交叉口，相位相序图如图 5-7 所示。

由图 5-7 中的相位相序可见，第一相位是直行相位，此时出口道被对向直行车流占用，

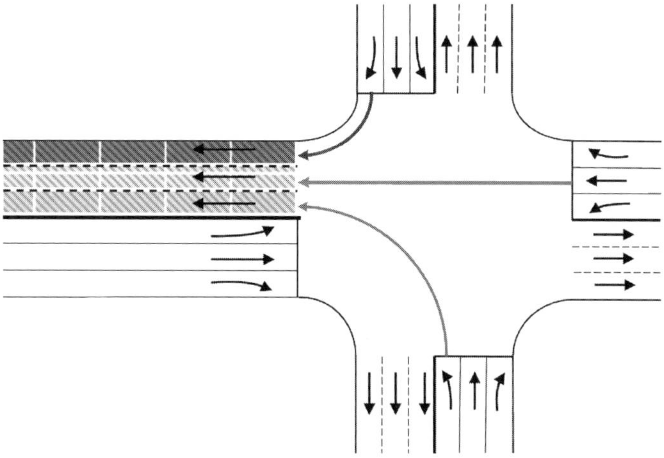

图 5-12　交叉口出口道来向车流分布示意图

所以此时左转车不能进入出口道。然而第二相位是东西向左转,由于第一相位结束后立刻进入第二相位,其间没有时间可供左转车进入综合功能区。同理,南北方向的相位相序也达不到我们想要的效果,所以本书提到的出口道左转动态控制的方法就行不通了。当然,这种常见的相位相序可以实行进口道左转、直行待行区的设置,这在实际运用中是可以见到的,表 5-1 所列的是常规左转、直行待行区的时机利用分析。

表 5-1　　常规左转、直行待行区的时机利用分析表

| 相位 | 通行权 | 时机的利用 |
|---|---|---|
| 第一相位 | 东西直行 | 此时东西左转的待行区预信号绿灯可以开始 |
| 第二相位 | 东西左转 | 此时南北直行待行区预信号绿灯时间可以开始 |
| 第三相位 | 南北直行 | 此时南北左转待行区预信号绿灯时间可以开始 |
| 第四相位 | 南北左转 | 此时东西直行待行区绿灯时间可以开始 |

所以,常见的信号相位相序不适用本书提出的出口道左转动态控制,而是需要先对相位相序进行调整。经过前面的分析可以发现,要实现左转车提前进入出口道相关车道而又不会与其他流向的车流产生冲突,就需要左转先行,直行在左转相位之后。因此,把上面的第一相位和第二相位顺序互换,即先左转再直行,同样第三相位和第四相位顺序也互换,调整后的相位相序如图 5-13 所示。

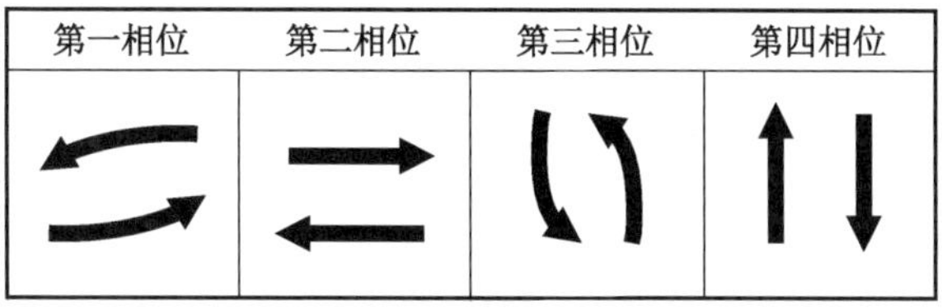


图 5-13　调整后的相位相序图

由图 5-13 可以看出，相位相序改变后的好处就是可以将左转车提前放入出口左转车道，使左转车流可以在较短时间内通行更多的车辆数。这种运行方式是如何发挥效用的呢？其实它并不是借用本进口道直行相位的时间，而是借用与之相交道路的进口道直行相位的时间，这里的左转先行是指先于本进口道的直行车流通行。当相交道路直行相位开始后，由于在此之前是这个相交道路的左转相位，所以为了清空左转车在出口车道的行驶，需要在相交道路直行相位开始后的一段时间，才能开启这个出口道左转的预信号，预信号绿灯开启，部分左转车辆通过中央分隔带岔口进入该出口道左转综合功能区，与在常规进口道左转车道上停车等待的车辆一起等待主信号左转相位绿灯开启，随后一同通过交叉口，同时为了避免在主信号左转绿灯时间结束后，直行相位绿灯开始，出口左转车道还有左转车辆未驶离而与直行的车流产生严重的冲突，预信号需要在左转相位绿灯结束前提前关闭，好让之后的左转车全部进入正常进口道的左转车道，在这种相位相序控制方法中，出口左转车道可以利用的时机如图 5-14 所示。

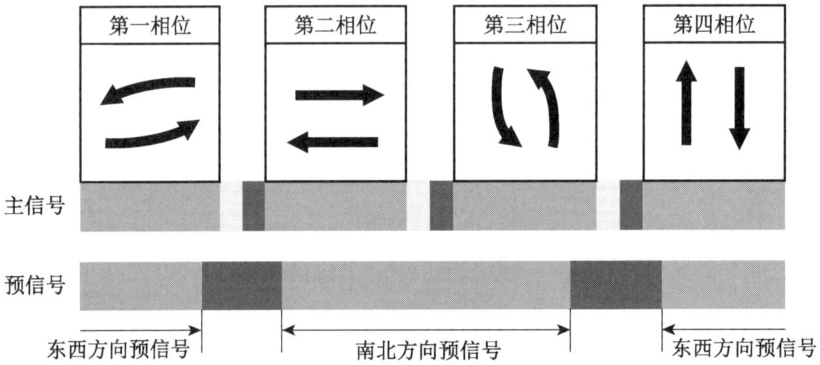


**图 5-14　左转先行的思想为控制中的预信号提供的可利用的时机示意图**

通过上述控制方法，即使有部分左转车没有在绿灯时间内驶离交叉口，而在进口道左转车道内停车等待下次左转的机会，也不会影响其他相位车辆的通行，其运行过程如图 5-15 所示。

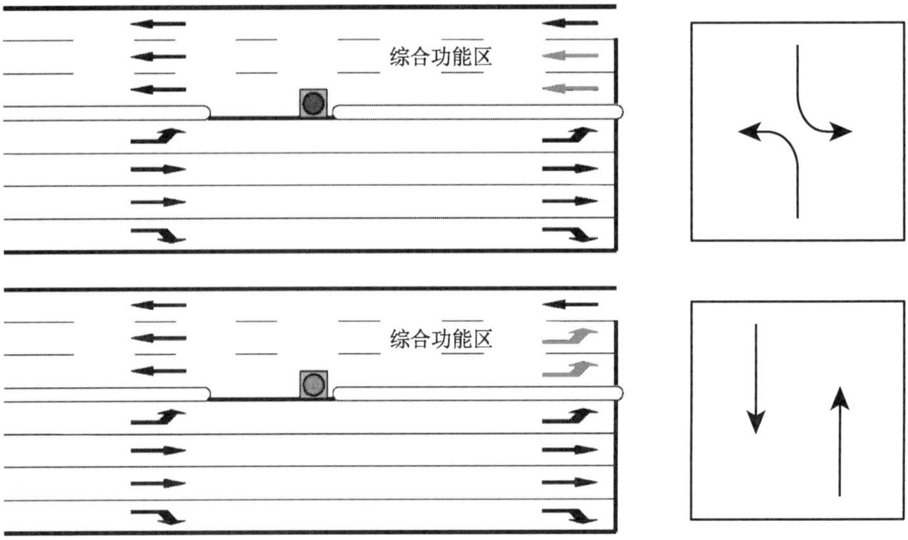

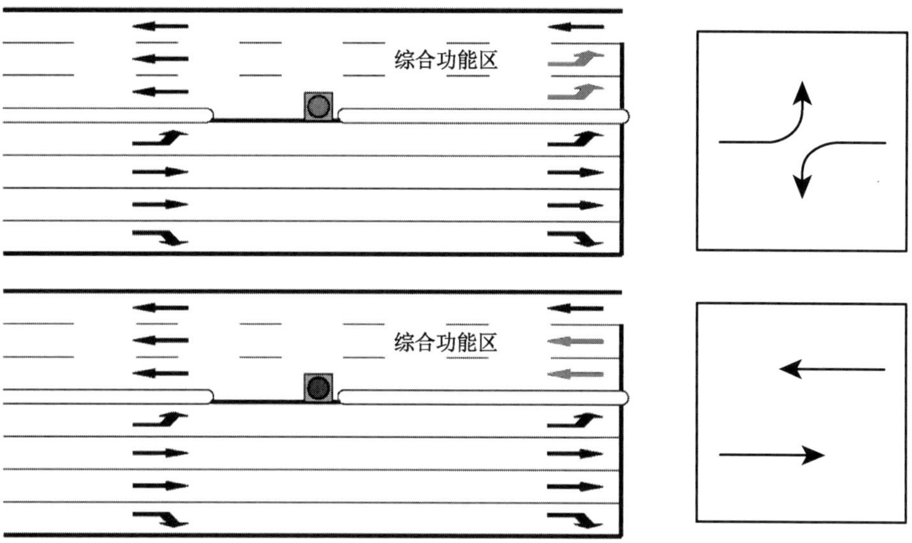


图 5-15　出口道左转动态控制运行示意图

除了传统四相位信号控制方式以外,还有一种较特别的信号控制方式,就是上文提到过的单口依次放行的方式——单口四相位控制方案,即一次对某个进口道里的所有流向全部放行,每个进口道的不同流向车流之间不会有冲突,所以单口一次性放行不会产生大的延误。单口四相位控制方案也采用“相位等饱和度”原则进行信号配时,信号周期时长及信号相位的有效绿灯时间利用率的确定方法与传统四相位信号控制方法相同[11]。一个交叉口有几个进口道就设置几个相位控制,其设置方法和运行规则如图 5-16 所示。

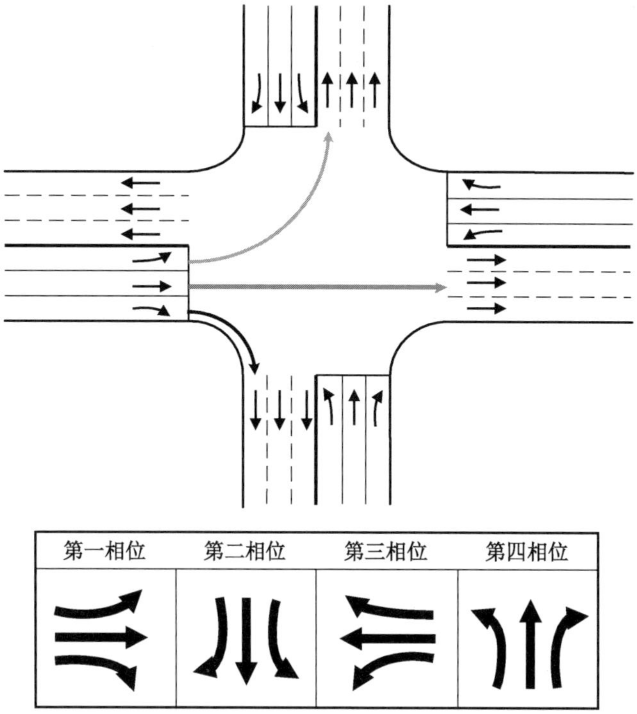


图 5-16　单口放行交叉口控制示意图

这种设置方法也适用于本书提出的出口道左转动态控制方法，当然也要注意单口放行的顺序问题。由图 5-16 可以看出，当一个进口道放行时，包括左转、直行和右转三个流向的车流流出，分别进入左边相交道路的出口道、对向出口道和右边相交道路的出口道，而右转车流一般会进入出口道的外侧车道，如图 5-9 所示。可以看出此时有两部分出口道没有被利用（当然这里是指出口内侧的一至两条车道），分别是放行的进口道对应的出口道和右边相交道路的出口道。

所以，若相位相序采用进口道顺时针顺序来排列，那么就无法利用进口道右手边空置的出口道。如图 5-17(a)所示条块区域，西进口放行时，左转车流会进入北出口内侧车道，所以这段时间就不能被北进口左转车所利用，北出口内侧车道此时只能作为出口道发挥作用。若采用十字交叉放行的顺序，即本进口道放行结束到对向进口道放行，这种方式也行不通，如图 5-17(b)所示条块区域，同样的道理，西进口直行车流进入东出口，所以此时东出口车道不能用来作为综合功能区给东进口左转车辆使用。

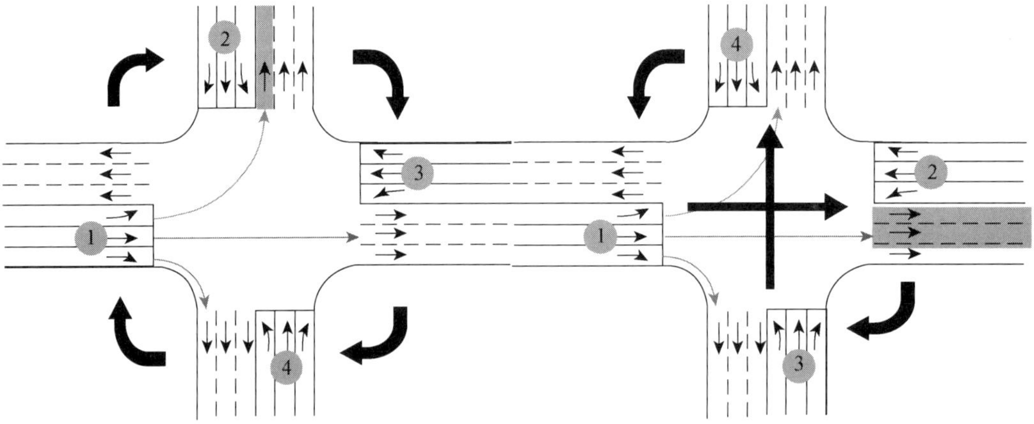

(a) 单口放行顺时针相位顺序　　(b) 十字交叉放行相位顺序

**图 5-17　单口放行顺时针和十字交叉放行顺序示意图**

若采用逆时针的顺序放行每个进口道则可以实现本书的方法，如图 5-18 所示条块区域。

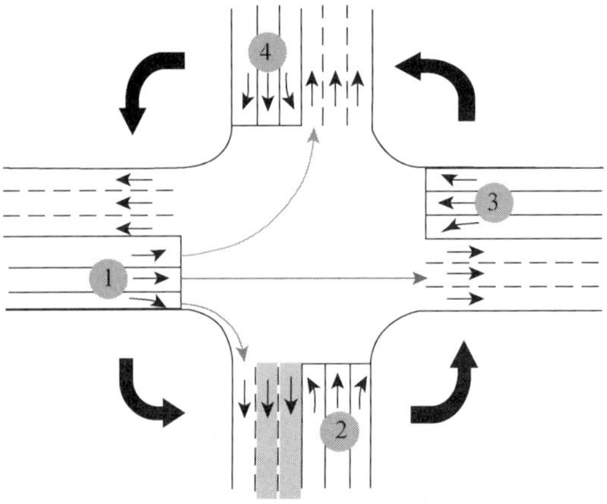


**图 5-18　单口放行交叉口逆时针相位顺序示意图**

若采用逆时针的顺序放行每个进口道，在这样的相位相序中，我们怎样利用其中的时机呢？由图 5-18 的运行规则图示可以看出，当一个进口道绿灯开始，其右手边的出口道的内侧车道是空置的，而且下一个相位是右手边这个进口，所以此时是可以利用的时机。例如第一相位是西进口，此时南出口除外侧车道有右转车行驶外，内侧车道是空置状态，而接下来第二相位是南进口，所以可以利用第一相位的时间，发挥南出口综合功能区作用，使南进口左转车辆进入综合功能区排队，这段时间就被很好地利用起来了，可利用的时机如图 5-19 所示。

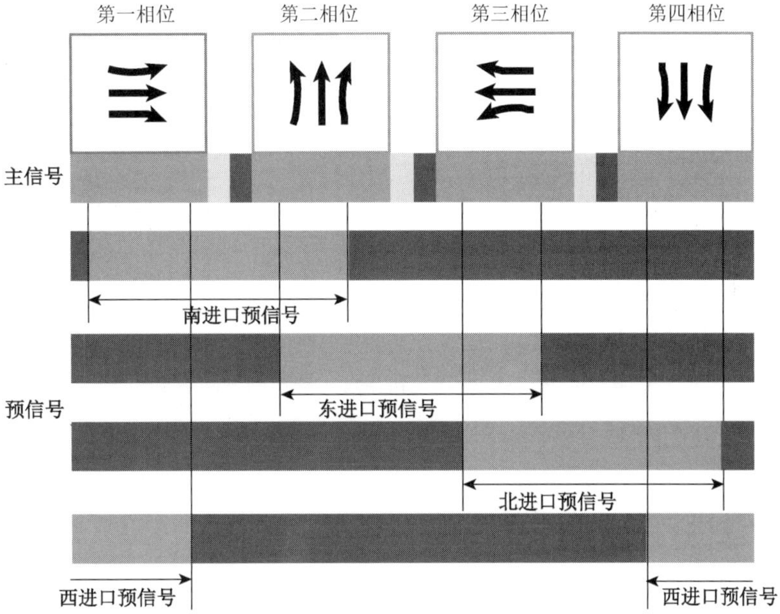


图 5-19　单口放行相位控制中预信号可利用的时机

另外，由于是每个进口道轮流放行，所以只能是在每个相位开始后，才可以利用这段时间作为出口左转车道的绿灯时间，当然为了避免后续相位的左转车流进入这段出口道，与该出口左转车道的车辆发生冲突，这个出口道中央分隔带岔口处的预信号绿灯同样需要提前关闭。

## 5.2.2　可利用的空间

前面介绍了关于出口道左转动态控制的可利用的时机，结合信号控制的不同进行了详细的分析，那么在此基础上可以利用的空间在哪里？不同的信号控制方法除了时机可利用的不同，也会影响空间利用的不同。所以，本节根据不同信号控制方法具体分析其中可以利用的空间。

1. 传统的四相位＋左转先行控制方法

前面已经介绍和说明为何要用左转先行的四相位控制方法，这里不再赘述。在这样的相位相序控制方法中，我们可利用的时机是在相交道路直行相位绿灯开始一段时间后到本进口道左转相位结束前的一段时间之间的时间段，如图 5-14 所示。在此期间，由于相位控制的是相交道路的直行车流，通过观察车流流向和车道利用情况可以发现，直行车流占用了进口道直行车道以及对向出口道，而与其相交的道路的出口道除了外侧车道有右转车驶入外，其余车道是空置状态，所以这部分空间是可以利用的，我们把它们作为综合功能区，再添加相应的预信号灯和中央分隔带岔口并划设相关导流线，就可以把这部分空间的车道在可利用的时机内利用上，如图 5-20 所示。

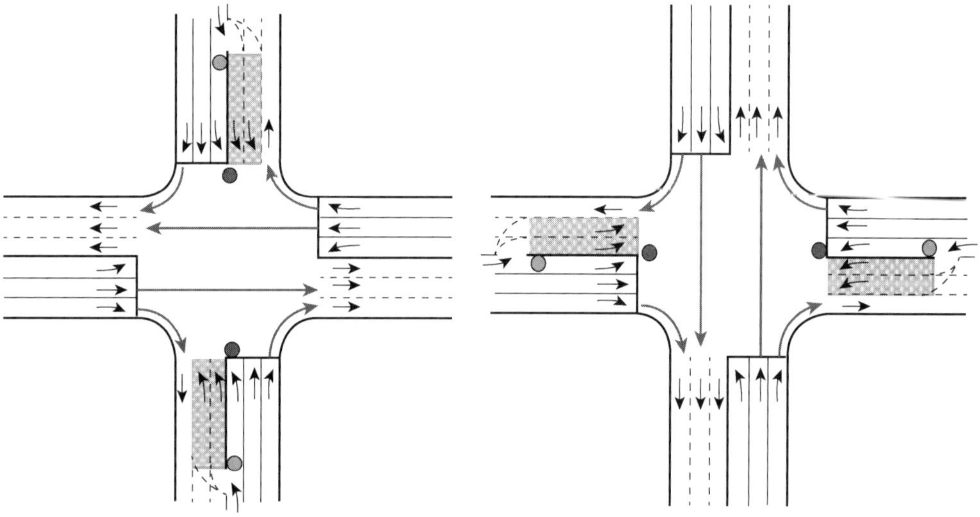

图 5-20　四相位出口左转车道可利用的空间示意图

所以，这里可利用的空间主要是出口道内侧一至两条车道，而利用的出口车道数取决于以下三个方面：

(1) 左转车辆数；

(2) 交叉口出口道规模；

(3) 右转车辆数。

这些方面的影响决定了出口道左转车道的数量，并不是出口道左转车道数量越多越好，为了提高交叉口车辆运行的有序性，有的交叉口出口道的车道数很多却只设置一条为出口左转的车道。

2. 单口依次放行的信号控制方法

这种控制方法的特点是：每个进口道所有流向单独作为一个相位，轮流放行每个进口道，这就决定了每个进口道放行的车流包含左转、直行和右转。通过观察上文提到的这种控制方式的运行规则图可以发现，当一个进口道放行时，其他进口道所有车辆都处于停车等待状态（右转车不受控制除外），此时一个道路交叉口中车道利用情况如图 5-9 所示。

从图 5-9 可以进一步看出，除了每个进口道都被利用之外，当其中一个进口道车辆放行时，还占用相应的出口车道：左转车辆占用左手边的出口道（内侧车道居多）；直行车辆占用对向出口道；右转车辆占用右手边的出口道（外侧车道居多）。所以，从以上各个出口道的利用情况可以看出，可利用的空间是右手边的出口道内侧一至两条车道。另外，出口左转的车道数同样取决于上文提到的几个方面。

本节详细分析了出口道左转动态控制在不同的信号控制方法下的可利用空间的情况，传统的四相位控制方法的空间利用与单口放行的信号控制空间利用相比，各有各的优点和缺点，传统的四相位控制方法每次的出口道可利用空间比单口放行的要大，对称的两个出口道可以同时利用，而单口放行每次能利用的只有一个出口道。传统的四相位控制使得每次出口道利用的间隔时间比单口放行的要长,单口放行每个相位都可以把这部分空间利用起来。当然,至于哪种控制方式对于交叉口出口左转车道的空间和时机的利用更有效,要看具体的交叉口情况做出选择,这样才会更符合实际。

## 5.3 风险管理

我国城市道路混合交通较为普遍,在道路交叉口处各类交通流的相互干扰甚为严重,冲突点多,极易导致交通事故的发生。城市道路交叉口交通事故在城市交通事故总数中占有很大的比率,达到 30%~50%[12],事故造成的影响很大,不但严重威胁到人们的人身财产安全,而且对交通流产生的不良影响远大于路段事故造成的影响,一般干道的通行能力在交叉口处降低 40%~50%[13]。道路交叉口安全管理是一项非常重要的工作,如何保障和提高交叉口的通行安全是人们一直在研究的课题,手段包括渠化、信号控制和交叉口的几何优化设计等,一方面是为了提高交叉口的通行效率,另一方面也是提高交叉口的安全。还有很多创造性的想法的提出对于提高交叉口和路段的通行效率有很大的促进作用,例如待行区、排序区和本章提出的出口道左转动态控制方法等,研究和实践证明这些方法在提高交叉口通行效率方面均有积极的效果。但是,安全和风险问题也随之而来,如何对潜在的安全问题和风险管理进行有效的管控,是我们需要关注的又一方面。本节的重点是对前面提出的出口道左转动态控制方法可能产生的风险和安全问题进行梳理和分析,并且结合实际调查河北省邯郸市的几个设置有出口左转车道的交叉口,通过采集的数据、视频和照片,让读者了解如何规避风险。

### 5.3.1 存在的风险和隐患

1. 影响安全的风险隐患

1)出口道车辆未清空

这种情况一般分两类,一类是左转车辆在出口左转车道内行驶,当左转绿灯时间结束时还有没驶离停车线而被迫停在出口道的左转车辆,等待下次左转相位的开始再通过交叉口。在这段时间内,由于左转车辆占用出口道,而其他相位的车辆需要驶离交叉口,却遇到未排尽的左转车辆的阻挡,从而发生严重的阻滞和安全隐患,如图 5-21(a)所示。另一类是上一相位使用该出口道的车辆在相位绿灯时间后期,还没有来得及驶出出口道的综合功能区,中央分隔带岔口处的预信号绿灯开始,本进口需要左转的车辆开始进入出口左转车道,这

(a) 出口道内左转车辆未清空

(b) 出口道上一相位驶离车辆未清空

**图 5-21　出口车道车辆未清空导致的安全问题**

两个流向的车流产生冲突和相互阻滞,如图 5-21(b)所示。

2) 多左转相互干扰

由于本章中提出的设置方法增加了一至两条左转车道,这就产生一种多条左转车道的流量并行的现象。而多条直行与多条左转的情况有所不同,左转车道之间车辆的干扰比直行车道之间车辆的干扰要大得多而且干扰和变道极易发生,这就存在安全隐患。车辆在左转过程中一边要注意前方车辆,一边还要注意两侧的左转车,一旦有左转车进行变道,必然会影响后车的行驶状态,一旦发生事故会影响更多的车辆通行。图 5-22 是实际观察到的多车道左转车流间的相互干扰和变道的情况。

**图 5-22　多车道左转车流间的相互干扰和变道情况**

通过分析和观察发现，正常交叉口单左转车道，当车辆左转时不会有左右车辆的干扰；双左转车道车辆左转时，会形成互相干扰的情况；同理，三左转车道干扰依然存在，只是较双左转车道更复杂一些，中间车辆会同时受到两边车辆的干扰，反之外侧和最内侧车道的车辆又受到中间车道车辆的干扰，所以中间车道上的车辆受到的影响最大，如图 5-23 所示。

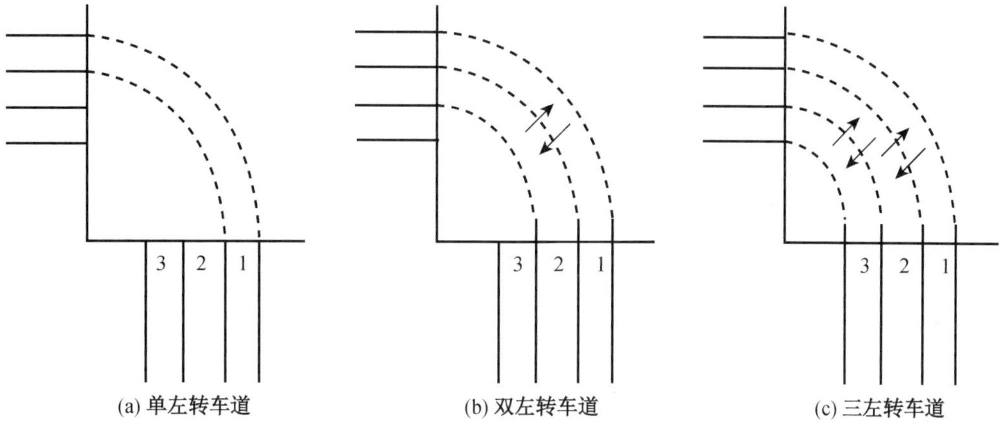


图 5-23　多车道互相干扰示意图

另外，在常规交叉口中，有的也存在多条左转并行的设置，但是和本书提出的多左转车道还是存在不同之处：首先常规交叉口左转都是在进口道内进行渠化；其次常规交叉口多条左转车道并行设置所需的转弯半径一般都大于本书所提方法需要的转弯半径，这是因为常规交叉口的左转车道较本书所提出的左转车道要更靠近外侧多一些。此外，出口道左转车道应满足车辆左转转弯半径的要求。设置此种车道方式后，若左转车辆转弯半径过小，易导致车辆不能正常左转，容易引发交通事故。所以，本书所提出的多左转并行更加复杂，需要重视其存在的安全隐患。

3）出口车道数的限制

为了保障交叉口进口道车流能够较顺利地通过交叉口，进入交叉口的车辆在驶出交叉口时，应该在不需要强制变道的前提下，能够很自然地驶入相应的出口道，这就要求某流向对应出口道车道数须大于等于该流向允许通行的进口道车道数。但是，在本书所提出的多左转车道的前提下，这种要求会比较苛刻，因为如果某一交叉口规模不大，出口道车道数不多，除去一条作为右转车的出口道，还要满足两条甚至三条左转车的出口道要求，这就有些难度了。所以，在设置出口道左转动态控制交叉口时，需要考虑出口左转车道数与相应的出口道车道数的对应关系，否则存在左转车强制变道的严重安全隐患，同时也会降低交叉口通行效率。

4）相交进口道右转车对出口道的影响

由于出口道一般情况下没有车道功能的划分，所以车辆在驶出交叉口进入出口道之后，会选择适合自己的车道行驶，这就造成了出口道每条车道都会有车辆占用的情况。而本书的出口道左转动态控制要求在一定时间段内出口道内侧一至两条车道不允许有驶离交叉口的车辆占用，否则如果右转车辆驶入出口道后，在出口道上随意选择车道行驶，若选择了靠近内侧的车道行驶，那么就占用了出口左转车道，会产生严重的冲突乃至安全问题，进入出口左转车道的左转车与进入出口道的右转车两个流向的车流之间的冲突就会成为安全隐患。

5）中央分隔带岔口处的车辆追尾危险

中央分隔带岔口处由于会产生车辆车道选择，左转车辆在此处若遇到预信号红灯，就会选择停车等待或者直接进入进口道左转车道。若遇到预信号绿灯，左转车辆就会存在进入出口左转车道还是进口道左转车道的选择。在预信号绿灯开始初期，车速较慢，前后车辆之间跟车秩序较好；但是在绿灯后期，前面排队的左转车辆已经陆续进入相应的车道，后面继续行驶至预信号处的左转车辆速度较快，发现预信号是绿灯，若选择进入出口左转车道，就可能会减速进入，这样突然的减速，若此车后面有车跟随，就容易发生追尾事故，一旦车辆追尾，造成的影响就会很严重，所以我们需要重视这种情况发生的可能性。

2. 影响效率的风险隐患

1）出口道左转综合功能区的长度影响

此种设置方式需要在出口道上设置一个综合功能区，让左转车辆进入其中排队等待，当主信号左转绿灯开启后通过交叉口。在这段时间内会有一定数量的左转车进入综合功能区排队等待，于是就有了排队长度，排队长度的长短决定了综合功能区的长短。若出口左转车道设置过短，则其绿灯相位内通行的左转车辆就会较少，通行能力自然就过小，这样的话出口左转车道设置的意义就不大了；如果出口左转车道设置过长，不仅影响相应出口道通行能力，且由于出口左转车道不能及时腾空导致车道内滞留车辆与对向直行车流形成冲突，容易引发严重的交通拥堵和交通事故。

图 5-24　中央分隔带岔口处车辆并排通行造成的阻塞

2）中央分隔带岔口处的开口大小

中央分隔带岔口的作用是提供左转车驶入综合功能区以及掉头，所以岔口开口的大小决定了车辆驶入的安全性和便利性。如果开口宽度较小，车辆行驶的稳定性会受到影响，驾驶员操作难度增加，车速缓慢，在有限的绿灯时间内不能有效地让左转车通过，进而影响效率；严重的还可能造成车辆进入时发生碰擦，形成堵塞。如果开口宽度过大，驾驶员驾驶难度虽然减小，但是可能发生车辆并排通过分隔带岔口的情况，如图 5-24 所示，这会增加车辆行驶的危险性，车辆间的干扰变大，容易发生事故而影响通行，特别是在车辆大量涌入时反而会更加混乱，导致运行效率降低，危险性增大。

3）有效绿灯时间的影响

由于车辆进入出口左转车道受预信号控制存在车道选择的问题，在左转主信号绿灯后期，尤其是在左转车流启动波已经传至中央分隔带岔口处时，之后再来的车辆不会再进入出口车道左转，直接选择进入进口道左转车道，进口道左转车道的利用率往往大于出口左转车道。所以，这就影响到左转车道的使用效率问题，出口左转车道和进口道左转车道的相位有效绿灯时间的不同,影响车道饱和流率的不同。

4) 中央分隔带预信号与主信号的信号协调

要想实现出口道左转动态控制,这就需要在中央分隔带岔口处设置一个预信号,与主信号进行协调控制,预信号何时是绿灯,何时是红灯,与主信号有很大关系,当然还与其本身的条件有关。如何做好主、预信号的协调,是发挥出口左转车道功能的关键所在。若信号协调没有衔接好,预信号处的信号控制不合适,将会导致左转车提前或推迟进入出口左转车道,要么会与驶入交叉口的车辆发生冲突(出口道上的左转车辆未清空),要么就会因为出口左转车道上的车辆早已清空而浪费时间,这些都是我们不愿意看到的。所以,这就需要我们详细研究主、预信号的协调关系,达到良好的状态,提高出口道左转动态控制的效率和安全。

### 5.3.2 如何确保交通安全

本章上一节详细分析了出口道左转动态控制可能存在的安全方面和效率方面的隐患,不论是安全方面的隐患还是对效率的影响,二者都可以说"你中有我,我中有你",影响安全的因素有时同样也影响效率,安全与效率并存,往往需要同时考虑二者被影响的程度和后果。那么既然存在影响安全和效率的因素,我们应该采取怎样的应对措施来帮助车辆在运行过程中减少和避免受这些不良因素的影响,让车辆更加轻松自如地通过这种交叉口? 本节将针对这些影响因素给出应对的措施。

1. 针对安全的风险隐患的对策措施

1) 出口道车辆未清空

对于第一种情况的安全隐患,为了避免有少量车辆在主信号绿灯后期进入出口左转车道左转,有效的措施是在主信号绿灯结束前一段时间,将预信号绿灯提前关闭,禁止左转车再进入出口左转车道,只允许进入进口道左转车道,这样即使有部分左转车没有驶出停车线,也不会对下一相位的车辆造成干扰,因为它们都停在进口道停车线内。这里的预信号绿灯提前结束的时间与主信号绿灯结束的时间差应该满足式(5-1):

$$\Delta t_1 = \frac{l}{v} \tag{5-1}$$

式中 $\Delta t_1$—— 预信号绿灯提前结束的时间与主信号绿灯结束的时间差(s);

$l$—— 综合功能区长度(m);

$v$—— 车辆在综合功能区内的通过速度(m/s)。

车辆在综合功能区内的通过速度的取值对 $\Delta t_1$ 有决定性的影响,如图 5-25 所示,不同的速度取值,意味着有不同数量比例的车辆可能会发生上述的未清空情况,图中所示若速度取值为平均值,即有 50%的车辆在出口左转车道没有被清空而滞留在里面,如图中阴影部分①、②、③所示区域的总和。若这里的速度取值是取 80%或 90%的速度分布值,那么就意味着将会有相应比例的车辆被滞留,如图中阴影部分的②和③两部分。所以,对于取什么样的速度值,直接影响预信号与主信号的信号差。若为了提高安全性,偏保守型的话,可考虑速度值取小一些;若为了提高运行效率,通过更多的车辆,可考虑速度值取大一些,当然实际中还要根据交通运行状况选取合适的速度值。

至于出口左转车道车辆未清空的第二种情况的发生,主要是由于预信号过早地变成绿

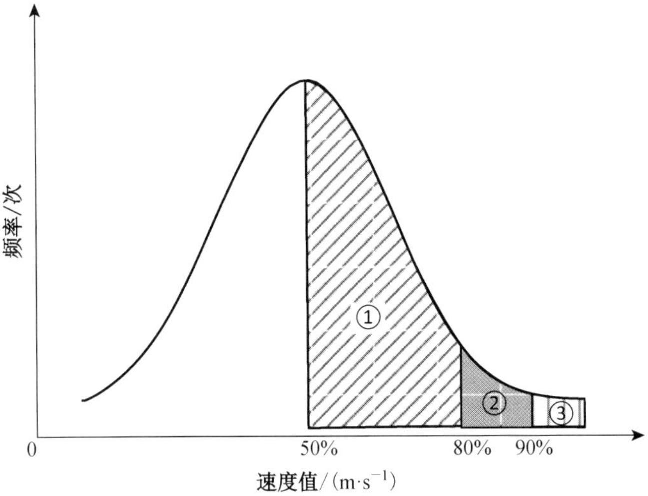


图 5-25　速度分布曲线对于取值影响程度示意图

灯，导致在出口左转车道上的车辆还没驶出综合功能区，左转车便可以进入综合功能区，这样就产生严重的冲突。了解了原因后，我们对症下药：让预信号在合适的时间变成绿灯，那么什么时候合适呢？经过分析后得知，上一相位绿灯结束后，相位末尾的车辆从驶出停车线到进入出口道综合功能区的时间为 $t_1$，在综合功能区行驶的时间 $t_2$，这两部分的时间总和应该作为预信号绿灯开始时间与上一相位绿灯结束时间的相位差，即预信号绿灯开始时间 $\Delta t_2$ 为上一相位绿灯结束后 $t_1+t_2$ 的时间，见式(5-2)：

$$\Delta t_2 = t_1 + t_2 \tag{5-2}$$

2）多左转相互干扰

这种情况的发生是由于车辆在弯道上行驶比在直行车道上行驶需要的车道宽度要大，而且在转弯时是多车道车辆一起左转，并没有在进口道上的约束多，因此车辆在左转时相互变道的情况时有发生，每一次的变道基本都会造成后车的延误，同时干扰到与之并排通行的车辆。为了尽量减少和避免车辆的变道，建议在交叉口内部划设左转导流线和车道，让左转车辆在导流车道内各行其道，尽量不要随意变道。另外，由于中间车道的车辆受两边车道的车辆干扰很大，所以建议中间导流车道宽度适当加大，让中间车道的车辆在其中行驶更加自如，具体设置方式如图 5-26 所示。

3）出口车道数的限制

出口左转车道的车道数是根据设置多条可变车道的必要性和约束条件综合确定的。当道路时空资源不足，不能通过重新进行空间渠化和信号配时优化来缓解左转交通压力，而设置一条出口左转车道仍不能有效缓解上述问题，左转车道饱和度、排队长度、交通延误仍较大时，若交叉口仍能满足再设置出口左转车道的条件时，则可考虑设置多条出口左转车道。出口左转车道的车道数受左转方向出口道车道数、对向右转车道数及本方向进口道左转车道数的制约，出口左转车道的车道数应满足以下要求：

$$n_e \leqslant n_1 - n_2 - n_3 \tag{5-3}$$

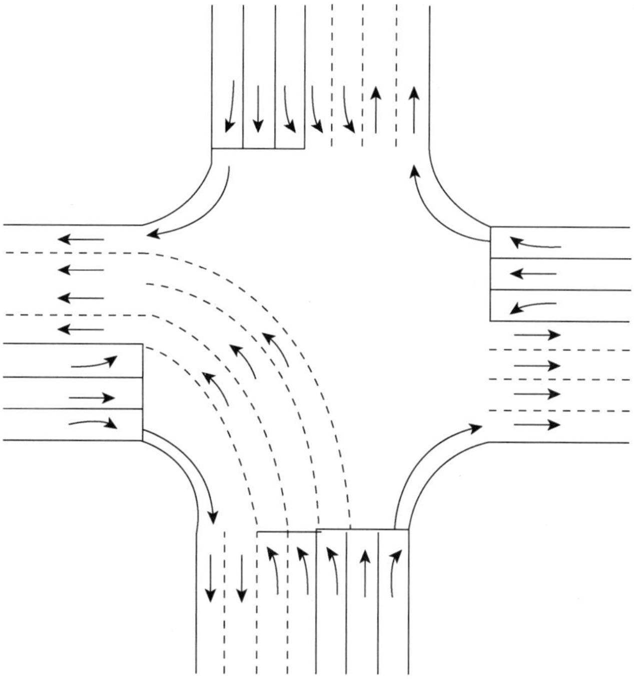

图 5-26　多左转车道在交叉口内部的导流线设计示意图

式中　$n_e$—— 出口左转车道数(条);

$n_1$—— 左转车辆转弯对应的出口道车道数(条);

$n_2$—— 本方向进口道左转车道数(条);

$n_3$—— 对向右转车道数(条)。

同时,出口道左转车道的车道数受左侧出口道车道数、左侧相交方向右转车道数制约,因此出口道左转车道的车道数还应满足:

$$n_e \leqslant n_4 - n_5 \tag{5-4}$$

式中　$n_4$—— 左侧出口道车道数(条);

$n_5$—— 左侧相交方向出口道右转车道数(条)。

因此,出口道左转车道的最大车道数:

$$\max n_e = \min[n_1 - n_2 - n_3,\ n_4 - n_5] \tag{5-5}$$

4) 相交进口道右转车对出口道的影响

出口道与进口道最大的差别就在于车道功能没有划分。进口道一般车道功能划分很明确,各个流向的车流各行其道,很少产生较大的干扰;而出口道不一样,没有车道功能划分,车辆随意变换车道,若是同向行驶之间则相互干扰较小,但若遇到本书提出的出口道设置左转车道的这类出口道,右转车便不能随意地在出口道上变换车道。所以,本书针对这里出现的问题,提出一种新的想法:对出口道进行功能划分,主要针对右转车进入出口道后,专门提供一条车道供其行驶,当然也对右转车在出口道上的行驶车道进行限制,让其仅能在那条车道上行驶，最大程度地减少右转车与出口左转车道上的左转车辆之间的冲突，出口道的具体功能划分如图 5-27 所示。

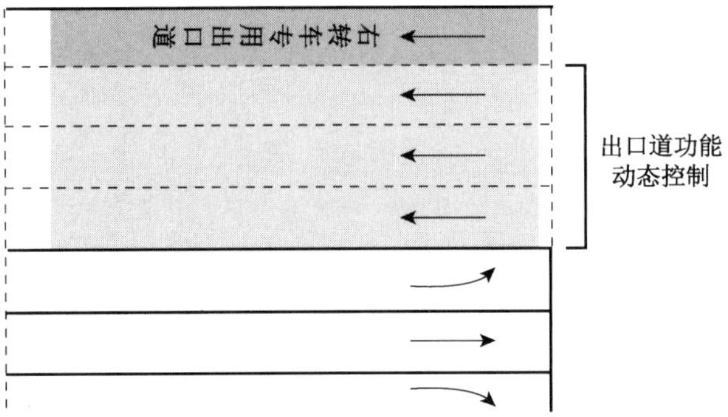


**图 5-27　出口道功能划分示意图**

5）中央分隔带岔口处的车辆追尾危险

为了避免这种危险情况的出现，我们分析其产生的原因：主要是由于预信号绿灯后期，左转排队的车辆已经驶入相对应的左转车道，中央分隔带岔口处已经排空，所以后面再有左转车行驶至此处，没有了前面车辆的阻挡，车速就会较快，但是此时预信号还是绿灯，就很容易产生追尾。所以，一是由于预信号还是绿灯，二是因为车辆速度较快，驾驶员反应时间变短。鉴于此，本书建议在主信号绿灯后期提前关闭预信号绿灯，即预信号先于主信号关闭。另外，限制车辆在左转车道进口道前方的速度，可以在中央分隔带前方设置警示牌和限速标志，具体设置方法如图 5-28 所示。

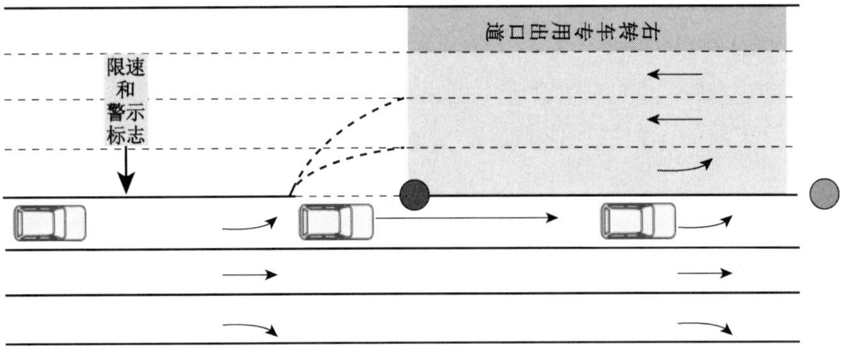


**图 5-28　中央分隔带岔口处信号早断和警示牌设置示意图**

2. 影响效率的风险隐患

1）出口车道左转综合功能区的长度影响

出口左转车道区域我们称之为综合功能区，一般情况下占用出口道内侧一至两条车道，在一定的时间内，左转车进入综合功能区排队，这就产生排队长度。综合功能区的长度决定车辆排队的长度，前述已分析过其长度对左转车交通的影响。本书认为综合功能区长度 $L$ 应该满足以下条件：

$$L \geqslant \frac{qrh_{\mathrm{d}}}{3\,600n_{\mathrm{e}}} \tag{5-6}$$

式中　$L$——综合功能区长度(m)；

$q$——车辆到达率(pcu/h)；

$r$——红灯时长(s)；

$h_d$——排队车辆平均车头间距(m)，可取 7 m；

$n_e$——综合功能区车道数。

2）中央分隔带岔口的开口大小

中央分隔带岔口的开口大小影响车辆在此处的行驶稳定性和便利性，左转车要通过岔口进入出口左转车道，另外还有掉头车需要在这里完成掉头，所以开口大小需要同时考虑这两种车的行驶状态。开口宽度一般由车道渐变段长度决定，参照国标道路交通标志标线的规定，这里岔口开口长度应大于渐变段长度 $L$；另外考虑中央分隔带岔口处的车辆行驶的秩序，建议左转车成一个队列进入出口左转车道，所以宽度不可以太大，应保证一个队列稳定地行驶，如图 5-29 所示，建议宽度应该不大于图中直角三角形长直角边的长度。

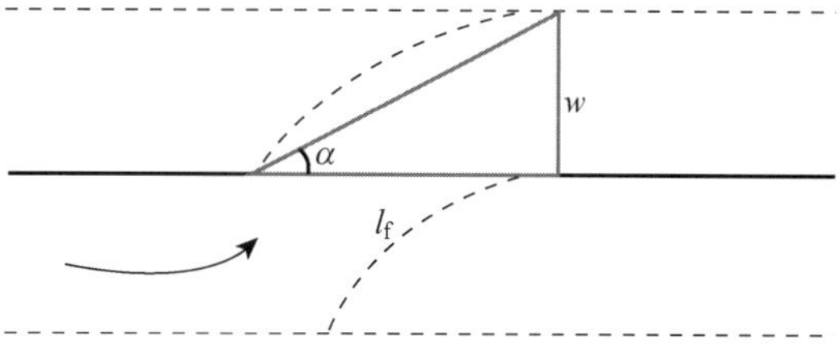

图 5-29　岔口处的车辆行驶轨迹直角三角形示意图

综上所述，中央分隔带岔口开口宽度 $l_f$(m)应满足下式：

$$\min\begin{cases}\dfrac{v^2 w}{155}, & v \leqslant 60\ \text{km/h}; \\ 0.625 \times v \times w, & v > 60\ \text{km/h}\end{cases} \leqslant l_f \leqslant \frac{w}{\tan\alpha} \tag{5-7}$$

式中　$w$——一条车道的宽度(m)；

$\alpha$——车辆行进方向与车道线之间的夹角(°)；

$v$——车辆在此处的行驶速度，取值方式和图 5-25 所表示的原理相同。

3）有效绿灯时间的影响＋中央分隔带预信号与主信号的信号协调

此种影响因素主要影响出口车道饱和流率，而对进口道左转车道无影响，只是因为在主信号绿灯后期，当排队车辆的启动波传至预信号处，后面来车发现选择任何一条左转车道都可以顺利完成左转，所以很多情况下直接进入进口道左转车道。这种情况和主、预信号之间的信号协调有较大的关系，出口左转车道有效绿灯时长与预信号提前开启和提前关闭有直接关系。这里我们分析预信号绿灯应该何时开启、何时关闭的问题，做到最大限度利用有效绿灯时间。

（1）提前开启最小时间。

为了充分利用左转相位绿灯时间，需要研究出口左转车道提前开启最小时间，这一最小时间与综合功能区车道长度有关，还与相交道路左转车在综合功能区行驶时间有关。要保证相交道路左转车辆在绿灯后期驶离综合功能区之前，预信号绿灯不会开启即可。所以，预信号提前开启最小时间是 $\Delta t_2 = t_1 + t_2$。

（2）提前关闭最小时间。

左转相位绿灯关闭前，出口左转车道需提前关闭。如果关闭太早，会影响出口左转车道的通行能力，关闭太晚又将导致出口左转车道不能及时腾出空间，会与下一相位对向直行车辆冲突。提前关闭最小时间与综合功能区车道长度有关，车道越长，提前关闭最小时间越大；另外还与车辆从预信号处到停车线的行驶速度有关，其计算公式为：

$$t_{\text{close}} = \frac{l}{v} \tag{5-8}$$

式中　$t_{\text{close}}$—— 提前关闭预信号绿灯的时间(s)；

$l$—— 综合功能区长度(m)；

$v$—— 车辆从预信号处到停车线的行驶速度(m/s)。

这里速度 $v$ 的取值也和上文提到的取值原理相同，具体见图 5-25 和相应的分析，这里不再赘述。

## 参考文献

[1] 杨晓光，赵靖，马万经，等. 信号控制交叉口通行能力计算方法研究综述[J]. 中国公路学报，2014，27(5)：148-157.

[2] 杨佩昆. 车辆通过冲突点的红绿灯交叉口通行能力的分析方法[J]. 同济大学学报，1981(3)：68-76.

[3] (社)交通工学研究会. 平面交叉の計畫と設計[M]. 日本：交通工学研究会，1989.

[4] 孙明正，杨晓光. 城市道路平面交叉口交通空间规划设计方法[J]. 城市交通，2006，4(3)：47-52.

[5] 赵靖，马万经，韩印. 出口车道左转交叉口几何及信号组合优化模型[J]. 中国公路学报，2017，30(2)：120-127.

[6] 田云强，商振华. 城市道路交叉口出口道可变车道设置研究[J]. 城市交通，2014(1)：74-80.

[7] 李佳芯，张贵民. 邯郸：借道左转“金点子”推动精细化管理[J]. 道路交通管理，2015(8)：38-39.

[8] 张野，袁振洲. 信号交叉口左转专用可变车道设置研究[J]. 交通信息与安全，2014，32(4)：26-30.

[9] 道路与交通工程研究学会. 交通信号控制指南——德国现行规范(RiLSA)[M]. 李克平，译. 北京：中国建筑工业出版社，2006：99-100.

[10] 马万经，林瑜，杨晓光. 多相位信号控制交叉口行人相位设置方法[J]. 交通运输工程学报，2004，4(2)：103-106.

[11] 胡佩锋，袁振洲. 交叉口信号控制方案选择方法的研究[J]. 城市交通，2006，4(6)：70-74.

[12] 丁威，杨晓光. 城市道路交叉口行人交通安全设计方法研究[J]. 交通标准化，2006(4)：101-104.

[13] 刘德武. 平面交叉口的交通组织与管制[J]. 公路与汽运，2002(6)：60-62.

# 第 6 章

# 无中生有:新型待行区

## 6.1 左转车道

左转车道位置设得好可以减少与车辆左转有关的交通事故,包括车辆左转弯时的侧面相撞和追尾,降低左转交通对直行交通的干扰,提高交叉口通行能力,为信号控制交叉口设置左转专用相位提供条件。下面从设置左转车道的空间条件和必要性上进行讨论。

### 6.1.1 空间条件

对于设置了左转专用相位的进口道,由于在时间上分离了左转和直行车流,为保证车流运行有序,需要设置左转专用车道。对于两相位交叉口,由于交叉口的尺寸差异较大,所以存在左转专用车道、直左共用车道等不同的情况。左转车道设置原则如下:

(1) 对于城市道路交叉口,包括次干路以上的各等级道路相交,其交叉口某进口道左转流量大于 200 pcu/h 时或者一个信号周期左转车辆数大于 3,且路口拓宽车道不受限时,一般均应设置左转车道,且左转车道优先于右转车道设置。

(2) 对于单向单车道,进口道只可能增设一条车道,且直行车和右转车较左转车比例很大时,为使进口道利用率更为均衡,左转车可不考虑占用专用车道而是与直行车混合为直左车道。

(3) 次要道路交叉口进口道左转车流量小于 150~180 pcu/h 或者一个信号周期进口道左转车辆不足 3 辆,或路口拓宽受限时,一般不设置左转专用车道,而是采用直左共用车道。

因此,进口道左转车道设置的常用方法如下:

(1) 无中央分隔带的道路,可以采用拓宽路口方式增设进口道左转车道;

(2) 无中央分隔带或窄分隔带的道路,可适当偏移道路中心线设置进口道左转车道,如图 6-1(a)所示;

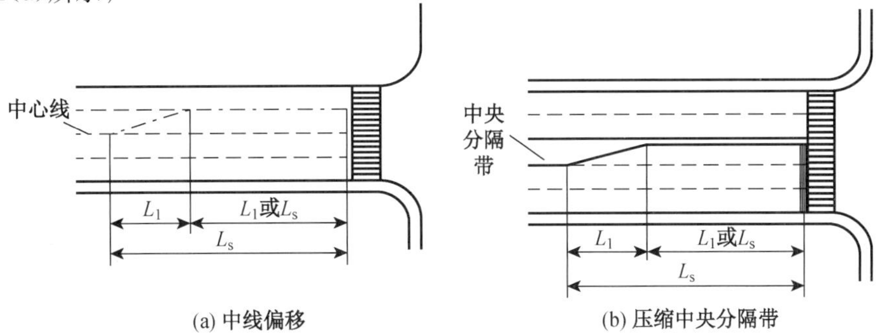


图 6-1 左转车道设置方法

(3) 有较宽中央分隔带的道路,可以通过压缩分隔带的宽度设置进口道左转车道,如图 6-1(b)所示;

(4) 根据车辆大小和车速,可以通过压缩原路段车道宽度增设进口道左转车道。

### 6.1.2 设置必要性

在城市道路平面交叉口中,交叉口内部左转车流与各向车流产生的冲突点最多,不仅会增加交叉口及其附近路段交通拥堵发生的概率,也会对交通安全产生不利影响。有数据表明,在平面交叉口发生的交通事故占城市道路交通事故总数的 58.9%,其中车行道上超过 2/3 的交通事故与左转车辆有关,由左转车辆运行导致的路口通行效率下降,废气排放加剧的现象愈演愈烈。

左转车流对交叉口产生的负面影响主要有以下几个方面:

(1) 两相位交叉口中的左转车辆增加了交通流之间的冲突点。平面交叉口通过两相位信号控制可以消除直行车流之间的冲突,但直行车流与左转车流的冲突依然存在,这直接影响了各个相位的直行车流的行驶平顺性和安全性。除了交叉点,左转车流还形成了合流点和分流点。交叉口经过这些相交点上的车流分布股数越多,交通冲突数也就越多,其对于交叉口的不利影响就越大。

(2) 对于两相位、没有左转专用车道的交叉口,左转车流须利用可穿越间隙完成转弯,当直行车流交通量很大时,很难获得可穿越间隙,从而导致在信号周期内左转车流不能够全部通行,阻挡了后面的车辆,进而影响到下一信号周期的交通组织。

因此,有效组织左转车流运行对于保障交通安全、提高交叉口通行效率至关重要,设置左转专用车道,主要有以下优点:

(1) 有利于保障交叉口的交通运行安全。将左转车辆从直行车道中分离出来后最直接、最明显的效果是减少了追尾碰撞和正面碰撞的危险。

(2) 有利于提高交叉口的交通运行效率。当交叉口的交通量接近饱和流量且左转车比例较高时,交通量和左转比例二者任意一个值的波动,都会使整个交叉口的延误急剧上升。这种情形下,只要设置足够长度的左转专用车道,就会很大程度上降低交叉口的延误。

(3) 与信号相位设置相配合,提高交叉口的时空资源有效利用率。对于已经设置了左转专用车道的交叉口,可使用左转专用相位以及其他灵活多样的相位设计,增加交通流组织管理的措施和手段。

(4) 由于设置多条左转专用车道,可缩短左转车流通过交叉口所用的绿灯时间,进而能将更多绿灯时间分配给交通量大的其他方向的车流,有益于整个道路交叉口通行能力的提高。

## 6.2 左转待行

如图 6-2 所示,信控交叉口从空间上可以分为"交叉口内部区域"和"进口道区域"两部分。交叉口内部区域指各进口道停车线及其延长线围成的多边形区域,进口道区域指停车线外侧进出口道路的展宽渐变段部分。为了有效组织左转交通,提升交叉口左转通行能力,交通管理者不仅需要对进口道区域的左转车道进行设计与研究,如本书 6.1 节提到的有关左转车道设置的条件与形式等,也需要对交叉口内部区域空间进行充分利用,在保障交通安全的前提下进一步挖掘通行潜力。因此,“左转待行区”应运而生,有关“左转待行区”这种重要的交通组织方式被广泛地讨论与应用。

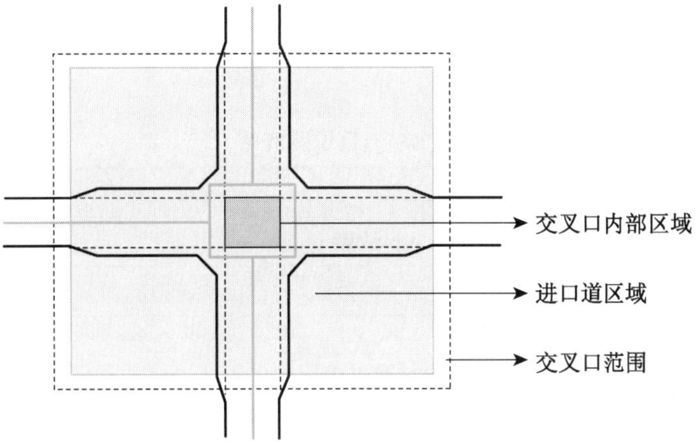


图 6-2　信控交叉口范围划分

有关左转待行区的研究起源于 20 世纪 80 年代,2009 年发布的《道路交通标志和标线》(GB 5768—2009)中规定了左弯待转区(又称为左转待行区)的定义与形式:左转待行区应在设有左转专用信号且辟有左转专用车道时使用,设于左转专用车道前端,深入交叉口内部,但不得妨碍对向直行车辆的正常行驶,左转待行区的标线为白色虚线,用来指示左转车辆在直行相位绿灯时段进入待行区等待左转的位置,如图 6-3(a)所示。在有条件的地点,左转待行区可以设置成少变多条的形式,如图 6-3(b)所示。

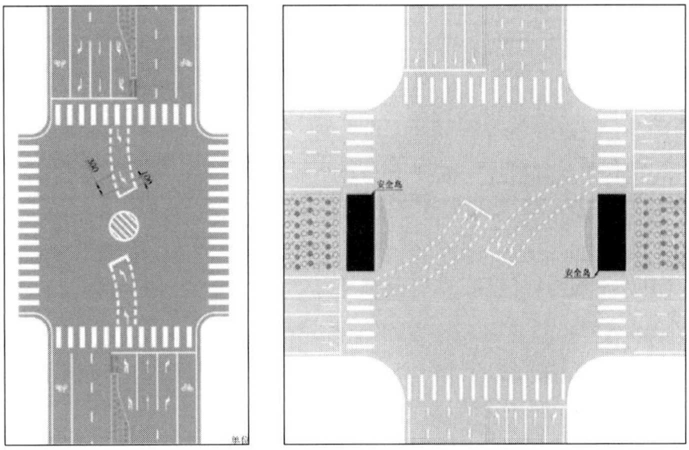

(a) 形式1　　(b) 形式2

图 6-3　左转待转区设置形式

由于图 6-3(a)中一条左转车道对应一条待行区车道，将图 6-3(a)所代表的待行区类型称为“一对一待行区”。图 6-3(b)中一条左转车道对应 2 条待行区车道，将图 6-3(b)所代表的待行区类型称为“一对多待行区”(待行区车道数可以超过 2 条)。需要注意的是，相关规范中认为左转待行区应在设置左转专用相位的情况下才能使用。然而，在研究中发现，在一定条件下，若无左转专用相位，左转待行区同样可以发挥一定的作用。由于情形 1 即“一对一待行区”在左转专用相位下的待行区形式在实践中应用广泛，而另外 3 种情形(表 6-1)应用较少，故本章所介绍的新型待行区即对应情形 2、情形 3、情形 4。每种情形的待行区设置特点及效益变化将在后面详细介绍。

表 6-1　　左转待转区设置情形

| 左转相位的形式 | 一对一待行区 | 一对多待行区 |
| --- | --- | --- |
| 有左转专用相位 | 情形 1 | 情形 2 |
| 无左转专用相位 | 情形 3 | 情形 4 |

### 6.2.1　待行区形式

一般来说，设置左转待行区时要合理挖掘交叉口的空间资源，一般设置在有中央绿化带的主次相交的交叉口或主主相交的交叉口，保证有足够的待行区设置空间。中央绿化带的存在为设置左转待行区提供了可能，而且可以根据实际情况进行调整，既要保证左转待行区长度的要求，也要保证其宽度的要求。

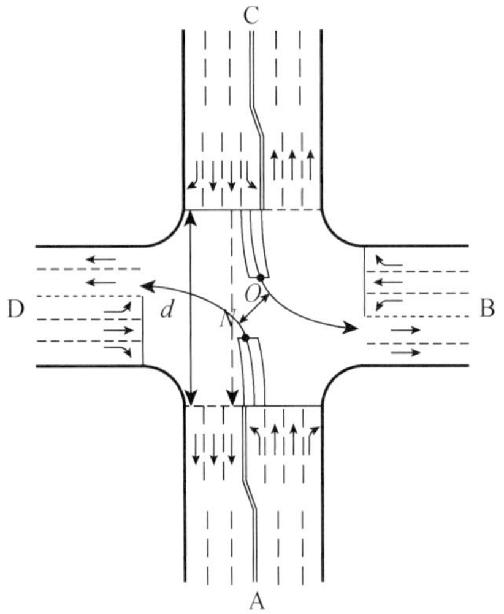


图 6-4　信控交叉口设置左转待行区后左转车流轨迹

无论哪种左转待行区类型，都需要满足一定的空间设置条件。如图 6-4 所示，以 A、C 进口道为例，由于设置了左转待行区，左转车流的转弯轨迹将向交叉口的中心偏移，因此需要保证交叉口有足够的宽度设置左转待行区，避免由于左转待行区的设置而影响直行车流的运行。同时，需要保证 A、C 进口道的左转车流在通过交叉口时保持一定的安全距离，避免发生车辆冲突。所以，设置左转待行区的交叉口几何尺寸必须满足如下两个约束条件：

(1) 对向左转车流运行轨迹间的最短距离应保证左转车辆安全运行，即图 6-4 中 $ON$ 的距离大于等于 1.2 m；

(2) 为保证左转车流在通过交叉口时与对向直行车流保持一定的安全距离，避免发生车辆冲突，通常左转待行区停车线是在直行车运行轨迹的基础上后退 1～2 m。

若进口道在有左转专用相位的情况下设置左转待行区，则左转车辆的通行规则为：

(1) 左转车辆在该进口直行相位绿灯启亮后可以驶入左转待行区等候；

(2) 左转相位绿灯启亮后，左转待行区停车线后的车辆启动运行；

(3) 当左转相位绿灯结束时，左转车辆禁止越过进口道停车线，左转待行区内的左转车辆利用绿灯间隔时间清空。

相比“一对一待行区”形式,“一对多待行区”下的左转车辆通行需要注意:左转车辆在直行相位绿灯时进入待行区,应从待行区外侧车道向内侧车道依次停靠,保证多根待行区车道空间充分利用。

若进口道在无左转专用相位的情况下设置左转待行区,则左转车辆的通行规则为:

(1) 因考虑到相交道路车流运行的影响,左转车辆不能提前进入待行区,左转相位绿灯启亮后,进口道停车线后的车辆启动运行;

(2) 左转车辆在左转待行区内等候,利用对向直行车流可穿越间隙通过交叉口;

(3) 当左转相位绿灯结束时,左转车辆禁止越过进口道停车线,待行区内的左转车辆利用绿灯间隔时间清空。

因此,设置左转待行区后,若该进口设置左转专用相位,则应为先直行相位后左转相位。

设置左转待行区,使部分左转车辆提前进入交叉口内部,充分利用左转相位的绿灯时间,从而在一定的绿灯时间内增加通过交叉口的左转车辆数。但值得考虑的是,这样的做法增加了左转车的停车次数,导致油耗增加,交叉口环境污染加重。同时,该做法是否能够有效地提高左转车道及整个交叉口的通行能力,降低延误,还需进一步验证。

## 6.2.2 信号相位类型的影响

利用左转待行区组织左转交通,除了进行适宜的空间设计外,还需要信号相位配时方案的配合,从时间和空间两个层面确保车辆在左转待行区内有序且高效地运行,充分发挥左转待行区的效益。

本节所讨论的设置左转待行区后的信号相位类型主要有两种:①设置左转专用相位:根据通行规则可知,该进口道的相序为“先直行相位后左转相位”;②未设置左转专用相位。

相同的左转待行区空间设计在不同的信号相位类型下所发挥的通行效益存在差异。现选取“通行能力(效率指标)”作为衡量标准进行比较。当设置左转专用相位时,左转待行区会对相位绿灯间隔、有效绿灯时间等信号方案参数产生影响。如图6-5所示,由于设置待行区后左转车流的头车距冲突点更近,为保证上一相位直行车流尾车在左转头车之前通过冲突点,左转相位与上一直行相位的绿灯间隔时间应增大,对应的信号方案变化如图6-6所

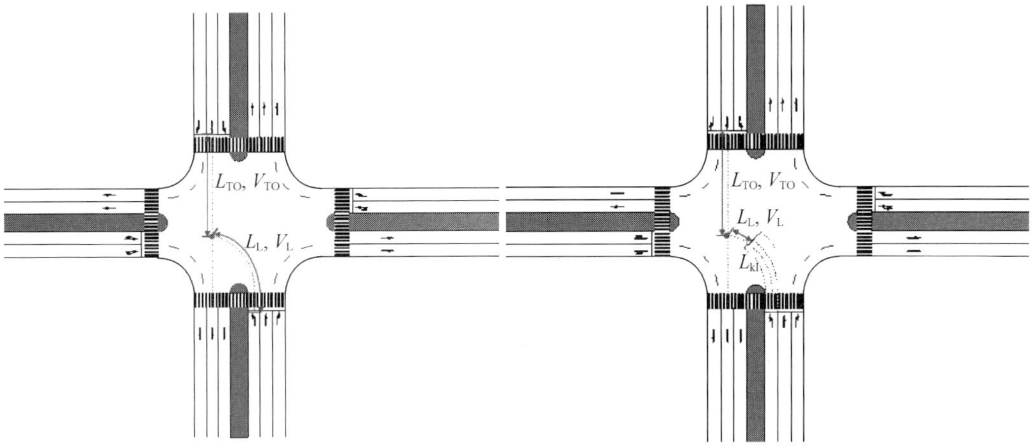


图6-5 不设置/设置待行区的左转与对向直行车流运行轨迹图

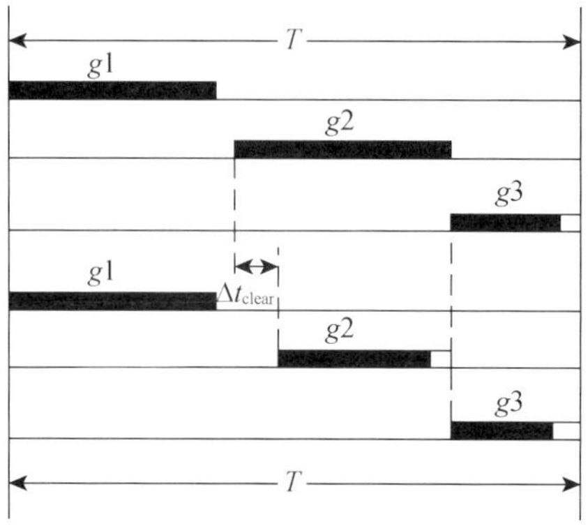


图 6-6　情形 1 中设置左转待行区的信号配时方案

示。为了保证左转待行区设置不影响其他交通流运行，将左转待行区的影响限定在左转交通内部，左转与上一直行相位增加的绿灯间隔等于左转相位绿灯时间的减小量，其他相位绿灯时间及周期长度不变。因此，适用于一条左转车道对应多条待行区车道的通行能力解析模型如下所示。

$$\Delta t_{\text{clear}} = t'_{\text{clear}} - t_{\text{clear}} = 3.6 \times \left(\frac{L_{\text{TO}}}{V_{\text{TO}}} - \frac{L_{\text{L}} - L_{\text{kl}}}{V_{\text{L}}}\right) = 3.6 \times \frac{L_{\text{T0}}}{V_{\text{T0}}} - \frac{L_{\text{L}}}{V_{\text{L}}} = 3.6 \times \frac{L_{\text{kl}}}{V_{\text{L}}}$$

当未设置左转专用相位时，左转通行能力可根据穿越通行能力理论计算，此处不再详述。

设置左转专用相位与否会对通行能力产生不同的影响。在左转专用相位对称放行情况下设置待行区，需要比较左转待行区容量增加产生的正效益和左转相位有效绿灯时间减少产生的负效益。由于天气环境、驾驶员行为习惯等因素影响，不同地点、不同交叉口的进口道左转车速 $V_{\text{L}}$、左转饱和流量 $S_{\text{L}}$、车辆停车间距 $\beta$ 都存在一定差异性。通过观测发现，左转车流通过城市道路交叉口时车速一般处于 15～45 km/h 之间，饱和流量处于 1 400～1 900 pcu/h 之间，车辆停车间距处于 6～10 m 之间。因此，为了便于实际工程应用，选取 6 m，8 m，10 m 三组停车间距，获得设置左转待行区有效的左转车速和左转饱和流率（$V_{\text{L}}$，$S_{\text{L}}$）的变化区间，如图 6-7 所示。浅色区域表示若交通流运行特征处于该区域范围内，设置左转待行区可以提升左转通行能力；深色区域表示若交通流运行特征处于该区域范围内，需要设置 1 条以上的左转待行区车道（$n>1$）才可以提升左转通行能力，若不能满足此空间要求，则不建议设置左转待行区。图 6-7 显示，停车间距越大，临界左转车速越大，浅色区域面积减少，深色区域面积增加，说明对于设置左转待行区的要求更为苛刻。

当未设置左转专用相位时，只要设置左转待行区，不管 $n$ 是否大于 1，均可提升左转通行能力。当左转待行区只有一条车道（$n=1$）时，增加左转待行区车道数可显著提升左转通行能力；当 $n \geqslant 2$ 时，增加车道数对通行能力提升作用有限，因为最大通行能力将受到穿越通行能力的限制。

在相同的交叉口几何条件、交通流量、信号周期及配时条件下，对有无左转专用相位情况下的左转通行能力进行比较发现：

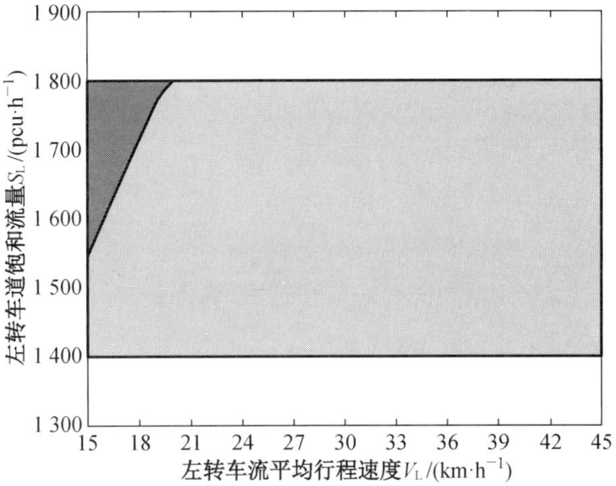


(a) 停车间距 $\beta$=6 m

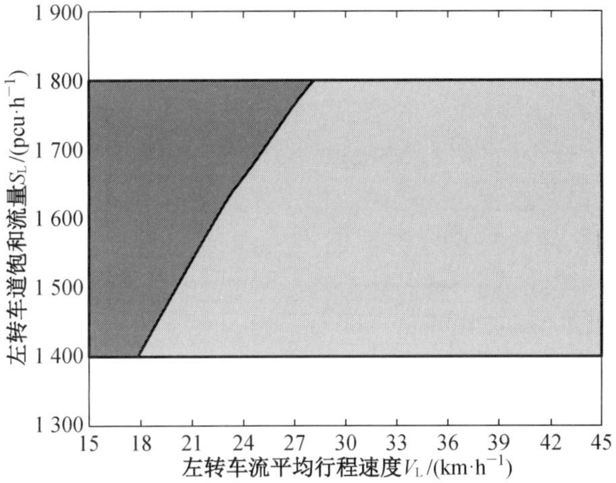


(b) 停车间距 $\beta$=8 m

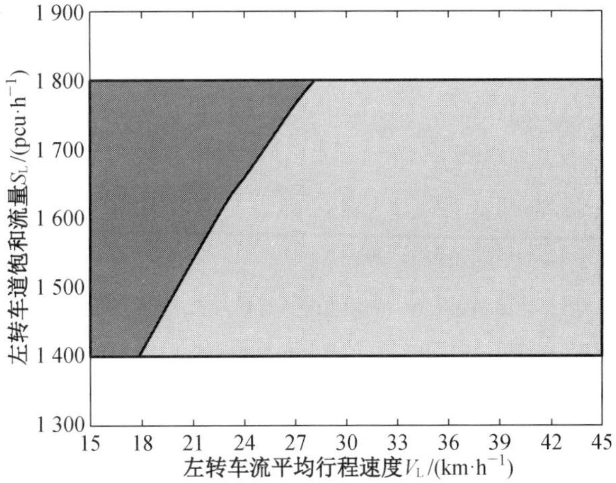


(c) 停车间距 $\beta$=10 m

**图 6-7　左转待行区适用范围(情形 1)**

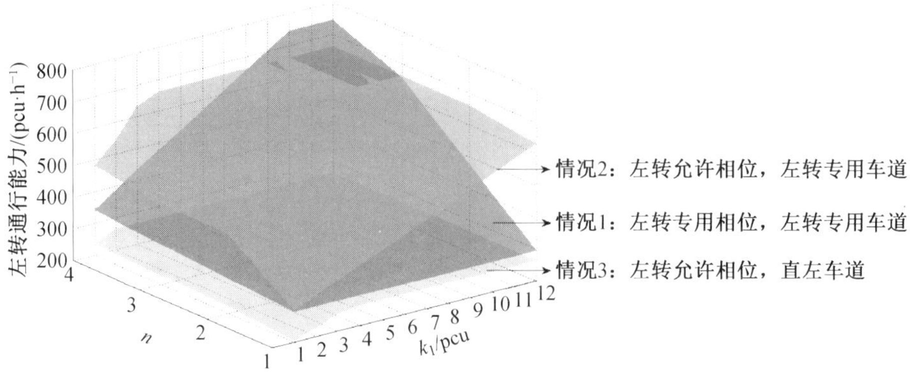


$n$—左转待行区车道数；$k_1$—左转待行区可容纳的车辆数

**图 6-8　三种情形左转通行能力随 $k_1$，$n$ 的变化趋势**

情况 1(左转专用相位及左转专用车道)不设左转待行区的原通行能力为 295 pcu/h，设置待行区后的左转通行能力范围为[310 pcu/h，744 pcu/h]；情况 2(左转允许相位及左转专用车道)不设左转待行区的原通行能力为 300 pcu/h，设置待行区后的左转通行能力范围为[330 pcu/h，660 pcu/h]。情况 1 和情况 2 的通行能力范围交集为[330 pcu/h，660 pcu/h]。当对向直行车流量较小(案例为 500 pcu/h)且待行区容量较小时，情况 2 比情况 1 的左转通行能力大，主要是由于左转允许相位使相位总数减少，左转绿灯时间大幅增加。随着左转待行区容量的增加，三种情况下的左转通行能力均有所增加，但由于左转允许相位下左转车流是利用对向直行车流的可穿越间隙通过，通行能力将受到穿越能力的限制，因此当左转待行区容量较大时，采用左转专用相位的情况 1 可以达到更大的左转通行能力。图 6-8 为三种情况左转通行能力随 $k_1$ 及 $n$ 的变化趋势。

## 6.3　节能减排

上一节从通行效率角度，选取"通行能力"指标阐述了左转待行区的影响及作用。为了对左转待行区设置效果进行全面综合评价，本节从通行能耗角度，选取停车次数与能耗指标对其设置结果进行评价。

### 6.3.1　两次停车

停车次数增加会导致更大的油耗与车辆尾气排放量。就现有机动车交通工具主要动力来源来说，车辆交通能源消耗主要是指汽车的燃油消耗。我国每年通过汽车燃油消耗产生了大量的污染废气，一氧化碳、氮氧化物、VOC 的排放及污染尤为严重。通常，车辆通过信号交叉口时产生的燃油消耗 $FC$ 包括三部分：车辆减速过程产生的燃油消耗 $FC_d$、车辆加速过程产生的燃油消耗 $FC_a$ 和车辆在停车线附近停车过程产生的燃油消耗 $FC_s$。当发生二次及以上排队的车辆数增加，车辆停车启动频繁，因怠速产生的能耗、排放增大，总体能耗就急剧上升。

车辆在交叉口"受阻"表现为"完全停车"和"不完全停车"，速度-时间关系如图 6-9 所示。其中，图 6-9(a)和图 6-9(b)表示"完全停车"，图 6-9(c)表示"不完全停车"，区别在于车辆是否完全减速到零。

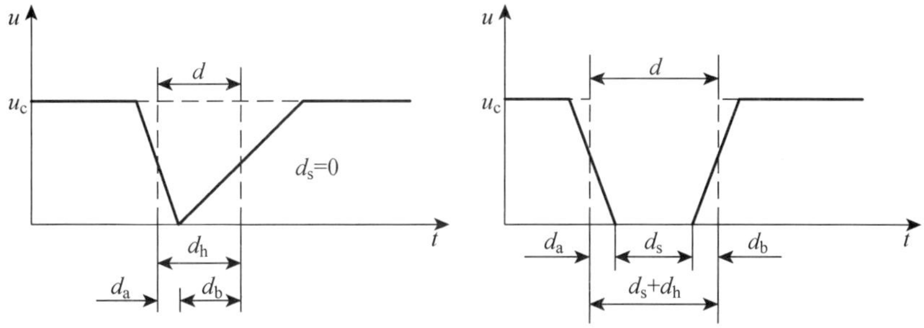


(a) 完全停车　(b) 完全停车

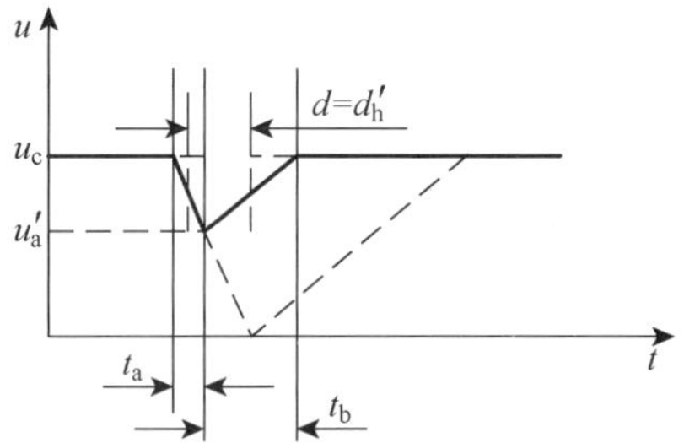


(c) 不完全停车

图 6-9　“完全停车”和“不完全停车”速度-时间图

在有左转专用相位情况下，设置左转待行区后，从上一周期左转相位结束至下一周期直行相位开始，其间到达的大部分左转车较不设左转待行区时增加了一次完全停车，小部分在此时间内达到的车辆跟随车队前移，无须二次停车。通过仿真分析发现，左转待行区的设置会导致左转车辆停车次数显著增加(45%～60%)，且随左转待行区内等待车辆数的增加，停车次数的增长有上升趋势，但停车次数的增加与左转车道数无明显关系。

### 6.3.2　动态使用

前文已介绍过，设置左转待行区可在一定程度上增加左转通行能力，但需要注意的是，这种做法也增加了左转车辆的停车次数，导致能耗和废气排放增加，交叉口环境污染加剧。当效率与能耗的双重控制目标存在相互制约的关系时，我们需要根据问题的关键明确首先需要实现的目标，控制其他不利因素的影响程度。对于某进口道是否需要设置左转待行区的情况，我们提出“动态使用”的管理思想。

对于某进口道，若高峰期车流量较大，进口道通行能力不足将会导致车辆排队甚至波及上游交叉口的正常通行。此时，建议通过设置左转待行区提升交叉口通行能力，首先缓解交叉口通行能力不足的问题。然而在平峰时期，由于交通需求较小，不设置左转待行区也能满足通行需求，此时若依然使用待行区，通行效益无明显增加，但因二次停车引起的能耗和废气排放会加剧。“动态使用”管理思想可以同时满足上述两种情况下对左转待行区的使用要求，可以通过在进口道设置标志灯指示左转待行区是否可以被使用，如图 6-10 所示，即当左转待行区指示信号灯为绿色时，表示左转待行区可以被使用，为红色时表示待行区不能被使用。

图 6-10　左转待行区指示信号灯

## 参考文献


[1] 陈熹. 信号交叉口左转车道的设置方法综述[J]. 中国科技纵横，2015(3)：204-205.

[2] 吴丽娜. 城市道路交叉口车辆燃油消耗分析及控制方法研究[D]. 哈尔滨：东北林业大学，2015.

[3] 罗荣锋. 城市道路信号交叉口左转交通流的组织方法研究[D]. 西安：长安大学，2010.

[4] 孙冰清，陈景雅. 城市信号交叉口左转待行区设置及效益评价研究[J]. 公路交通技术，2014(4)：144-147.

[5] 吴广惠，孟娜，雷阳. 道路交叉口左弯待转区的设置方式研究[J]. 中国公共安全：学术版，2014(3)：79-82.

[6] 周欢欢，陈硕，杨倩，等. 基于 VISSIM 的左转弯待行区仿真研究[J]. 中国公共安全：学术版，2016(2).

[7] 唐彩梅，张俊德. 平面交叉口左转车道设计方法研究[J]. 甘肃科技，2010，26(11)：50-52.

[8] 倪颖，李克平，徐洪峰. 信号交叉口机动车左转待行区的设置研究[J]. 交通与运输：学术版，2006(2)：32-36.

[9] 陈晖. 信号交叉口左转待转区的仿真实现及评价[J]. 交通与运输：学术版，2012(2)：132-134.

[10] 张东明，李友文. 左转待转区适用条件研究[J]. 市政技术，2015，33(6)：34-37.

# 第 7 章

# 共享共赢:双向左转车道

## 7.1 连接交通

路段沿线常有到达性和产生性交通,当交通流直接汇入主线或由主线左转(或右转)驶出时,不仅影响主流向交通的通行效率,也容易引发交通事故,因此需要进行连接交通管理。连接交通管理一方面应该为产生性和到达性交通提供待行(待转)区域,另一方面也应该为主流向车流提供汇入或驶出提示。

连接交通又称为进出交通。进出交通作为城市道路系统的组成部分,一般包括居住小区、单位、停车场进出口等。不同的进出方式,尤其是车辆左进左出等方式将会对城市道路主线运行产生严重干扰。下面将从“主路左转”和“支路左转”两方面分析“左进左出”方式对于主线车流运行的影响。

### 7.1.1 左转进出类型(主路左转与支路左转)

如图 7-1(a)所示,对于进出开口位于主车流右侧的情况,干扰车流包括:①主要道路交通流右转入次要道路;②次要道路交通流右转入主要道路;③主要道路对向交通流左转入次要道路;④次要道路交通流左转入主要道路。如图 7-1(b)所示,当进出开口位于主车流左侧时,干扰车流包括:⑤主要道路交通流左转入次要道路;⑥次要道路交通流左转入主要道路。其中,③⑤为主路左转流线,④⑥为次路左转流线。冲突点类型及数量统计如表 7-1 所列。

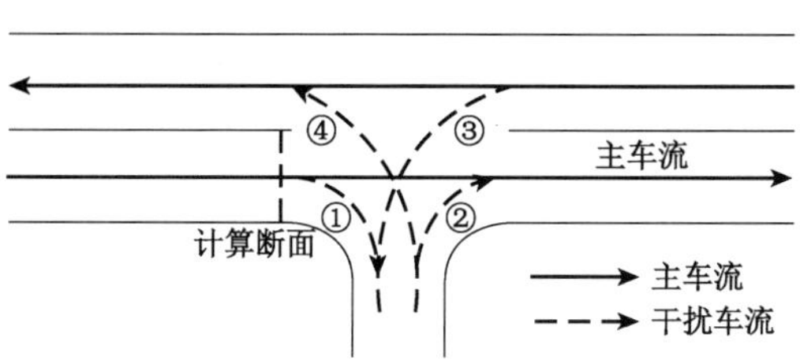


(a) 进出开口位于主车流右侧

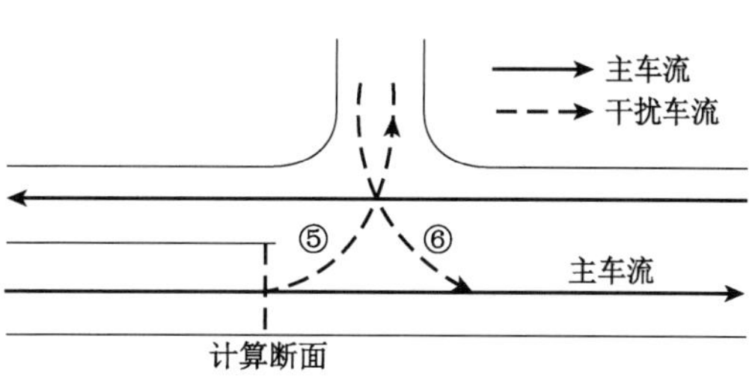


(b) 进出开口位于主车流左侧

**图 7-1 左转进出类型示意**

由此可以看出,不管是主路左转还是次路左转,都会与主线车流发生交织冲突,影响主路车流的通行安全和效率。从安全层面分析,据统计,所有出入口处的事故中,超过 2/3 是由左转车辆引起的;从效率层面分析,在无左转辅助车道的情况下,左转车辆的待行会造成后续直行车辆的阻塞，大大影响路段的通行能力。因此，若采用直接左转进出的组织方式，需要配合一定的交通设计来减轻交织冲突的负面影响。

表 7-1　　左转进出类型对应冲突点情况

| 车流类型 | 编号 | 分流冲突 | 交织冲突 | 合流冲突 |
|---|---|---|---|---|
| 主路左转 | ③ | 1 | 2 | 1 |
| | ⑤ | 1 | 2 | 0 |
| 次路左转 | ④ | 1 | 2 | 1 |
| | ⑥ | 0 | 2 | 1 |

### 7.1.2　左转进出常见组织方式

前文图 7-1 展示的是无蓄车直接左转的方式，对于有中央分隔带的道路还可以通过设计中央分隔带实现更为安全平顺的进出交通组织，主要设计类型包括以下 3 种：

(1) 可穿越的中央分隔带：允许组织车辆穿越直行车流，直接左转进出出入口；

(2) 不可穿越的中央分隔带：道路上有实体隔离物(如混凝土隔离墩或景观化的安全岛)作为屏障，将对向的车流分隔开。左转车辆需在上下游交叉口掉头后进入出入口；

(3) 定向式中央分隔带设计：允许车辆通过定向开口穿越主路左转进入沿线出入口。

1. 可穿越的中央分隔带设计

为了提高道路运行的平顺性，对于可穿越的中央分隔带可采取：①中央分隔带局部拓宽设置独立左转港湾；②路侧路肩局部展宽供直行车辆绕行，分别如图 7-2 和图 7-3 所示。其适用性对比如表 7-2 所列。

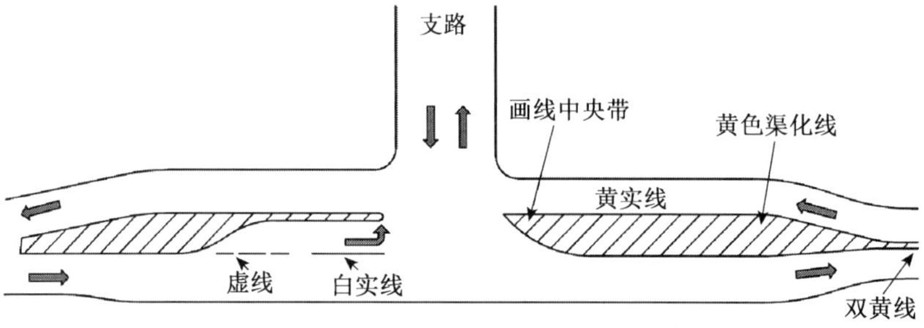


图 7-2　独立左转港湾设计

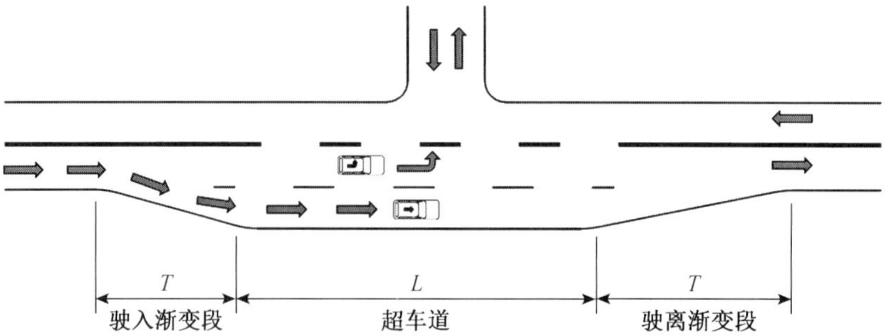


图 7-3　利用路肩绕行设计

表 7-2　两种可穿越的中央分隔带设计适用性对比

| 适用性 | 独立左转港湾设计 | 利用路肩绕行设计 |
| --- | --- | --- |
| 运行特征 | 提供了辅助车道将左转车辆从直行车道中分离 | 当左转车辆停驶在车道上等候时,直行车辆可从路侧绕过左转车辆 |
| 适用道路断面形式 | 双车道道路和未分隔的四车道道路 | 次要道路的三路交叉口,或空间不允许设置独立左转车道的路段 |
| 适用左转车比例 | 较高 | 较低 |

2. 不可穿越的中央分隔带设计

1) 适用条件

有以下情况时,建议设置不可穿越的中央分隔带:

(1) 所有新建的混合行驶的城市主干道;

(2) 现存的混合行驶的城市主干道,平均日交通量超过 24 000～28 000 pcu/d;

(3) 乡村的混合行驶道路;

(4) 城市周边的道路;

(5) 优先考虑艺术性的道路;

(6) 行人活动频繁的混合行驶道路;

(7) 事故高发区,希望通过限制左转来改善安全性。

2) 中央分隔带宽度

AASHTO 指出:当在交叉口设置一般左转车道时,中央分隔带的理想宽度是大于等于 6 m。设双向左转车道时,中央分隔带的理想宽度至少为 8.4 m。各种文献也指出:左转车道与对向直行车道的分隔宽度最小值为 1.2 m。当车速较低且交叉口有信号灯控制时,允许宽度为 0.6 m。有行人的地方,宽度最小值为 1.8 m。行人频繁出现的地方,宽度要更宽些。表 7-3 列出了各种情况的中央分隔带宽度建议值。

表 7-3　中央分隔带宽度建议值

| 中央分隔带功能 | 最小宽度/m | 理想宽度/m |
| --- | --- | --- |
| 与对向车流分隔 | 1.2 | 3 |
| 行人暂时停驻区和设置标志及附件的空间 | 1.8 | 4.5 |
| 提供单向左转车道 | 4 | 5.5 |
| 提供双向左转车道 | 7.5 | 9.0 |
| 保护车辆横穿和左转进入主线 | 7.5 | 9.0 |
| 为入口和出口设计的定向式开口 | 5.5 | 9.0 |

3. 定向式中央分隔带设计

信号控制交叉口之间的无信号控制的定向开口,为毗邻地块提供了便捷的出入口,同时可减少信号控制交叉口处的掉头交通量。

定向式中央分隔带开口在路段中有两种布置形式:布置于信号控制交叉口下游和布置于信号控制交叉口上游,分别如图 7-4(a)和图 7-4(b)所示。一般而言,布置于信号控制交叉口下游的设计会优于上游设计，原因主要有以下 3 点：①当定向式中央分隔带开口位于交叉口上游，可能造成交叉口左转车辆的误入，这一问题在转弯车道位于平曲线左侧且夜晚时尤为严重；②下游设计的景观美化功能更强，艺术上更令人满意；③下游设计使得左转或掉头车辆只与一个方向的直行车发生冲突，两个中央分隔带开口间的相互影响较小，容易保障主干道的信号协调。

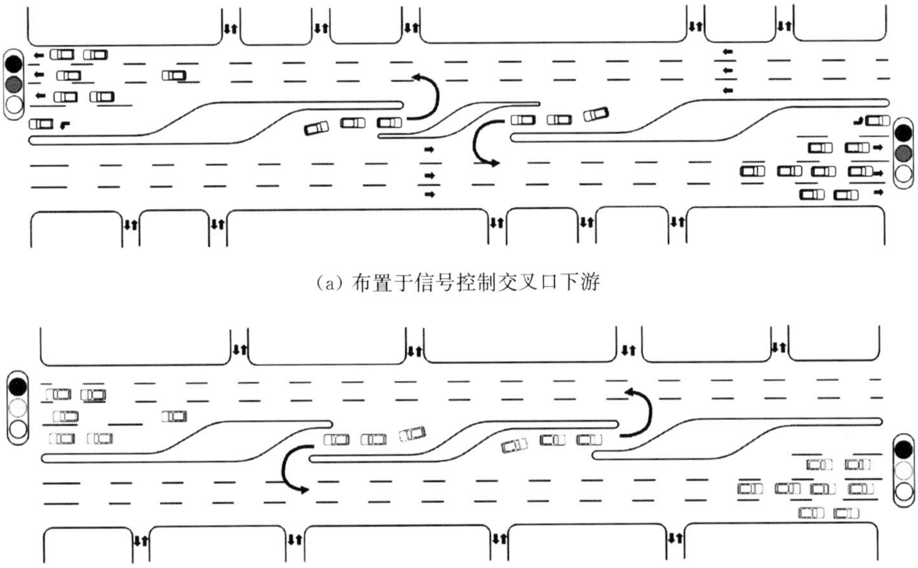

(a) 布置于信号控制交叉口下游

(b) 布置于信号控制交叉口上游

**图 7-4　定向式中央分隔带开口**

定向式中央分隔带开口的细部设计中应特别注意设置隔离带重叠区，它是定向式中央分隔带开口的必要特征，它保证了开口只允许特定流向通行，如图 7-5 所示。街区中央处理左转的类型比较见表 7-4。

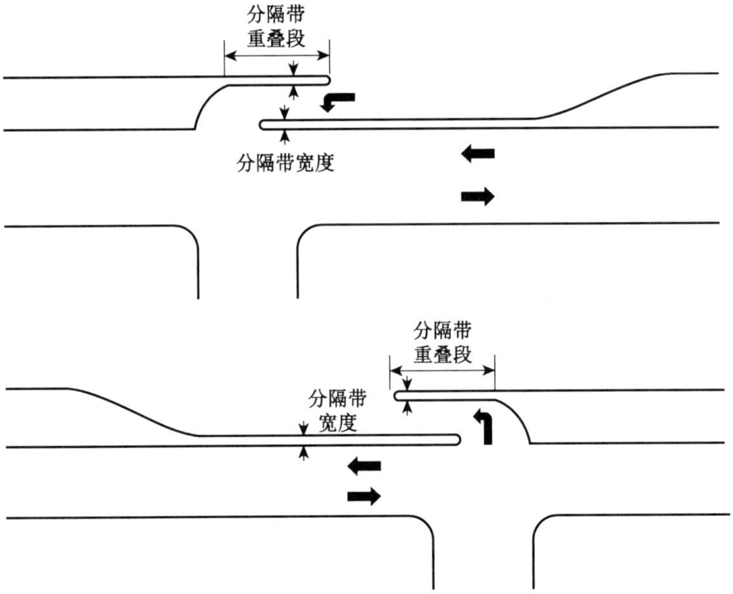


**图 7-5　左转或掉头车辆设置的定向式中央分隔带开口**

表 7-4　　街区中央处理左转的类型比较

| 比较 | 可穿越的中央分隔带 | 不可穿越的中央分隔带 | 定向式中央分隔带设计 |
|---|---|---|---|
| 通行效率的影响 | | | |
| 1. 减少主干道车辆延误 | ○ | ● | ○ |
| 2. 提高通行能力 | ○ | ● | ○ |
| 3. 减少主干道左转延误 | ○ | ● | ○ |
| 4. 减少次干道左转延误 | ○ | ● | ○ |
| ① 主干道流量小 | ○ | ■ | ○ |
| ② 主干道流量大 | ○ | ○ | ○ |
| 安全影响 | | | |
| 1. 减少车辆碰撞 | ○ | ● | ○ |
| 2. 行人暂时停驻 | ○ | ● | ○ |
| 3. 积极的引导 | ○ | ● | ○ |
| 其他影响 | | | |
| 1. 美观 | ○ | ● | ○ |
| 2. 移开积雪 | ● | ○ | ● |
| 3. 建设成本 | ● | ■ | ● |

注：●＝最有效或最好；■＝比较有效或比较好；○＝最无效或最差。

以上方法为常见的直接左转交通组织方式，车辆进出自由度大，无须绕行或绕行距离较小，对出入口服务性较高。但同时对于左转穿越交通来说，至少需要 6～8 s 的穿越间隙车辆方可穿越，对于双向六车道或八车道所需的穿越间隙时间可达 10 s。在高峰时期或饱和度比较大的道路上，这种穿越间隙时间要求很难达到。

## 7.2　双向左转车道

采用常见的直接左转交通组织方式，在高峰时期车辆若要从出入口进入主要道路可能会有较大的延误，甚至会发生违章强行穿越，造成出入口交通运行混乱的状况。为了避免穿越困难的问题，“双向左转车道”这一共用车道的组织方式被提出并在国外进行了广泛的应用。双向左转车道指在道路中间设置的一条专供左转或掉头车辆使用的车道，是中央分隔带的一种，通过在路面中心用虚实双黄线划定一条专用车道，车道内漆画双向左转导向箭头，专供交通流左转及掉头，如图 7-6 所示。左转车辆减速进入该车道后，在车道中等待对向车流可穿越间隙，等待机会进行左转或掉头。双向左转车道为左转车辆提供了一个专用空间用以等待冲突车流中的可接受间隙。

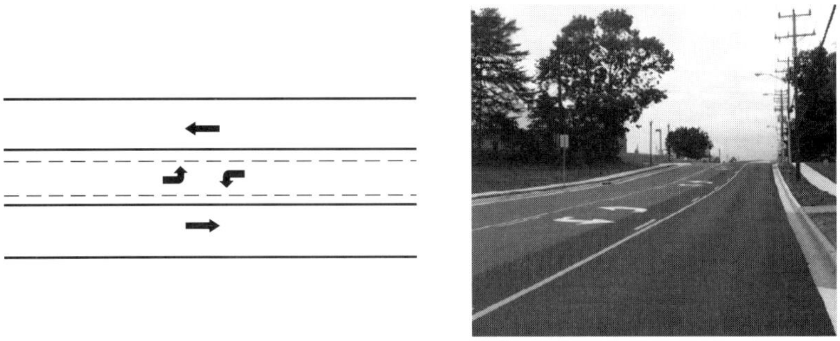

图 7-6　双向左转车道示意图

## 7.2.1　进入条件

美国的法律规定，对于公路中间的两边分别由一条实线与一条虚线紧密相邻的标线画出的车道，若实线位于虚线的右侧，只有当车辆需要左转进入一条道路或进出口时，才能驶到虚线的左边，前提是车辆在该车道上的行驶长度不大于 45.72 m。此外，行人过街时，不允许将双向左转车道作为安全岛停留。连续的双向左转车道如图 7-7 所示。

双向左转车道适用条件为：

(1) 道路设计年平均日交通量(AADT)少于 24 000 pcu/d；

(2) 对于开发中的住宅区集散道路，沿线住所或相交支路左转交通需求较大时；

(3) 对于开发中的郊区集散道，需要为沿线毗邻地块提供直接左转出入口时；

(4) 对于开发中的郊区与城市集散道，当事故隐患不严重时。

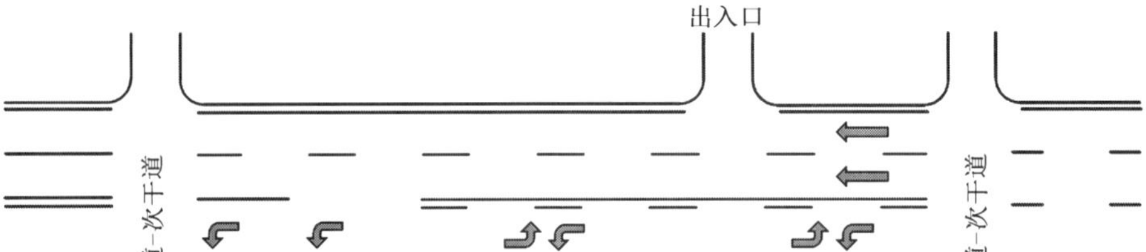


图 7-7　连续的双向左转车道

综合考虑交通流量、左转比例、错位进出口间的距离等条件，这些条件将会影响平均延误、排队长度、平均行程时间、冲突类型与数量。当错位出入口间距大于 200 m 时，几乎可以满足每小时单车道交通流量小于 800 pcu 下任何左转比例的情况(保证服务水平为 D 级)；当错位出入口间距小于等于 200 m 时，溢出比例随着左转比例的增加而增加，更多的冲突会导致更大的延误，它们与间距和左转比例变化的趋势一致。当左转比例很高时，相比十字交叉口，错位交叉口的交通冲突数和潜在冲突可能性更大。对于三车道的双向左转车道，进出点的增加应根据交通流量左转比例而定；对于四车道的错位交叉口，转化成三车道的双向左转车道不应只考虑交通流量和左转比例，还应结合已有的进出点，去评价这种改变是否会带来严重的效率和安全问题。

### 7.2.2　设计规则

双向左转车道的空间设计要素主要包括宽度、最短长度、接入密度、道路标线设计等,相关设计规则如下:

1. 双向左转车道的宽度

由于双向左转车道的主要作用是左转而不是通行,所以其车道宽度要求和正常的行车道宽度是不同的,足够的宽度可以方便左转车辆进入与驻留,并对两侧直行车流保持较小的影响。车道较窄时,左转车辆转弯困难,进而阻碍直行车流通行,不利于双向左转车道功能的发挥;车道较宽时,左转车辆转弯动作幅度比较大,转弯车速高,还会浪费宝贵的路面资源,不宜提倡。

根据道路实际运行情况,双向左转车道的宽度应至少能满足小汽车切入双向左转车道,并在其中驻留,而不影响两侧行车道正常行车,所以双向左转车道一般宽度应为 4.2 m,如果受限于道路红线及人行道宽度,经道路工程师分析且认为可行后,其极限宽度可放宽至 3.0～3.6 m。

2. 最短长度

爱荷华州交通部设计手册(Design Manual of Iowa Department of Transportation office of Design)中规定双向左转车道的最短长度为 400 m。该设计要素与车速、交通量、交叉口上下游的车速离散情况及行车安全性有关。根据对不同设计车速路段的双向左转车道长度进行仿真模拟可知,设计车速大于 55 km/h,路段长度小于 400 m 时行车延误急剧增加,平均车速降低幅度较大,双向左转车道功能得不到发挥,因此双向左转车道设置的最短长度为 400 m。同理,设计车速为 40 km/h 时,仿真得到双向左转车道设置的最短长度为 300 m。

3. 接入道密度

双向左转车道主要是为了方便道路两侧车辆的出入,所以路侧接入密度最能体现双向左转车道的价值。接入密度太低,道路上转向车辆比例较小,双向左转车道难以发挥作用;接入密度太高,路侧出入车辆对干线交通流影响较大,干线道路的行车延误将会显著增加,道路服务水平将会明显降低,也不符合设计目的。

根据以接入密度作为单一影响因素的仿真实验结果可知,每公里道路两侧接入点个数在 40 个时能使双向左转车道发挥最大作用,不会造成行车延误。当接入点大于 40 个时,随着接入点数目的增加,行车延误反而急剧增加,双向左转车道的作用已经不能发挥。在实际设置接入道位置与数量的过程中,不应只考虑交通流量和左转比例,还应结合已有的进出点,去评价这种改变是否会给交通运行效率和安全问题带来严重的影响。随着经济的发展,路段沿线会有新的接入道路,所以对于新设置双向左转车道的路段,其接入点密度可适当放低。

4. 道路标线设计

双向左转车道的道路标线应结合具体的道路条件进行设计,既要使道路资源得到充分利用,又要避免同向及反向左转车辆相互影响。考虑到车辆转弯时的安全距离,双向左转车道内同向转弯箭头间距宜为 5～10 m,反向转弯箭头间距宜为

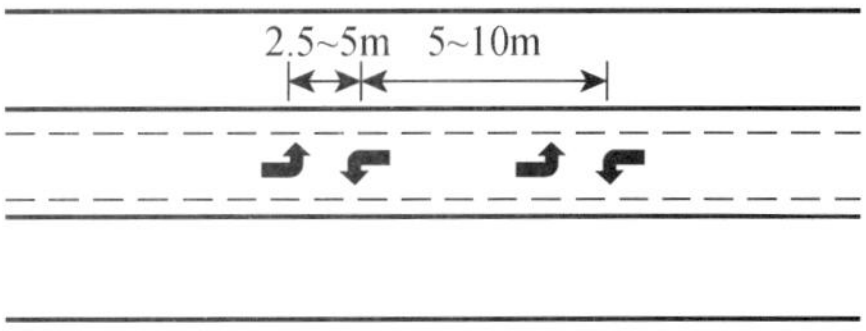

图 7-8　双向左转车道内转弯箭头设计

2.5～5 m，如图 7-8 所示。

## 7.3 通向共赢

### 7.3.1 道路条件

道路功能是决定是否设置双向左转车道首要考虑的因素，道路功能主要体现在通过性和可接入性两个方面。如果现有道路的功能是服务过境交通或直行车辆较多，双向左转车道的预期效果达不到则不应设置。路侧容易停车的路段、低速交通流较多的路段、校车之类的车辆频繁驻留的路段、重载货车较多的路段以及与铁路交叉的路段等不应设置双向左转车道。

当道路等级为次干道或集散道路，且位于发展成熟的商业区或城乡接合部时，一般来说，此类道路沿线商业发达，接入道路及平交口密度高，交通量适宜，转弯交通量比例较高，属于因转弯车辆导致的交通事故率较高、追尾事故多发的路段，建议考虑设置双向左转车道。

### 7.3.2 交通条件

交通流量与左转车流比例是双向左转车道设置与否的重要因素。若交通流量较大，通过减少直行车道数而增加双向左转车道数的做法将导致直行车排队及延误显著增加。相反，若左转车流比例较小，双向左转车道并不能充分发挥其作用，反而会造成资源浪费。因此，交通流量及左转车流比例是考量双向左转车道设置问题的关键因素。

根据相关研究可知：对于双向两车道道路，当年平均日交通量（AADT）超过 6 000 pcu 时，对双向左转车道模式不予考虑。对于双向四车道道路，当年平均日交通量（AADT）为 10 000～25 000 pcu 时，将双向四车道改造为双向左转的三车道道路，事故率能大幅降低而行车延误没有明显增加；当年平均日交通量（AADT）大于 30 000 pcu 时，双向左转车道已失去作用，这时应该考虑设置实体的中央分隔带；当年平均日交通量（AADT）在 25 000～30 000 pcu 之间时，由道路工作者针对具体情况具体分析，在确保安全及使用效果的情况下设置。

通过仿真分析发现，当左转车比例大于 15%时，和双向四车道相比，设置双向左转车道的路段行车延误没有显著增加，而事故率却明显降低，使用效果良好。当左转车比例小于 10%时，行车延误增加较多，道路服务水平降低。

### 7.3.3 驾驶行为

设置双向左转车道是一种连接交通管理的创新方法，旨在缓解左转车辆频繁进出接入道路对主线车流的干扰，从提升运行效率与安全的角度来说都有较好的实施效果。然而，这种设计模式也带来了驾驶规则与驾驶行为上的变化，对驾驶员提出了新的要求，主要体现在左转通行规则、超车规定及行车视距三个方面。

1. 左转通行规则

对于需要左转进入出入口的车辆来说，驾驶员不应在行车道内等候转弯，而是应提前进入双向左转车道内等候转弯。

这一方法能够减少车辆在行车道内临时停车导致的追尾、正面碰撞、直角碰撞、侧面擦碰等事故，特别是对减少追尾事故效果明显。Harwood 研究结果表明，将双向四车道道路改造为双向左转车道后，公路环境下能降低 35%的事故率，市内道路环境下则能降低 44%的事故率。

同时，此方法也便于左转车辆穿越直行车流进入出入口。例如，在双向四车道道路上，左转车辆需要判断 3～4 条车道上的车速大小，寻找可穿越间隙来通过是比较困难的一件事。当改造为双向左转车道后，驾驶员只需要观察判断 2 条车道的情况，还能在双向左转车道短时驻留，穿越难度降低，通行更为安全。

2. 超车规定

双向左转车道只能用于左转车辆等候左转，不能作为直行车辆的超车道。因此，行驶在与双向左转车道相邻的直行车道上的车辆只能依次通过，禁止超车。这种情况要求前后车驾驶员驾驶速度尽量保持一致，交通流整体处于一个较为平稳的状态，从而才能降低交通事故率。如果驾驶员抱有侥幸心理占用双向左转车道超车，很有可能与正常左转的车辆发生正面/侧面碰撞、追尾事故等，从而导致整个交通流紊乱，若驾驶员违章比例较高则后果不堪设想。因此，在双向左转车道设置前，需对驾驶员加强教育，积极宣传双向左转车道的使用规则，避免类似情况的发生。

3. 行车视距

进行双向左转车道改造后，主路左转车辆在交叉口左转的行车视距也将得到明显改善。改造前，转弯车驾驶员需要观察对向两个车道的交通状况，并且还可能由于对向内侧车道车辆的阻挡，而看不到外侧车道的情况；改造后，驾驶员只需要观察对向一条车道的交通状况，如图 7-9 所示，拓展了驾驶员的视野，提高了行车安全。

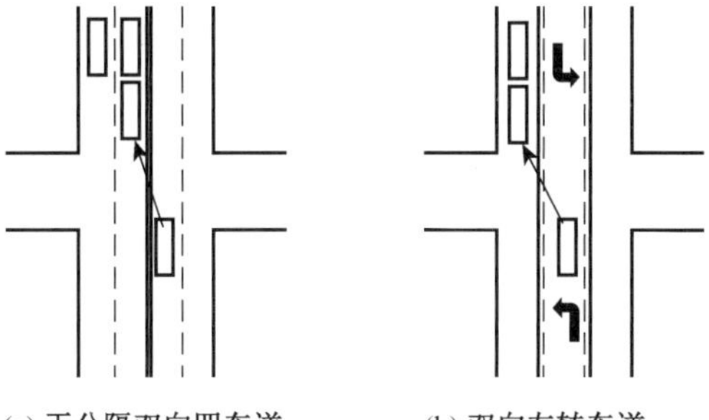

(a) 无分隔双向四车道　　(b) 双向左转车道

**图 7-9　城市双向四车道和三车道交叉口行车视距比较**

## 参考文献

[1] 侯佳，周广，杜小川，等. 城市主干道接入口左转交通组织仿真研究[C]//2008 中国智能交通年会，2008.

[2] 袁荷伟. 城乡结合部路段中心式双向左转车道设计研究[J]. 公路工程，2013(6)：250-253.

[3] VIKASH V G，王志高. 双向与单向道路网络：哪一个更高效？[J]. 城市交通，2013(3)：91-94.

# 第 8 章

# 近而不进：非机动车二次过街

## 8.1 机非混行

众所周知，在信号控制交叉口存在着多股机动车流间的交织与分流、合流冲突。除此之外，机动车与非机动车之间的相互干扰也是引起交叉口运行秩序混乱与运行效率低下的重要因素之一，更是容易诱发交通安全事故的因素之一。根据过去几年的交通事故统计情况可见，非机动车交通事故发生数依旧呈上升趋势(图 8-1)。

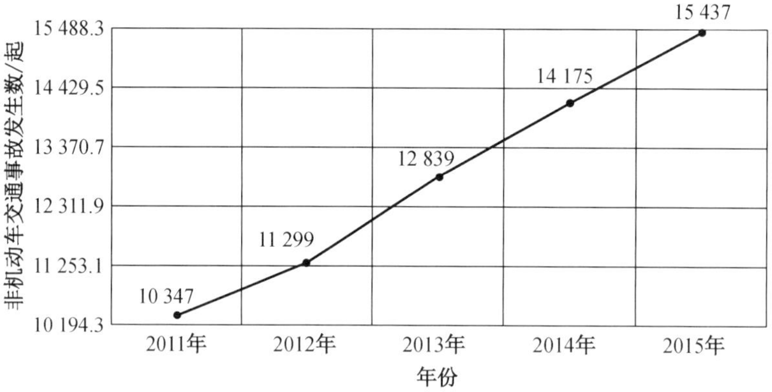


图 8-1 非机动车事故数统计

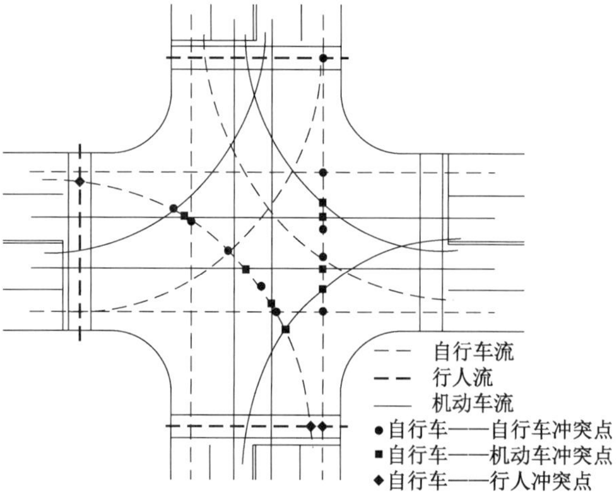


图 8-2 传统型通行模式的冲突点分布

### 8.1.1 干扰类型

非机动车在交叉口内部过街的传统模式为：非机动车与机动车采用相同的通行规则，与机动车同相位进行直行和左右转弯。在传统模式下，交叉口某一进口的非机动车与其他流向非机动车、机动车和行人交通流的冲突点分布(以南进口非机动车流为例)如图8-2 所示，各类冲突点数量总结如表 8-1 所列。

表 8-1　传统型通行模式的非机动车冲突点数量　单位:个

| 冲突类型 | 非机动车—机动车 | 非机动车—非机动车 | 非机动车—行人 |
|---|---|---|---|
| 冲突点数 | 9 | 9 | 4 |

非机动车和机动车之间在平面交叉口的干扰主要有两种,分别是非机动车与同向和不同向机动车的干扰。

1. 同向行驶时相邻的机动车与非机动车之间的横向干扰

从非机动车角度来说,由于非机动车是一种没有任何防护设施的交通工具,因此在缺少隔离设施的交叉口,当机动车与非机动车同向行驶时,骑车人在心理上将受到机动车的横向压力,相关研究表明,这种压力对非机动车的最终影响就是导致非机动车流的速度下降。而从机动车视角看,由于非机动车行驶轨迹的不稳定性,出于安全考虑,在与非机动车相邻行驶时,机动车驾驶员会下意识地减速。

2. 不同行驶方向的机动车和非机动车相互穿越引起的干扰

在同一信号相位下,不同方向的交通流若要通过同一片交通空间资源,就存在着谁先占用谁后占用的问题,也就产生了干扰。机动车和非机动车相互穿越的种类很多,例如在典型的两相位信号控制十字交叉口,同一方向行驶的机动车与非机动车共同使用同一个相位,产生的干扰如图 8-3 所示,一共有 14 个机非冲突点。

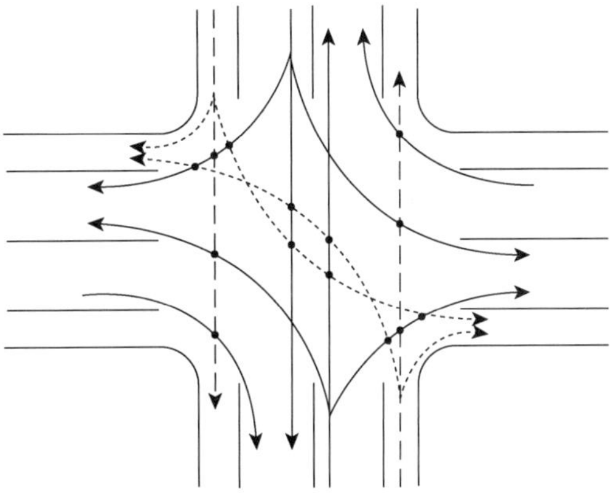


图 8-3　典型两相位信号交叉口机非干扰示意图

## 8.1.2　干扰成因

在非机动车与机动车相同规则运行过程中,由于交叉口空间尺寸不合理、机动车与非机动车运行特性差异、驾驶人驾驶习惯不同等多种因素的影响,两者轨迹冲突越来越明显,安全性降低,具体来说,有以下几个方面的原因。

1. 交叉口空间尺寸

当交叉口空间尺寸过小,没有留出充足的非机动车或机动车通行空间,或者没有进行有效的分离时,会直接导致干扰的形成(图 8-4)。当交叉口空间尺寸过大时,若没有合理的标志标线引导,非机动车行驶轨迹随意性大,图省力抄近路,在较大的空间范围内会更易与机动车的行驶轨迹产生冲突,进而形成干扰。

2. 非机动车流的膨胀效应

大量的交通事故表明,非机动车与机动车之间的交通冲突是交叉口交通事故产生的重要原因,左转非机动车与机动车之间的交通冲突又是其中的一大组成部分。根据非机动车运行特性可知,非机动车运行轨迹具有膨胀性,此特点会导致左转机动车与非机动车轨迹在空间上存在交织现象,引发交通事故。我们可以从非机动车通过信号控制交叉口的过程入手解释“膨胀性”。

图 8-4　交叉口内部空间尺寸小

红灯期间非机动车在停车线外聚集并形成排队，每辆非机动车的横向占用宽度较小；绿灯启亮后，聚集的非机动车起步加速通过停车线，排队的非机动车像流体一样从停车线外压缩至交叉口内，非机动车辆运行起来后，其横向间距要求增大，车流密度随着绿灯时间的持续而减小，车速逐渐提高，车流整体呈现扩散状态，这便是非机动车流的膨胀效应。结合观测结果，左转非机动车流膨胀宽度最大处一般位于左转非机动车流轨迹的中间区域，车流轨迹整体呈纺锤形分布，如图 8-5 所示。因此，若交叉口内部区域空间有限，则很容易发生左转非机动车与同进口的左转机动车、左转非机动车与对向进口的左转非机动车间的冲突，带来交通安全隐患。

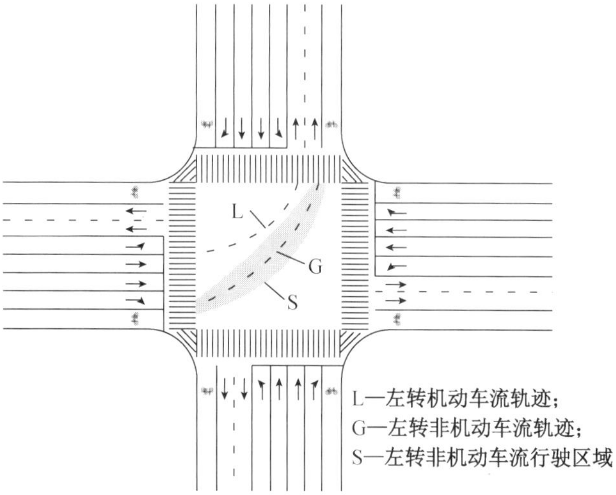


图 8-5　左转非机动车车流轨迹

3. 机动车与非机动车启动及运行速度差异性

在混合交通流通过信号交叉口时，其运行特征存在明显差异性。在绿灯初期，非机动车的启动反应损失几乎为零，它们集团性地进入交叉口，而机动车则有 2 s 左右的启动反应时间，因此非机动车启动要比机动车快。排队非机动车在行驶过程中膨胀宽度逐渐增加，当膨胀宽度过大时可能挤占机动车道，造成机动车绿灯初期损失时间过大，往往大于 10 s。图 8-6展现出在绿灯初期，非机动车占用机动车行驶空间，阻碍机动车的正常行驶。但是在绿灯中期，如图 8-7 所示，机动车加速至正常区间运行，势必会追赶行驶在其前方的非机动车，容易与非机动车发生追尾及侧面碰撞等事故。

图 8-6　非机动车占用机动车空间

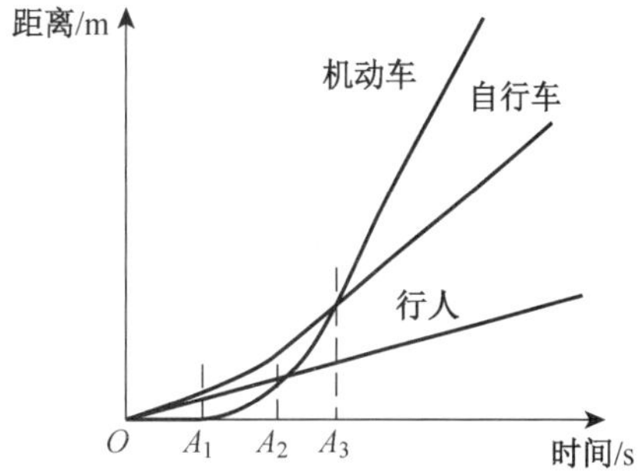


图 8-7　混合交通流绿灯中期速度比较

4. 信号配时未考虑非机动车

我国城市大多数交叉口现行的信号配时方案中对机动车与非机动车采用同一相位控制，即同一进口道的机动车、非机动车交通流通行的红绿灯信号相同。由于没有考虑机动车与非机动车运行特性的不同，除了会出现上文提到的绿灯初期机非冲突的问题，也常常会导致绿灯末期驶入交叉口的非机动车与相交道路绿灯初期驶出的非机动车形成极为混乱的集团，同时对相交道路上机动车交通构成影响，从而降低安全性，如图 8-8 所示。引起这一现象的原因主要是：左转非机动车的平均运行速度小于左转机动车，当黄灯末期最后一辆左转机动车通过冲突点时，左转非机动车还未能通过冲突点，可能会与下一相位非机动车流、机动车流发生冲突。因此，传统通行模式下需要充分考虑机动车与非机动车运行特征的差异性，进行合理的绿灯时长及清空时间分配。

图 8-8　非机动车与下一相位机动车、非机动车发生冲突

## 8.2 圈地运动

在我国，诸多城市道路交叉口中非机动车通行方式与机动车相同，导致机动车与非机动车交通流严重混行、相互干扰，引起通行效率低且事故频发的问题，如图 8-9 所示。为了改善由于机非混行导致的交通混乱状况，适应左转非机动车在交叉口的通行行为特征，有学者从交通空间设计角度提出新的交叉口总体布局模式：慢行交通（行人、非机动车交通）一体化通行、左转非机动车二次过街。实践证明其代表着我国城市道路机非混合交通的改善方向。

图 8-9　交叉口机非混行现象

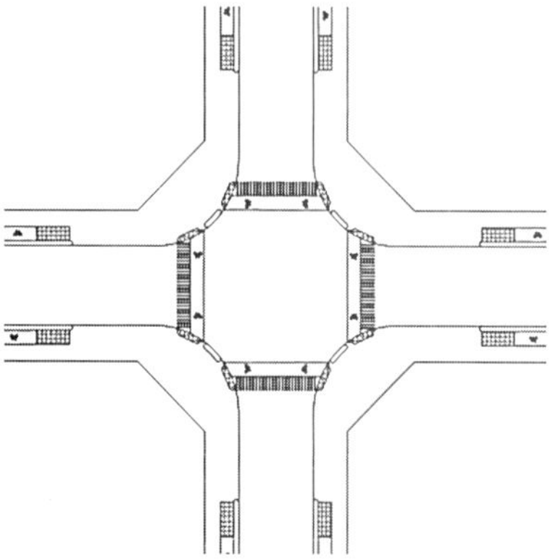

图 8-10　慢行交通一体化通行

1. 慢行交通一体化模式

在交叉口范围内行人与非机动车在同一平面，非机动车过街方式与行人相同。如果路段上非机动车与行人不在同一平面时，进入交叉口范围可以抬高非机动车道使其与行人道处于同一平面。该布局是实现道路交叉口慢行交通一体化过街的基础，适用于新建及改建力度较大的交叉口，如图 8-10 所示。

2. 左转非机动车二次过街模式

非机动车采用与行人相同的方式过街，特别是左转非机动车采用二次过街的方式通过交叉口。由于慢行交通一体化模式中左转非机动车也采用二次过街模式，此处特指当交叉口范围内的行人与非机动车不在同一平面通行，需通过分隔栅栏等措施对非机动车交通流加以渠化，如图 8-11 所示。该模式可以极大地减少交叉口混合交通流的冲突点数，对于提高混合交通流的有序性、安全性和各类交通流的通行能力与效率具有极其重要的意义和价值。

综上所述，该模式的基本要点是：在交叉口横向道路非机动车进口道的前面为本向进口道左转非机动车设置待转区，当绿灯启亮后左转非机动车随直行非机动车行驶至该待行区内，等待相交方向直行绿灯启亮时再驶出交叉口，即变左转非机动车为两次直行，如图 8-12 所示。

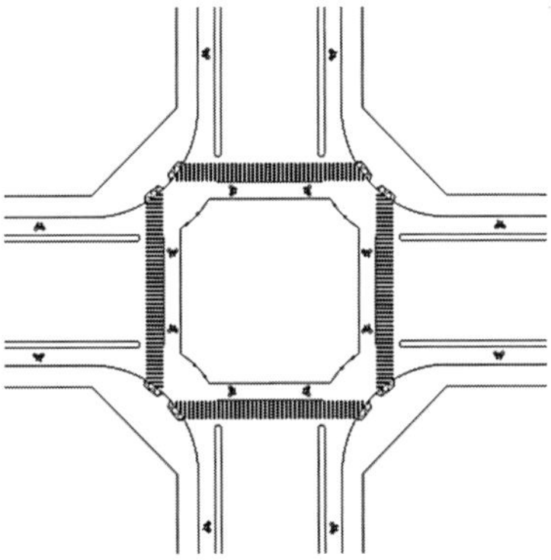

图 8-11　既有交叉口左转非机动车二次过街

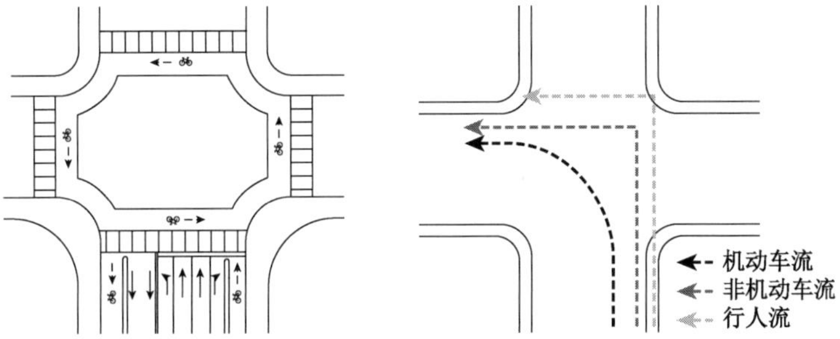


(a) 左转非机动车待行区　　(b) 左转非机动车二次过街模式

图 8-12　一般左转非机动车待行区设计示意图

3. 交叉口通行模式比较

上述几种通行模式是围绕交叉口混合交通流的不同处理方式而提出的，可将其归结为两大类：①左转非机动车二次过街模式；②左转非机动车随机动车通行模式。它们的主要差异在于混合交通流通过交叉口时的冲突点数、过街时间等。

1) 交叉口冲突点数及其分布

冲突点是造成交叉口交通事故和通行效率降低的主要原因。图 8-13 和图 8-14 分别为在两种不同的非机动车通行模式下，交叉口某一进口的非机动车与其他流向非机动车、机动车和行人交通流的冲突点分布图，各类冲突点数量的对比如表 8-2 所列。

以往的非机动车—机动车、非机动车—非机动车冲突点主要分布于交叉口内部，而且位置分散，它们是导致交通流混乱、无序之源，也不利于有效实施交通信号控制。实施慢行交通一体化处理后，不仅冲突点数量显著减少，冲突点的空间分布也仅集中在过街横道处，如此即可通过简单的信号控制进一步予以消除，混合交通流的相互影响也可以降到最低程度。

2) 行人过街距离

在传统通行模式下，行人过街距离是道路两侧人行道缘石间的距离，而新型通行模式下的行人及非机动车的过街距离为道路两侧机非分隔带缘石间距离，由此可缩短两侧非机动车道的宽度。从表 8-3 中可以看出，实施慢行交通一体化处理之后，其行人过街所产生的效益同样是非常显著的。

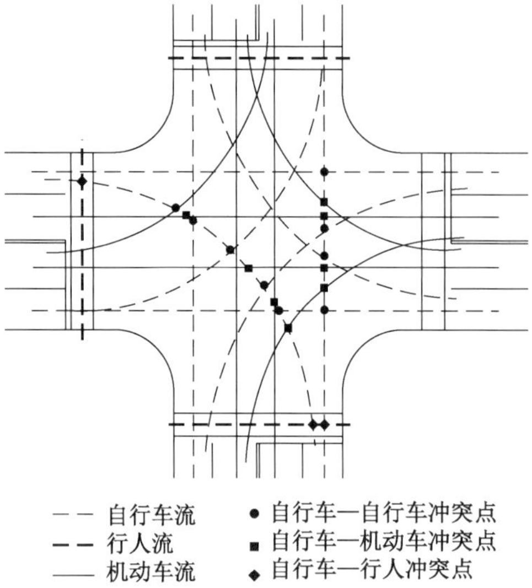


图 8-13　传统型通行模式的冲突点分布

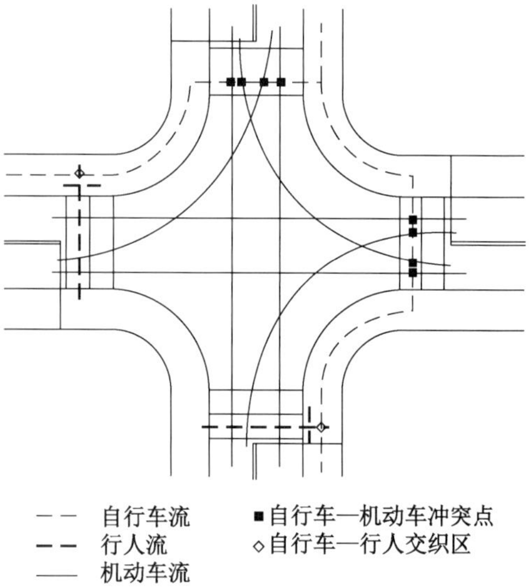


图 8-14　新型通行模式的冲突点分布

表 8-2　　两种非机动车通行模式下冲突点数量对比

| 模式 | 非机动车—机动车 | 非机动车—非机动车 | 非机动车—行人 |
|---|---|---|---|
| 传统方式 | 9 | 9 | 4 |
| 新型通行方式 | 8(可与行人流冲突点合并) | 0 | 2(交织) |

表 8-3　　慢行交通一体化处理后行人过街时间缩短量

| 非机动车道宽度/m | 3 | 3.5 | 4 | 4.5 | 5 | 7 |
|---|---|---|---|---|---|---|
| 行人过街时间缩短量/s | 5.0 | 5.8 | 6.7 | 7.5 | 8.3 | 11.7 |

3）左转非机动车通过交叉口的距离

新型通行方式将在一定程度上增大左转非机动车通过交叉口的距离，有学者对此进行过研究，以 20 m 宽道路相交形成的交叉口为例，左转非机动车绕行距离如表 8-4 所列。

表 8-4　　不同交角下的左转非机动车绕行距离

| 相交道路交角/(°) | 90 | 75 | 70 | 60 | 45 |
|---|---|---|---|---|---|
| 左转非机动车绕行距离/m | 45 | 80 | 95 | 125 | 165 |

从表 8-4 可以看出，当交叉口相交道路的交角接近 90°时，左转非机动车的绕行距离并不大。行人可以接受的绕行距离，对非机动车交通来说也应该是可以接受的。为了降低左转非机动车的绕行距离及等待时间，在管理上可将非机动车交通视为行人交通，亦即允许非机动车反向推行。

综上所述，左转非机动车二次过街通行方式的优点在于：消除了左转非机动车与机动车之间的相互干扰，可以很大程度地提高非机动车及机动车通过交叉口的运行速度与通行能力，减少左转非机动车与直行机动车的冲突点，有利于交通安全。缺点在于：因左转非机动车二次过街，非机动车行驶距离有所增加。若非机动车流量较大或交叉口非机动车等候空间有限时，非机动车可能溢出等候区域，从而影响其他车流正常通过交叉口，导致拥堵发生。因此，交叉口总体布局模式应根据道路几何条件、交通流量情况等因素综合考虑决定。后面将对该模式下的空间设计要点进行详细说明。

### 8.2.1　机动车圈

机动车圈是指机动车在交叉口内部的运行空间范围。由于左转非机动车和行人均为二次过街，我们可以将各个进口非机动车过街横道边缘线围成的区域看作机动车圈。机动车圈的空间设计主要需要注意车辆转弯半径及对向左转轨迹安全距离等参数的确定，相关规范如下：

1. 机动车转弯半径

(1)《城市道路交叉口规划规范》(GB 50647—2011)中规定，城市道路交叉口转弯半径(以道路红线计)按下列标准控制：主干道(20～30 m)，次干道(15～20 m)，非主次干道(10～20 m)。

(2)《城市道路交叉口规划规范》(GB 50647—2011)中规定，平面交叉口转角处路缘石宜为圆曲线，转角路缘石最小转弯半径宜按表 8-5 确定。

表 8-5　　转角路缘石最小转弯半径

| 右转弯计算行车速度/(km·$h^{-1}$) | | 30 | 25 | 20 | 15 |
|---|---|---|---|---|---|
| 路缘石最小转弯半径/m | 无非机动车道 | 25 | 20 | 15 | 10 |
| | 有非机动车道 | 20 | 15 | 10 | 5 |

2. 对向左转轨迹安全距离

为了确保对向左转车流运行互不干扰，需要限定对向左转轨迹安全距离的最小值，可以通过在道路交叉口中心设置中心圈来限定左转车辆在安全范围内通行(图 8-15)。中心圈

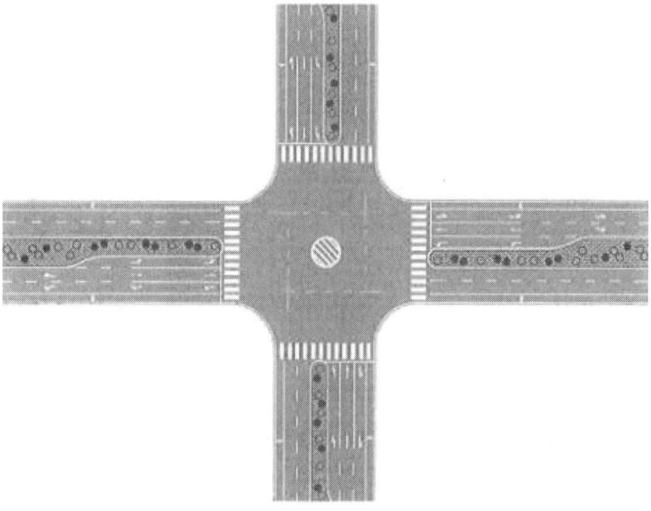

图 8-15　交叉口中心圈示意图

可作为车辆左右转弯的提示，车辆不得压线行驶。中心圈有圆形和菱形两种形式，圆形的直径不得小于 120 cm，菱形对角线长度不得小于 150 cm。

### 8.2.2 非机动车圈

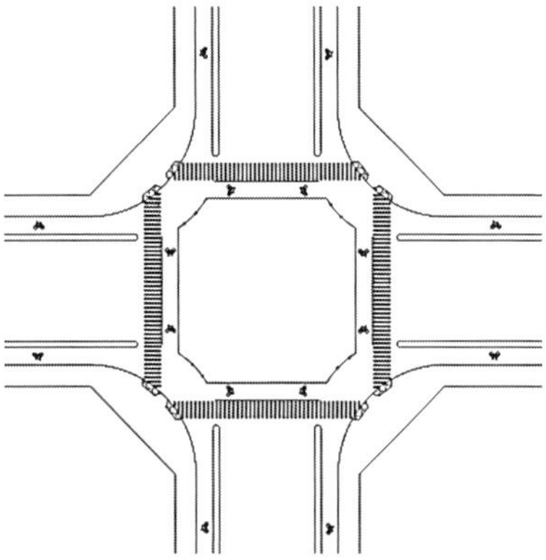

图 8-16 非机动车圈示意图

非机动车圈指非机动车在交叉口的通行空间。由于左转非机动车需要经过两次直行过街实现左转，因此，我们将各岔口的非机动车过街横道及等候区域所占空间称为非机动车圈，如图 8-16 所示。

非机动车圈空间设计中需要明确非机动车交通设计原则，确定非机动车过街横道的位置与宽度、非机动车等候空间等参数。

1. 非机动车交通设计基本原则

(1) 应将非机动车交通与机动车交通在空间和时间上分离，若无条件分离，也必须给出适当的空间，让非机动车与机动车分道行驶；

(2) 采取必要措施使非机动车以较低的速度有序地进入交叉口；

(3) 应尽量缩短非机动车处于危险状态的行驶时间；

(4) 为简化驾驶人员在交叉路口的观察、判断与采取措施的复杂性，非机动车与机动车交通的冲突点应该尽量远离机动车交通间的冲突点；

(5) 非机动车与机动车在交叉路口内通行时，应保证相互间能观察到对方，特别是当非机动车通过交叉路口时，应尽可能使机动车驾驶员明晰非机动车的行驶路线与方向；

(6) 当非机动车在交叉口内暂停待行时，应为其提供一个安全的停车位置与空间。

2. 非机动车过街横道偏移量设计

在图 8-17 中，$W_i$($i=1, 2, 3, 4$)为各进口道的非机动车道宽度。$AB$，$CD$，$EF$，$GH$ 为圆弧，可用分隔栏加以分隔或用路面标线标出；非机动车过街横道宽度 $D_i$ 可取进口道宽度和非机动车流膨胀宽度的中值，计算公式如下：

$$D_i = \frac{W_{Bpi} + W_i}{2} \tag{8-1}$$

式中，$W_{Bpi}$ 为通过 $W_i$ 宽度非机动车道的非机动车流膨胀宽度。

非机动车横道偏移量 $O_i$ 的确定应检验非机动车的膨胀是否会影响直行机动车的通行，因此，其宽度 $O_i$ 应满足式(8-2)：

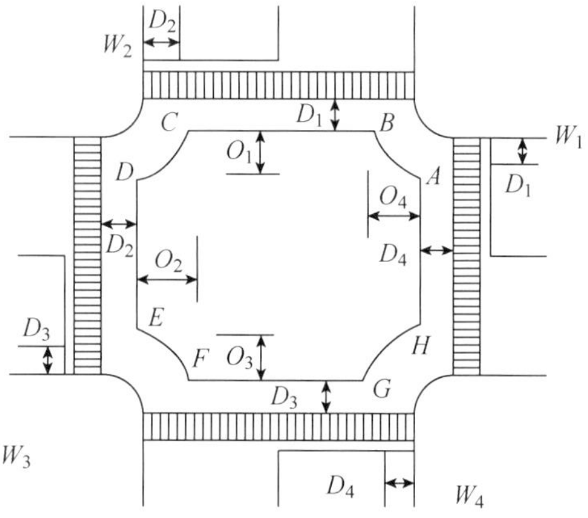


图 8-17 非机动车过街横道偏移量设计图

$$O_i \geqslant \frac{W_{Bpi} - D_i}{2} \tag{8-2}$$

另外，慢行交通一体化过街横道总宽度的确定，要考虑在非机动车高峰期，非机动车能顺利通过的要求。为了满足非机动车左转二次过街待行停车空间的要求，可适当加宽慢行交通过街车道的宽度。在非机动车和行人横道宽度确定后，进一步确定进口道停车线的位置。

3. 隔离栅栏或标线设计

路口内转角处的隔离栅栏用于分隔右转机动车与等候直行的非机动车，隔离栅栏也可用标线替代。栅栏的曲线半径 $R_f$ 主要考虑右转机动车的行驶要求，由右转机动车的设计车速和道路状况而定。栅栏的长度 $L_f$ 则主要考虑非机动车待行停车空间的要求，按此所确定的值应与根据曲线半径 $R_f$ 所得的计算值相比较，取其大者作为设计值。另外，设计长度也要考虑右转机动车的停驶要求，一般不应小于 6 m。

4. 非机动车停候区及路缘石设计

信号控制交叉口慢行交通一体化过街时，每周期红灯期间到达的非机动车在进口道停车线后排队，待绿灯启亮后，与上一相位停候的横向道路的左转非机动车一起通过交叉口。因此，有必要对非机动车待行区和路缘石进行处理，以适当增加停候区面积，保证非机动车平顺通行。一般情况下，路缘石的处理有以下两种做法：一是将点 $A$ 到点 $D$ 间的路缘石改为平缓的斜坡（加以适当的防滑处理）；二是将点 $A$ 到点 $D$ 内的路缘石收缩一段距离，如图 8-18 所示。可视具体工程要求选用。

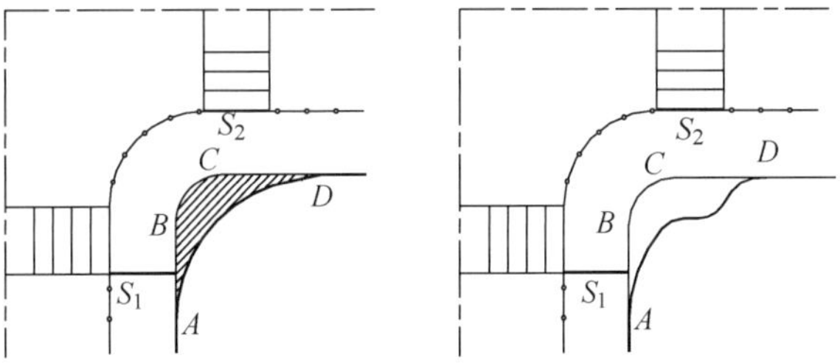


**图 8-18　交叉口路缘石处理示意图**

5. 非机动车停车线提前设计

根据非机动车启动快的特点，利用空间差和启动时间差并考虑增加非机动车进口道宽度，将非机动车与机动车停车线做前后错开设计，避免绿灯初期驶出停车线的非机动车交通流与机动车之间的冲突与相互干扰，如此可在一定程度上提高交叉口的通行能力和运行秩序。基本原理如图 8-19 所示：红灯期间非机动车在机动车前方待行；当绿灯启亮时，非机动车先驶入交叉口；两条停车线之间的距离 $L$ 由红灯期间非机动车到达量以及总停车面积和宽度所决定。

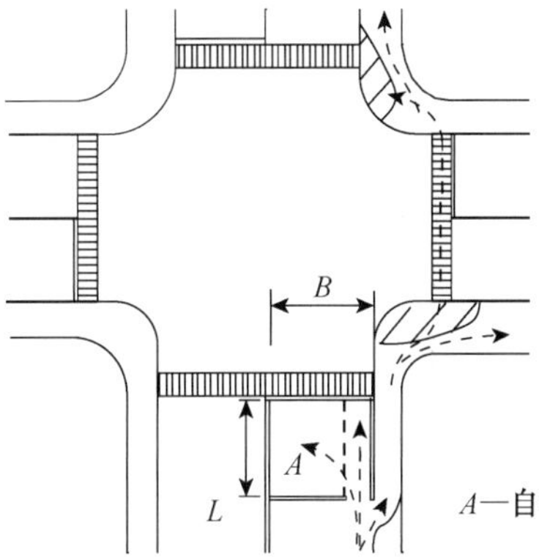


**图 8-19　小型交叉口双停车线设计**

该方法适用于进口道为 1～2 条车道、机动车为两相位控制的小型交叉口，不仅对于提高道路交叉口的通行能力有利，也适合左转非机动车流量大的情况。但是，需要对非机动车骑车人进行适应性管理，使非机动车做到合理停车，才能更有效地发挥此方法的作用。

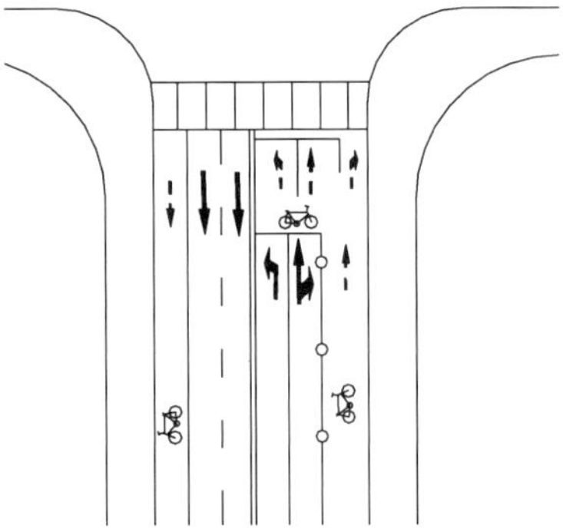

图 8-20　非机动车停车线提前法一

非机动车停车线提前设计有 3 种形式，详见图 8-20—图 8-22。图 8-20 所示的设计是常规的双停车线设计。图 8-21 较适合于大型交叉口，人行横道稍向后设置，在人行横道与横向直行车通行区域之间，设置左转和直行非机动车待行区。图 8-22 所示的设计模式为针对较多进口车道的交叉口，后退一到两条机动车道的停车线留出空间供非机动车停车；为了给非机动车提供最大的方便，右转非机动车可提前上人行横道绕过停车线，既避免了右转非机动车在交叉口受阻，又可以让出非机动车停车空间。由于非机动车仍与部分机动车共用停车线，所以为了减少非机动车与机动车的相互干扰，应配合非机动车早启信号加以控制。

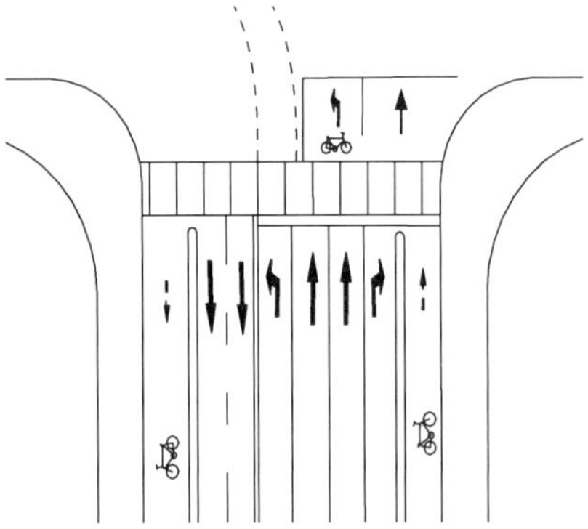

图 8-21　非机动车停车线提前法二

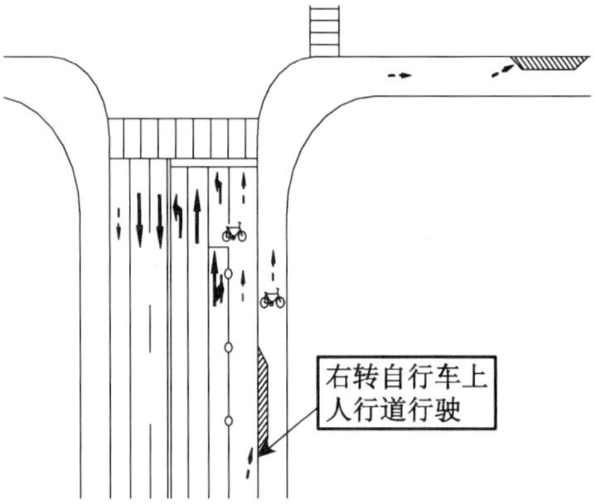


图 8-22　非机动车停车线提前法三

综上所述，以上 3 种非机动车停车线设计方法的特点及适用范围如表 8-6 所列。

表 8-6　非机动车停车线设计方法

| 方　法 | 特　点 | 适用条件 |
| --- | --- | --- |
| 非机动车停车线提前法一 | 红灯期间非机动车在机动车前方待行；当绿灯启亮时，非机动车先驶入交叉口 | 进口车道为 1～2 车道、机动车为两相位控制的小型交叉口；左转非机动车流量大 |
| 非机动车停车线提前法二 | 行人道稍向后设置，在人行道与横向直行车通行区域之间，设置左转和直行非机动车待行区 | 大型交叉口 |
| 非机动车停车线提前法三 | 后退一到两条机动车道的停车线供非机动车停车；右转非机动车可提前上人行道绕过停车线 | 较多进口车道的交叉口；配合非机动车早启信号 |

## 8.2.3　行人圈

行人圈是指行人通过交叉口所占用的空间，包括行人过街横道及等候过街的空间。与非机动车圈空间设计类似，行人圈同样需要明确行人过街交通设计的基本原则、过街横道的位置、宽度与形式选择。

1. 行人过街横道设置原则

(1) 应设在车辆驾驶员容易看清楚的位置，尽可能靠近交叉口，与行人的自然流向一致，并与车行道垂直，以缩短行人过街的步行距离；

(2) 当行人过街横道过长(大于 15 m)时，为了缩短行人过街时间、确保过街行人安全及减少冲突交通流的等待时间，应在过街横道中间设置安全岛，其宽度应大于 1.5 m；

(3) 行人过街横道的宽度与过街行人数及通行信号时间相关，应基于行人交通量和单位宽度行人通行能力确定，以 0.5 m 为单位增减；

(4) 行人过街横道位置宜平行于路段人行道的延长线并适当后退，当不考虑慢行交通一体化通行时，可如图 8-23 所示，取后退距离 $a=1$ m；当有右转机动车通行时，为了减少右转机动车对相邻的两个进口道过街行人的影响，其横道线不应相交，且至少应留有停放一辆右转车的空间，后退距离 $b$ 宜取 3～4 m；

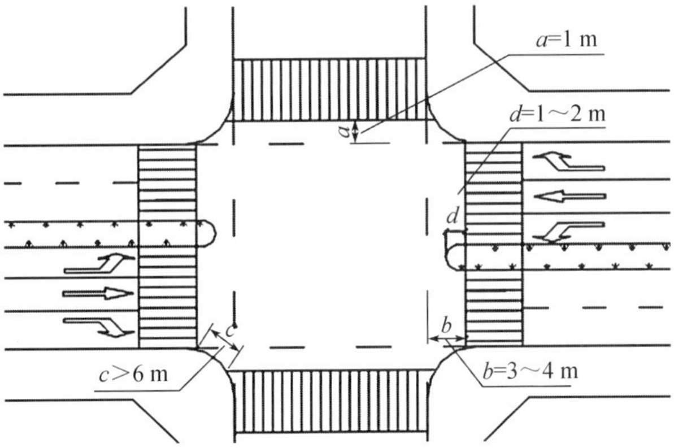


图 8-23　行人过街横道设置示意

(5) 相邻行人过街横道间的缘石部分(对应于图 8-23 中的 $c$ 区段)，其长度应不小于一辆小车的长度 6 m，并应设置护栏等隔离设施；

(6) 当设置行人过街中央驻足区时，应在满足各转向轨迹的条件下设置驻足区保护岛，其顶端至横道线距离宜在 1～2 m 之间(图 8-23 中的 $d$ 部分)；

(7) 行人过街横道及与之衔接的人行道和交通岛等连接处，皆应设置平缓的无障碍坡道，且不得有任何阻碍行人通行的障碍物(交通安全辅助设施除外)；

(8) 为了确保行人交通的安全，防止机动车或非机动车随意驶上人行道，也避免行人任意横穿道路，在不希望各类交通流随意穿行处，可设置绿化带或分隔栏。

2. 交叉口行人过街横道位置设计

(1) 为了减少行人与机动车的冲突，提高行人过街的安全性，尽量缩短行人在有冲突的机动车道上行走的时间，行人过街横道宜垂直于道路中心线；

(2) 行人过街横道的位置应确保行人路线的顺畅及过街便捷性的要求；

(3) 行人过街横道的设置应同时考虑与停车线位置的协调，以确保机动车运行轨迹顺畅；

(4) 相邻两行人过街横道之间应满足右转车停车让行空间的要求，如图 8-24 所示；

(5) 行人过街横道及其后的停车线位置应确保本向及对向进口道左转机动车流正常通

行，车辆左转半径一般应大于等于 25 m，如图 8-25 所示。

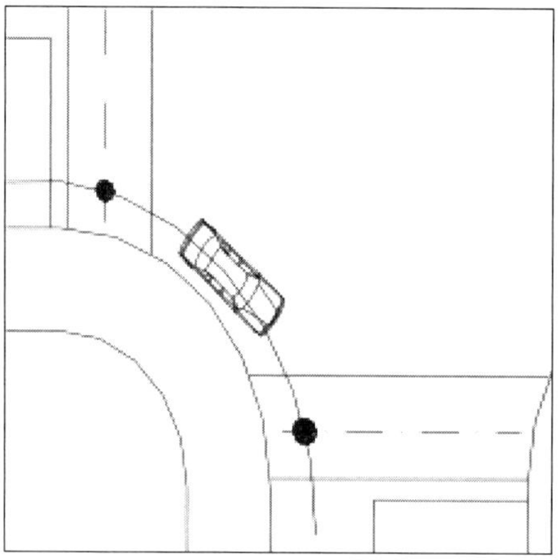

**图 8-24　横道转角**

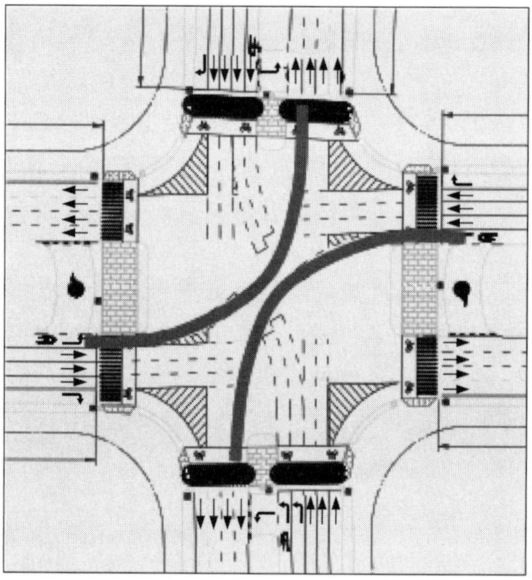

**图 8-25　左转半径**

3. 交叉口行人过街横道宽度设计

通常行人过街横道宽度根据其高峰小时设计行人流量确定，通行能力一般可取 1 800 人/绿灯小时/0.75 m。以下介绍基于一定服务水平的行人过街横道宽度设计方法。

1) 行人过街横道宽度阈值

考虑到行人通行的基本要求和舒适性，我国《城市道路交通规划设计规范》(GB 50220—1995)中规定行人过街横道的最小宽度不得低于 1.5 m。一般情况下，一个负荷行人所需的横向空间为 1.0～1.8 m，一个带小孩的大人所需要的横向宽度为 0.9～1.0 m，城市道路上同时出现肩挑重物的两人的概率很小，所以行人过街横道的最小宽度取两个带小孩的大人相向行走时所需的宽度再加上两个人的安全距离(取 0.2 m)。即行人过街横道的最小宽度为：0.2+1+0.2+1+0.2=2.6 m，实际可取 2.5 m 或 3.0 m。

2) 行人过街横道宽度计算模型

行人过街横道具有“时间-空间”区域的特性，其服务水平就是利用行人数除有效的“时间-空间”所得到的绿灯期间每一行人可利用的面积。基于面积模量 $M$ 对应的服务水平，可得到行人过街横道宽度计算公式如下：

$$W_p = \frac{M(q_i + q_o)}{v_p g_p} \tag{8-3}$$

式中　$q_i$—— 进入行人过街横道的过街行人流率(人/s)；

$q_o$—— 离开行人过街横道的过街行人流率(人/s)；

$W_p$—— 行人过街横道宽度(m)；

$g_p$—— 行人信号绿灯时间，包括绿灯闪烁时间(s)；

$v_p$—— 行人步行速度(m/s)；

$M$—— 平均面积模量，即每个行人的通行面积（$m^2$/人）。

对应不同服务水平下的行人过街横道宽度最小值计算公式如表 8-7 所列。

**表 8-7　　不同服务水平下的行人过街横道宽度最小值计算公式**

| 服务水平 | A | B | C | D |
| --- | --- | --- | --- | --- |
| 行人过街横道最小宽度/m | $\frac{3(q_i+q_o)}{v_p g_p}$ | $\frac{2(q_i+q_o)}{v_p g_p}$ | $\frac{1.2(q_i+q_o)}{v_p g_p}$ | $\frac{0.5(q_i+q_o)}{v_p g_p}$ |

4. 交叉口行人过街横道形式选择

交叉口行人过街横道有如图 8-26 所示的几种形式。

1）一次过街横道

行人在交叉口内部不停留，一次通过，这也是最常见的交叉口行人过街横道形式。

2）二次过街横道

行人在道路中央的安全岛上可以停留，分两次完成过街，这是大型交叉口推荐使用的一种行人过街横道形式。

3）十字交叉横道

行人绿灯启亮之后，行人不但可以沿垂直道路方向通行，还可以沿对角线方向过街。这种类型的行人过街横道，必须在交叉口一半以上的行人过街横道设有行人专用相位的情况下才可使用。

4）单侧横道

在相对的两进口道处，只在其中之一设置行人过街横道，而另一进口道不设置。为了确保行人过街设施的连通性与便捷性，一般 4 个进口道中最多只有一个进口道不设置行人过街横道。

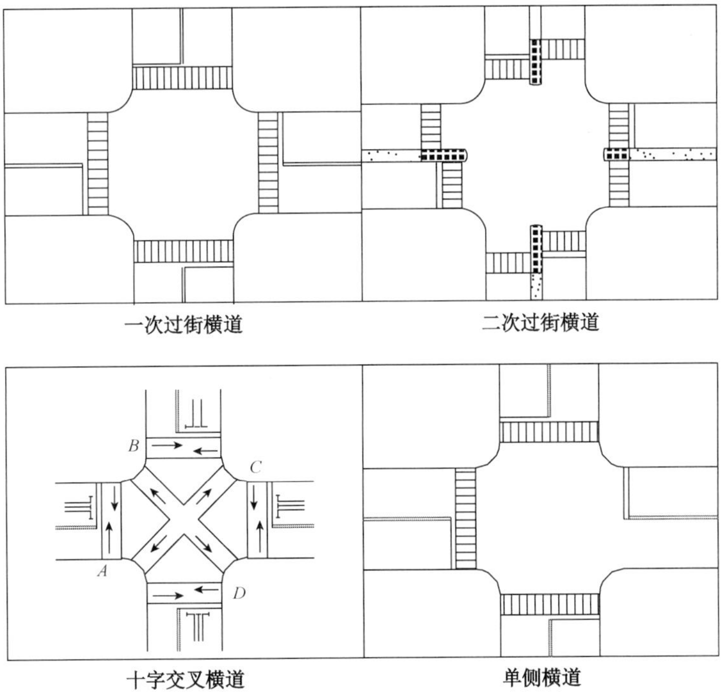


**图 8-26　交叉口行人过街横道基本形式**

各种形式行人过街横道的适用情况见表 8-8。

表 8-8　　各种形式行人过街横道适应性

| 横道形式 | 优点 | 缺点 | 适用场合 |
| --- | --- | --- | --- |
| 一次过街横道 | 行人路线顺畅 | 当道路比较宽时，行人过街所需绿灯时间较长，且不安全 | 道路宽度在双向四车道以内，行人、非机动车流量较大情形 |
| 二次过街横道 | 行人可以分两次过街，所需最短绿灯时间较小 | 行人有时需要在道路中央安全岛上停留等待下一个绿灯 | 道路路幅较宽或畸形交叉口，且中央设有安全岛，行人和非机动车流量较小情形。当行人和非机动车流量较大时不适用 |
| 十字交叉横道 | 沿对角线方向的人流过街绕行距离最短 | 需要设置行人专用相位 | 沿交叉口对角线方向过街人流集中、多进口道流量大，并需要足够的交叉口转角空间，且能够满足机动车运行要求（详见专用相位设置条件一节） |
| 单侧横道 | 减少了一次机动车与行人交通的冲突 | 部分行人增加了绕行距离 | 不设置横道一侧的过街人流量较少或者有其他过街设施可以利用。在此侧右转车流量较大时效果更加明显 |

## 8.3 成功要素

前文深入分析了慢行交通一体化和左转非机动车二次过街模式下，机动车、非机动车和行人各类交通主体的通行特点，介绍了关键空间设计要素的确定原则与方法。可以看出，若想改变传统交叉口布局模式，实现慢行交通一体化、左转非机动车二次过街模式，不仅需要在交通规划和空间设计层面重视关键参数的取值确定，而且需要在后期的交通管理与实施层面，从信号控制、交通参与者出行习惯等多个角度，采取积极有效的措施，保障该模式发挥出最大效益。

### 8.3.1 转角空间

如前所述，非机动车二次过街模式的适用限制条件之一为转角空间（非机动车等候空间）面积能否供足够的非机动车停靠。通过观察非机动车流在交叉口的候车状况可以发现，若非机动车与行人停候空间不足，可能会造成非机动车占用机动车道等候，阻碍该进口道外侧机动车流正常行驶，如图 8-27 所示，这反而会影响交叉口运行秩序，大幅降低交叉口服务水平，因此转角空间的设计就显得尤为重要。

非机动车流停靠等候形态如图 8-28 所示。当路缘石做处理后，非机动车与行人的整体停靠等候形态如图 8-29 所示，其中 $W_C$ 是行人和非机动车过街横道总宽度；$L_f$ 是栅栏的长度，主要考虑非机动车停靠等候空间的要求确定；$h$ 是行人和非机动车排队总长度；$f_e$ 是非机动车道宽度；$\Delta f$ 是为满足停靠等候面积路缘石向后拓展的宽度。由 $W_C$，$L_f$，$h$ 围成的近似梯形的面积应等于设计停候区面积。另外，停靠等候区后面还应留有供右转或侧向直行非机动车通过的空间，要求：

图 8-27　非机动车阻碍机动车行驶

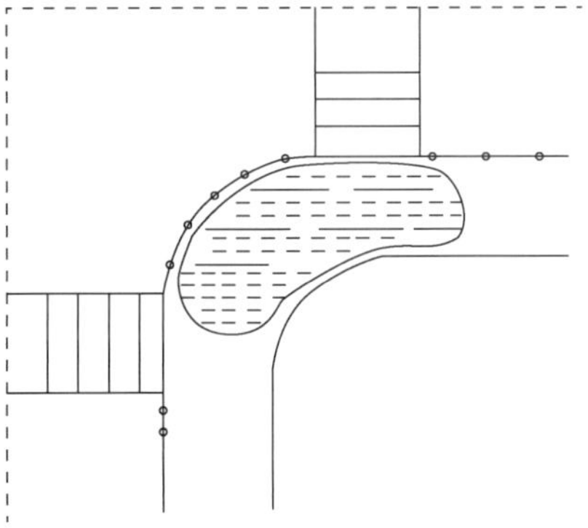


图 8-28　路缘石不做处理时非机动车停靠等候形态示意图

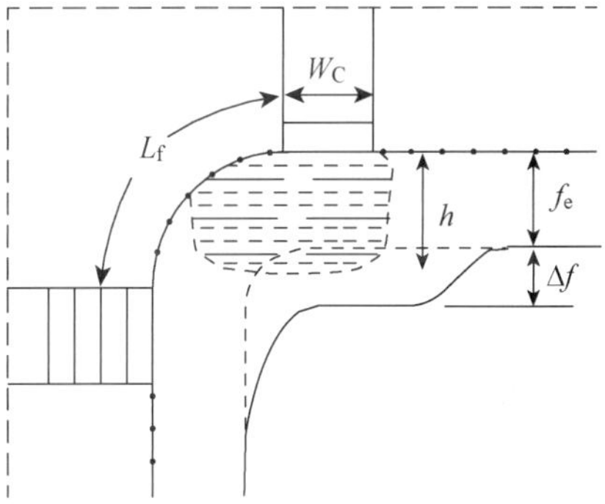


图 8-29　路缘石做处理后非机动车停靠等候形态示意图

$$f_e + \Delta f \geqslant h + 0.5 \quad (\text{m}) \tag{8-4}$$

停候区的面积应综合考虑非机动车平峰期和高峰期的需求后加以确定，面积大小与驶入的进口道左转非机动车周期到达流量和本进口道直行及左转非机动车周期到达流量有关。设计停候区所需面积的大小可由下式给出：

$$Area = n_{bl}^{(l)} \times r_b + 2 \times (L_f + h) \tag{8-5}$$

式中　$Area$—— 设计停候区所需面积($\text{m}^2$)；

$n_{bl}^{(l)}$—— 侧向进口道左转非机动车周期到达量(辆/周期)；

$r_b$—— 每辆非机动车停候时所需面积($\text{m}^2$/辆)。

实际确定设计停候区面积时，为保证非机动车通行的秩序和可靠性，在有条件的情况下设计停候面积应有一定的冗余。

### 8.3.2 改变习惯

1. 非机动车驾驶人过街规则改变

如图 8-30 所示，该进口非机动车左转二次过街模式下，非机动车不能在机动车左转相位通行，而是需要利用两次直行相位完成左转。非机动车驾驶人能否遵章行驶很大程度上影响着新模式的整体实施效果。相比传统模式，二次过街的绕行距离有所增加，等待时间变长，若非机动车驾驶人不能依照新规则行驶，则新模式就不能发挥出应有的效果。

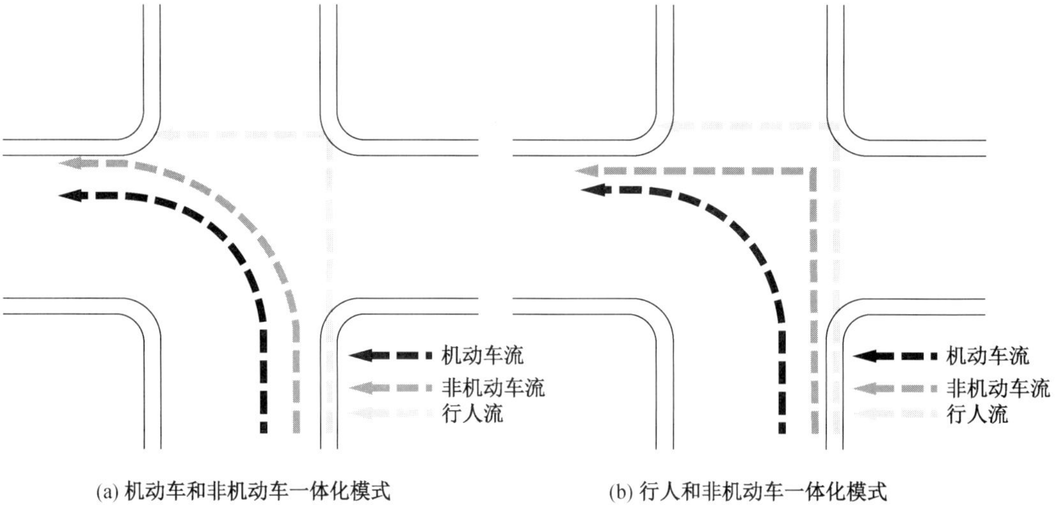


图 8-30 传统与新型过街方式示意图

2. 配套设施

采用非机动车左转二次过街模式的交叉口信号方案相比传统模式需要满足一定的要求：

(1) 各个进口机动车信号灯需要设置左转专用相位，左转机动车流不会与直行机动车流同时放行，避免左转机动车流与相交道路非机动车流通行发生冲突。

(2) 非机动车信号灯设置发生变化。非机动车与行人同规则通行，非机动车过街信号灯应取消左转信号，具体配时应根据非机动车流量、过街横道长度等计算获得，同时需要利用非机动车驾驶人最大等待时间等参数对机动车信号配时方案进行修正，与行人信号灯配合。

3. 非机动车过街逆行

传统模式下的非机动车通行规则与机动车相同，均是依照路段右行规则在交叉口内部通行。而在非机动车左转二次过街模式下，非机动车通行规则与行人相同，左转转化为两次直行通过。根据《中华人民共和国道路交通安全法》中对非机动车通行的规定可知，非机动车过街应下车推行。该法律未禁止行人逆向通行，也即非机动车可以逆向通行，因此某一流向的左转存在两种可替代路径，如图 8-31 所示，其中路径 2 会存在非机动车逆向通行的问题。通过以往观察发现，在非机动车过街过程中，违章骑行的比例较高，若非机动车中自行车与电动车同时存在，因为速度等运行特性差异带来的非机动车间、非机动车与行人间的冲突将更为明显。与此同时，新模式相比传统模式更需要注意逆行非机动车与顺行非机动车、行人间的冲突问题，若不加强对非机动车驾驶人的管理与监督，使其遵守正确的交通规则，新模式的优势可能会因慢行交通内部过街安全问题而大打折扣。

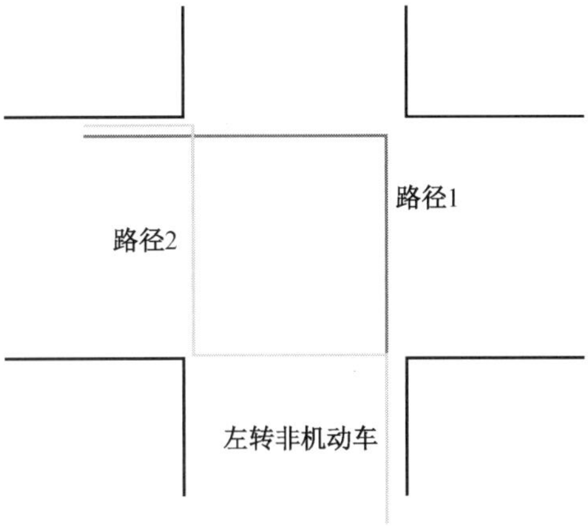


图 8-31　非机动车左转路径示意图

## 参考文献

[1] 杨晓光. 交通设计[M]. 北京：人民交通出版社，2010.

[2] 沈家军，王炜，陈学武. 城市道路交叉口混合交通流机动车与非机动车冲突概率[J]. 东南大学学报（自然科学版），2010，40(5)：1093-1096.

[3] 曾炎盛. 城市信号控制交叉口机非冲突机理研究[D]. 天津：天津大学，2012.

[4] 张水潮，贺康康. 路口左转混合非机动车流膨胀效应及机非冲突[J]. 宁波工程学院学报，2014(2)：7-11.

[5] 苏岳龙，魏铮，程思瀚，等. 信号交叉口右转机动车与行人和非机动车冲突研究[J]. 公路交通科技，2008，25(12)：157-161.

[6] 王涛，覃国峰，杨岸磊，等. 信控交叉口非机动车待行特性[J]. 山东交通学院学报，2016，24(3)：36-42.

# 第 9 章

# 大乱大治:行人专用相位

## 9.1　人车冲突

步行是所有出行方式中最节约资源的一种出行方式,它不仅是一种重要的短途交通方式,而且也是所有交通方式出行开始和结束不可或缺的组成部分。同时,就短途而言,步行亦是最符合可持续发展原则的交通模式。过街交通系统是步行交通系统中非常重要的部分,是步行交通品质决定性的影响因素之一。一方面,过街交通系统的品质影响着行人的绕行距离、延误时间和安全性;另一方面,由于涉及和其他方式竞争时空资源,过街交通对主线交通流量(尤其是机动车交通流)的运行效率有重要的影响。然而,实际上我国诸多城市,行人过街已经与交通拥堵和交通事故密切联系在一起。同时,行人过街或违章过街引发的交通拥堵也广受关注,“中国式过马路”一度成为热点话题。本节将从行人与转向车辆之间关系的角度,阐述人车冲突问题。

### 9.1.1　右转车是“乖孩子”

有学者通过观测杭州市典型交叉口行人过街横道处的 240 个绿灯周期的行人过街样本发现,因受右转车阻挡而减速或停止的人次所占比例达 30%。相关研究表明,对右转机动车进行信号控制后交叉口人-车事故率降低 60%。

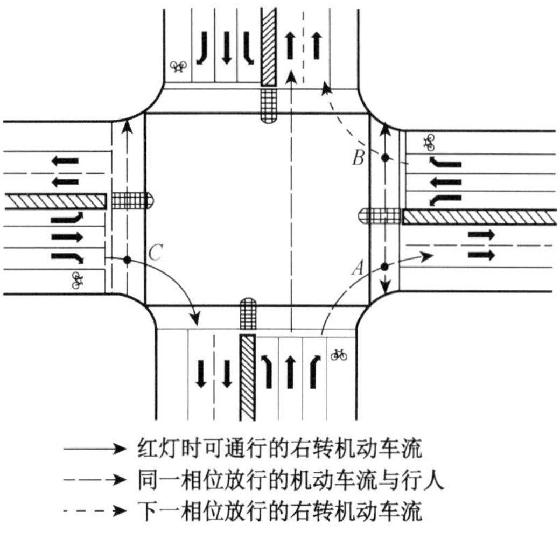


图 9-1　行人与右转机动车的冲突

在信号交叉口处行人与右转机动车的冲突主要有以下三种情况:

(1) 右转机动车与侧向行人同相位放行导致两者冲突,如图 9-1 中点 $A$;

(2) 绿灯末期过街或步速较慢的行人与下一相位右转机动车发生冲突,如图 9-1 中点 $B$;

(3) 允许右转机动车红灯时通行而导致的右转机动车与同进口过街行人的冲突,如图 9-1 中点 $C$。

可以看出,即使对右转机动车辆进行信号控制,仍然可能会发生右转机动车与行人之间的冲突。

### 9.1.2　左转也冲突

左转车与行人之间的冲突，根据是否有左转专用相位，主要分为两种情况：

(1) 若某进口道无左转专用相位：该进口道左转车流与直行车流同时放行，相交道路的行人利用直左相位完成过街，势必会与左转车流发生冲突，如图 9-2 的冲突点所示。

(2) 若某进口道有左转专用相位：相交道路的行人利用直行相位完成过街。当该进口为先直行后左转时，可能会出现步速较慢的行人未完全通过过街横道，与左转头车发生冲突。当该进口为先左转后直行时，可能会出现左转车流的尾车与绿灯初期步速较快的行人发生冲突。此情况下的冲突应根据左转车流和行人运行特征，通过合理的信号配时加以避免。

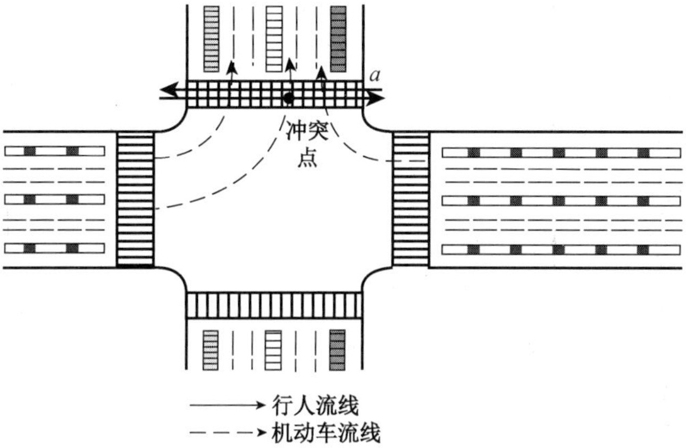


图 9-2　行人与左转机动车的冲突

## 9.2　人车分离

为了最大化减少人车冲突，可以从空间和时间上将行人与车辆进行分离。本节将从不同空间类型的过街设施，以及行人专用相位的信号控制方法上，介绍人车分离的相关措施。

### 9.2.1　不再同行

行人过街设施分立体过街设施(天桥、地道)和平面过街设施(行人过街横道)。通过行人过街横道来过街对行人而言既省力且方便，但不可避免地会与相冲突的交通流之间竞争通行时空资源，立体过街设施就是为了解决这一问题而引入的。早期在选择行人过街设施类型，即立体过街(天桥或地道)或平面过街(行人过街横道)时，主要考虑的因素包括以下几方面，详细内容可参见《城市人行天桥与人行地道技术规范》(CJJ 69—1995)：

(1) 道路性质：比如行人要通过的是铁路或快速路等高等级道路；

(2) 交通需求：比如交叉口或路段的过街行人流量、主线机动车流量；

(3) 特殊考虑：如特殊环境或道路线形下考虑交通安全设置立体过街等。

这些因素中，道路性质和特殊考虑部分的争议较少，但关于在什么样的交通需求下需要立体过街设施则观点各异。实际上，简单地以行人或机动车需求的绝对量判断是否需要设置立体过街设施并不科学。以交叉口为例，如果直行机动车需求较高，一般意味着直行的绿灯时间也较长，而在较长的直行机动车绿灯时间内嵌入行人过街相位并不会对机动车产生影响。同时，行人过街天桥的设计还必须考虑自行车过街需求。如果大量的自行车交通必须在地面过街，则设置天桥的必要性将大打折扣。因此，在 2011 年版的《城市道路交叉口规划规范》(GB 50647—2011)中，交通需求已经不再作为设置交叉口立体过街设施的依据。在设置立体过街设施时必须考虑公平性和弱势群体的需求。立体过街设施设置不当，会引起行人违章率的增加，进而降低整体通行效率和安全性，这与设置立体过街设施的初衷相悖。因此，在立体过街设施上设置行人扶梯(图 9-3)，或者设置立体过街设施的同时保留地面过街横道(图 9-4)，都是人性化的综合过街设计方案。

**图 9-3　过街天桥配置行人扶梯**

**图 9-4　立体与平面过街方式并存**

### 9.2.2　随地进入交叉口

除了立体过街设施可以将人车进行有效的空间分离外，配合行人专用相位的平面行人过街横道，也能够减少行人和机动车之间的干扰。

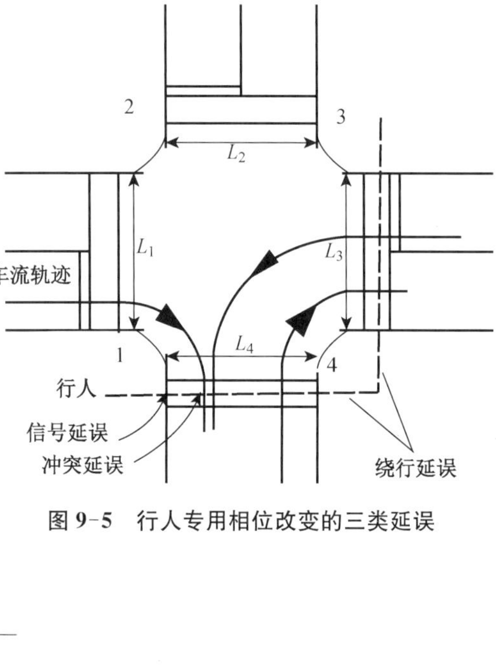


**图 9-5　行人专用相位改变的三类延误**

早在 20 世纪 50 年代，行人专用相位(Exclusive Pedestrian Phase, EPP)就被提出并应用于实践，以提升交叉口行人过街交通的品质。研究发现，在一些行人流量较大而机动车流量和速度较小的地方，设计行人专用相位可以降低 50% 冲突。行人专用相位一般设置在左转许可相位交叉口，其核心是通过彻底分离行人与机动车，特别是转弯机动车的通行时间，消除行人和机动车之间的相互影响。行人专用相位的设置会改变行人信号延误、绕行延误以及与机动车冲突引起的延误，如图 9-5 所示。

行人专用相位是用于解决行人与转弯车辆冲突的一种控制策略。行人流量只是设计行人专用相位的必要条件但不是充分条件。转弯车流流向流量以及沿对角线方向过街的人流量对设置行人专用相位的效益有重要影响。此处将行人专用相位分为单进口行人专用相位和交叉口行人专用相位两类:

(1) 单进口行人专用相位是指在该进口行人通行时,与其相冲突的车流禁行;反之,相冲突的机动车通行时,行人禁行。如图 9-6 所示,$A$ 进口行人专用相位里,$A$ 进口行人通行,而 $A$ 进口的直左右、$B$ 进口的右转、$C$ 进口的直行和 $D$ 进口的左转禁行。

(2) 交叉口行人专用相位为整个交叉口的行人专用相位,即交叉口 4 个进口的行人在一个独立的相位里同时通行,机动车全部禁行;反之,机动车通行时,所有流向的行人禁行。如图 9-7 所示,在交叉口行人专用相位里,4 个方向行人都允许通行。如设有对角线人行横道,对角线方向行人也允许通行,而 $A$, $B$, $C$, $D$ 这 4 个进口的机动车全部禁行。

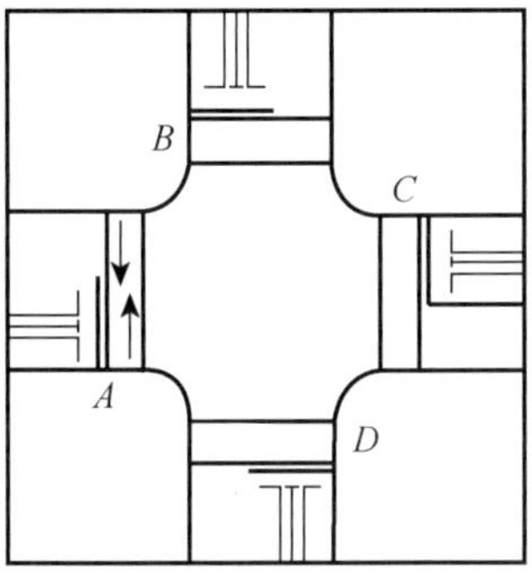


**图 9-6　单进口行人专用相位**

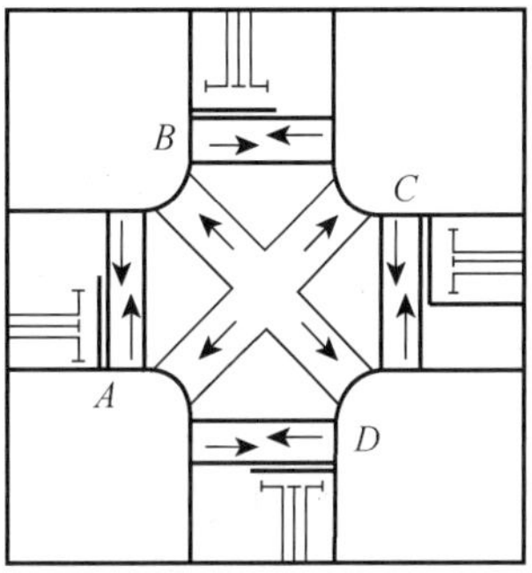


**图 9-7　交叉口行人专用相位**

行人专用相位的基本控制参数有两个,分别是行人过街最短绿灯时间和绿灯间隔。

1. 行人过街最短绿灯时间

行人过街最短绿灯时间取同一相位中人流量最大、横道长度最长的人行横道上行人过街最短绿灯时间。

2. 绿灯间隔

以常见的两相位信号控制交叉口为例,介绍行人-机动车间隔时间的计算模型。设置行人专用相位之后,计算方法相同,但需注意最不利的冲突点位置有所不同,应取最不利冲突点进行绿灯间隔的计算。

1) 机动车绿灯间隔时间

以确保本相位绿尾的最后一辆机动车与另一相位绿初时驶出的第一辆机动车在其冲突点处(图 9-8)安全交叉来确定此间隔。

按照我国现行的交通规则,黄灯信号启亮时,车辆制动后若越过停车线,仍可通过交叉口。所以,结合图 9-8 中冲突点的交叉过程,须满足以下条件:

对交通流运行比较有利的条件如式(9-1)所示,此条件下,相交车流的运行状态不发生改变。

$$t_j = t_z + t_w + t_x - (t_q + t_h) \tag{9-1}$$

式中　$t_z$—— 进口道中正常行驶车辆的制动时间(s),机动车辆的制动时间常取 2.0 s;

$t_w$—— 直行尾车由停车线驶至冲突点的行驶时间(s),由其行驶的距离和车速来

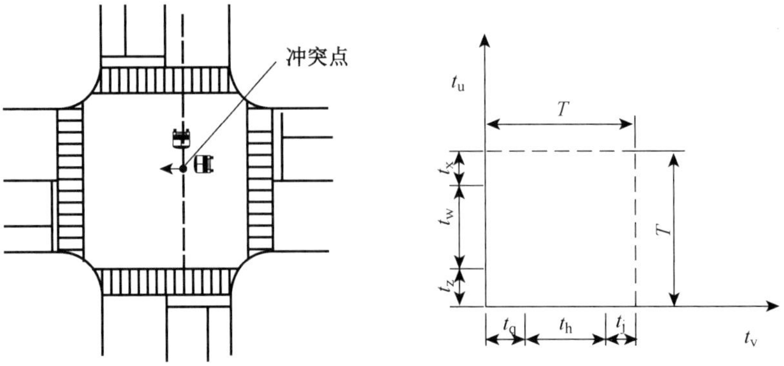


**图 9-8　相位交换时帆动车运行状态与参数关系图**

确定，

$t_w = \dfrac{S_c}{v}$，$S_c$ 和 $v$ 分别为直行尾车自停车线驶至冲突点的距离和速度；

$t_x$—— 车辆安全交叉的时间(s)，一般机动车之间的安全交叉时间为 5 s；

$t_j$—— 车辆绿灯间隔时间(包括黄灯时间)(s)；

$t_q$—— 车辆启动、反应时间(s)，机动车一般取 1.8～2.0 s(不受行人与非机动车交通影响)，与车型关系明显，当大型车比例较大时，可另行计算；

$t_h$—— 相交道路直行头车自停车线驶至冲突点所用时间(s)；取值由直行头车运行状态曲线确定。

2) 行人-机动车绿灯间隔时间

行人-机动车绿灯间隔时间计算示意图见图 9-9，为了避免人车冲突，绿间隔必须同时满足以下两个条件：

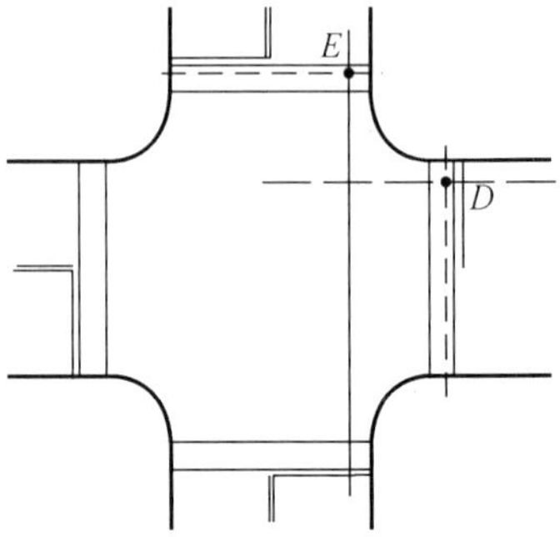


**图 9-9　行人-机动车绿灯间隔时间计算示意图**

(1) 绿灯尾期安全通过冲突点 $D$ 的条件：

$$t_\Delta + t_z + t_d \leqslant t_{j1} + t_n + t_s，即 \qquad (9\text{-}2)$$
$$t_{j1} \geqslant t_z + t_d + t_n - t_s + t_\Delta$$

式中　$t_d$—— 直行尾车由停车线驶过对面行人过街横道的时间(s)，由其行驶的距离和速度来确定，$t_d = \dfrac{S_D + d + l_c}{v}$，其中 $S_D$，$d$，$l_c$ 分别为停车线至对面行人过街横道的距离、行人过街横道宽度和车身长度；

$t_{j1}$—— 机动车安全通过冲突点 $D$ 的绿灯间隔时间(s)；

$t_n$—— 第一排行人的反应时间(s)，可近似于零；

$t_s$—— 相交道路行人自人行道路缘石边缘走至冲突点 $D$ 的时间(s)，可用 $l_d/v_1$ 计算，其中 $l_d$ 为人行道路缘石边缘至冲突点 $D$ 的距离，$v_1$ 为步行速度，可取 1.2 m/s；

$t_\Delta$—— 安全间隔时间(s)，建议取 1 s。

若仅考虑机动车与行人的冲突，则绿灯间隔时间 $t_{j1}$ 可近似于：

$$t_{j1} \geqslant 3 + \frac{S_D + d + l_c}{v_j} - \frac{l_d}{v_1} \tag{9-3}$$

(2) 绿灯尾期安全通过冲突点 $E$ 的条件:

$$t_y \leqslant t_{j2} + t_t + t_q, \text{即} \\ t_{j2} \geqslant t_y - t_t - t_q \tag{9-4}$$

式中　$t_y$—— 本向行人沿着过街横道走过与车辆产生冲突的车道的时间(s),可用 $t_y = \frac{l_e + l_k}{v_1}$,其中 $l_e$ 为人行道路缘石边缘至对面产生冲突车道的距离,$l_k$ 为产生冲突的车道的总宽度;

$t_{j2}$—— 车辆安全通过冲突点 $E$ 的绿灯间隔时间(s);

$t_t$—— 车辆自紧邻的停车线驶至点 $E$ 的时间(s),可近似于零。

有关 EPP 模式的选择和设计研究主要基于安全和效率两方面。许多研究认为,EPP 能够提升安全性,因为机动车和行人之间的冲突点被消除。这一模式在小城镇的运用被认为是充分发挥了安全效益,但在大城市,并不认为是有效的,因为行人流量较小。在基于效率的研究中,一个争论点认为,EPP 需要更长的周期,进而导致机动车和行人延误的增加。EPP 模式在高机动车流量且行人过街活动非常重要的情况下是有效的,由于 EPP 模式中转向交通不会受到行人过街的影响,其通行能力会有一定的提升。但直行车流和行人延误相比二次过街(Two-Way Crossing, TWC)模式会显著增加。同时,EPP 模式允许行人通过过街横道一次完成任意两点间的过街,从这点来说会减小行人过街距离。

## 9.3　设定目标

### 9.3.1　人车冲突的严重性

目前,在城市道路信号控制交叉口处,通常存在着大量的过街行人流与右转机动车流,行人在过街时就会与右转机动车发生对于时间、空间资源的争夺,由于右转机动车车速、轨迹都可能连续发生显著变化,在交叉口内部行人与右转车辆的冲突发生率极高,易造成信号控制交叉口的交通安全隐患。相关研究数据显示,2012 年中国行人事故死亡人数近6 万人,占所有交通事故死亡人数的 1/4,行人事故受伤人数占所有交通事故受伤人数的近1/5。其中,80%的行人事故发生在交叉口。可以说,大多数行人事故都是行人与车辆冲突所致。

### 9.3.2　如何对待人车冲突

为了进一步优化,考虑安全、效率指标,在行人相位 EPP 和 TWC 两种模式下建立量化标准。通过对行人车辆的冲突和事故数进行安全效益建模分析,通过对行人延误(包括由于信号控制、冲突、绕行产生的延误)进行运行效率建模分析。安全和效率指标均被转化为经济指标,对行人相位模式和最优的交叉口信号配时方案进行同时优化。

行人流量、机动车流量和转向比例是 3 个影响模式选择结果的因素。从图 9-10(a)可以看出,随着机动车和行人流量的增加,EPP 和 TWC 模式的总花费提升,当行人流量大于

500 ped/h，机动车流量大于 900 pcu/h 时，TWC 模式花费超过 EPP 模式，应选择 EPP 模式。图 9-10(b)表示两种模式的适用范围。当流量处于虚线的右上部分时，应采用 EPP 模式，当流量处于左下区域时，应采用 TWC 模式。

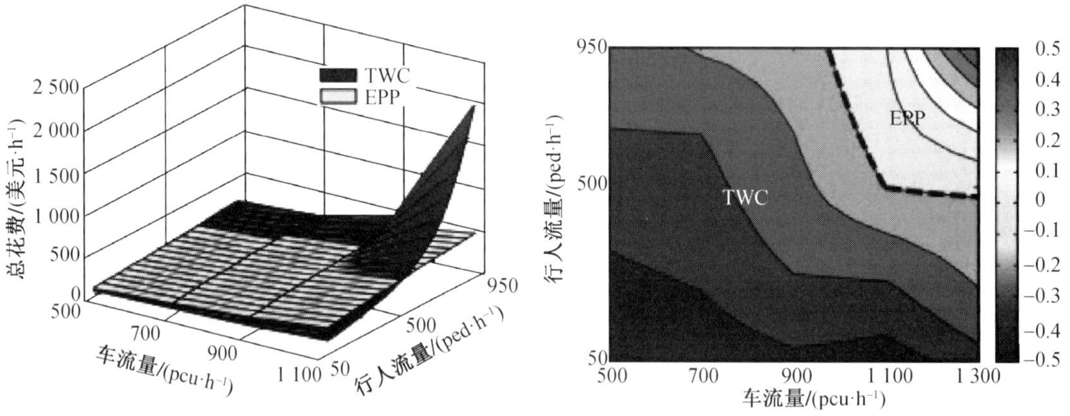


(a) 总花费比较　　(b) 交通流量对两种模式的适用范围(转向比例为 0.3)

**图 9-10　行人和机动车流量的影响**

图 9-11(a)反映的是行人流量和机动车转向比例对 EPP、TWC 模式的选择影响。当行人流量和机动车转向比例较低时，EPP 模式花费高于 TWC 模式，随着二者的增加，TWC 模式花费的增加将迅速超过 EPP 模式。图 9-11(b)为 EPP、TWC 模式关于行人流量和转向比例的适用范围。当处于右上区域时选择 EPP 模式，处于左下区域时选择 TWC 模式。

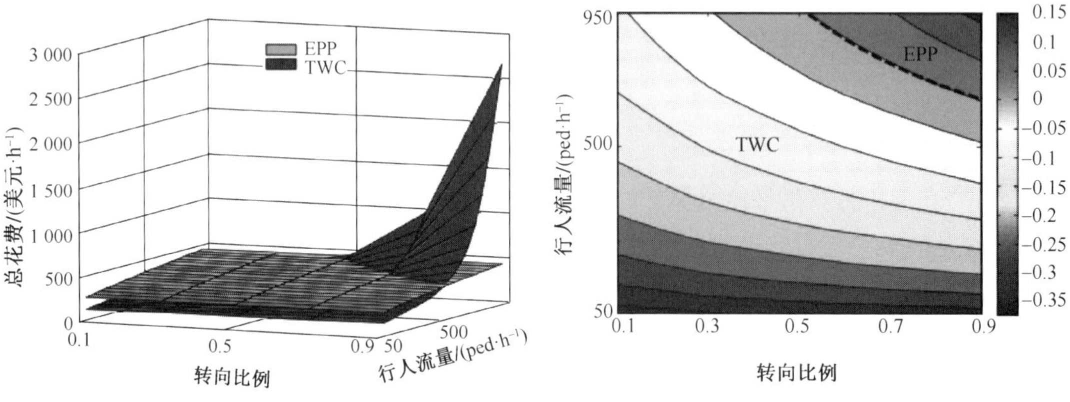


(a) 总花费比较　　(b) 行人流量和转向比例对两种模式的适用范围(交通流量为 500 pcu/h)

**图 9-11　行人流量和机动车转向比例的影响**

## 9.3.3　行人不一定安全

EPP 模式消除了转向车辆和行人的冲突，尤其是对于右转机动车流量和行人流量较高的交叉口来说，EPP 模式可以减小二者冲突，提升右转车道通行能力，降低行人延误。但该模式需要额外的行人相位及更长的行人清空时间，因而也可能造成直行转向车流以及行人更长的等待时间。越长的延误可能会导致更低的行人忍耐度，进而影响到交叉口安全。

对于 TWC 模式,通过设置行人专用控制信号,也能够达到较好效果。以往的研究表明:行人和非机动车交通流与机动车交通流相比,绿灯启亮后所保持的饱和状态时间较短,而绿初时饱和状态出现的时刻较早,因此可以有效地运用包括"早起""早断"等控制方式在内的多相位控制,改变过去那种单一的两相位控制方式。

设置行人专用控制信号,意味着机动车信号不必再为满足行人交通需要而设置较长的绿间隔。行人专用信号灯的运转可以不与机动车信号灯同步,机动车通行信号采用"早起""迟断",行人专用控制信号则采用"迟起""早断"方式运转,相应的绿间隔可确定如下:

$$\Delta t_1 = t_{j1} - t_j \tag{9-5}$$

$$\Delta t_2 = t_{j2} - t_j \tag{9-6}$$

式中 $\Delta t_1$—— 机动车"早起" 与行人"迟起" 信号的间隔(s);

$\Delta t_2$—— 行人"早断" 与机动车"迟断" 信号的间隔(s),可设置绿闪,其意义与黄灯相同,此时已走出人行道路缘石的可以继续过街,未走出路缘石的停止前进。

设置行人专用控制信号的通行方式如图 9-12 所示(以东西流向为例)。此法不损失机动车的绿灯时间,虽然行人可通过的绿灯时间较不设专用信号时略短,但换取的是安全过街时间。应强调的是每周期行人过交叉口的绿灯时间既应满足其最小过街时间(由机动车道宽度和行人步行速度决定)的要求,又应满足其通行能力的需要。

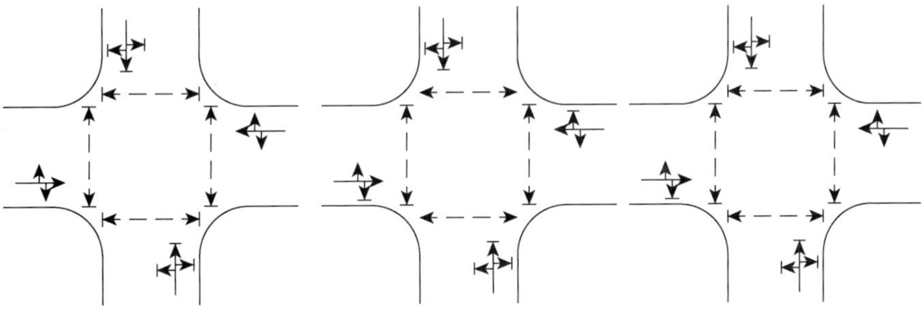


**图 9-12 设置行人专用控制信号的通行方式**

## 参考文献

[1] 马万经.城市道路平面行人过街交通设计与控制理论研究[D].上海:同济大学,2004.

[2] 陈亦新,贺玉龙,孙小端,等.行人干扰对左转车流速度和加速规律影响及量化[J].交通运输系统工程与信息,2015,15(1):198-204.

[3] 马万经.行人过街交通系统优化设计[J].交通与港航,2016,3(4):19-23.

[4] 杨晓光,陈白磊,彭国雄.行人交通控制信号设置方法研究[J].中国公路学报,2001,14(1):73-76.

[5] 杨晓光,马万经,林瑜.两相位信号控制交叉口行人专用相位设置条件研究[J].公路交通科技,2005,22(1):127-131.

[6] 尉明丽.无左转专用相位交叉口左转交通流冲突特性研究[D].长春:吉林大学,2015.

[7] 杨琦,卢杨,汪利利,等.信号交叉口行人过街形式适用性分析[J].中国公路学报,2014,27(10):93-100.

[8] 倪颖,李克平.信号交叉口行人与右转机动车冲突的处理[J].交通信息与安全,2007,25(1):22-26.

[9] 陈永恒,尉明丽,曲昭伟,等.信号交叉口左转车干扰下的行人过街特性[J].吉林大学学报(工),2015,

45(1):62-67.
[10] 张晓玮. 信号控制交叉口行人与右转车辆的冲突研究[D]. 成都:西南交通大学,2016.
[11] MA W, LIAO D, LIU Y, et al. Optimization of pedestrian phase patterns and signal timings for isolated intersection[J]. Transportation Research Part C, 2015, 58:502-514.
[12] MA W, LIU Y, HEAD K L. Optimization of pedestrian phase patterns at signalized intersections: a multi-objective approach[J]. Journal of Advanced Transportation, 2015, 48(8):1138-1152.

# 第 10 章

# 继往开来:研究总结与展望

## 10.1 推陈出新

本节对全书所打破的常规、提出的新型方法进行了总结,同时探讨了对待新事物、从理论转向实践时需要注意的问题,以及辩证看待革新、辩证看待适用性的相关问题。

### 10.1.1 突破了哪些“常规”?

本书中所介绍的各种城市道路交叉口非常规解决方案中,突破了一些设计中存在局限性的“常规”情况,以获得更好的实施效果。

(1) 非机动车处理:除了与机动车同一通行规则,根据慢行交通一体化的理念,在适当条件下推荐左转二次过街模式;

(2) 行人过街处理:除了常规的行人二次过街形式,引入了不同类型的行人过街横道和立体过街设施,还可以采用配合行人专用信号相位的设计;

(3) 机动车左转处理:相对于传统的设置左转相位与左转车道,引入动态出口控制、左转待行区、左转绕行、双向左转车道等方式;

(4) 交叉口空间动态利用:相比于交叉口车道功能固定、进出口车道位置固定的常规设计,本书引入了预信号动态控制、动态出口左转车道的控制方法,实现交叉口空间动态利用;

(5) 交叉口间断流处理:除了调整信号方案尽可能减少周期损失时间,提升交通流的连续性,还引入了带有预交叉口的连续流交叉口设计。

### 10.1.2 有哪些“新”?

本节将对本书中提到的各种新方法进行简要总结和回顾。

(1) 第 2 章:为了避免常规交叉口中左转车流对交叉口运行的严重干扰,采用连续流交叉口这一新型设计形式,本章介绍了该方式的基本设计概念、交通组织设计、几何设计以及对应的信号控制设计。

(2) 第 3 章:为了提高进口道的使用效率,采用了“串联系统”形式的排阵式信号交叉口的设计方法,介绍并分析了该类交叉口的车流运行特征、交叉口通行情况,并针对其空间划分、通行能力、控制方式等进行了分析和讨论。

(3) 第 4 章:为了缓解交叉口矛盾集中带来的问题,采用禁左使得左转车辆通过绕行的方式完成转向的方法,针对不同绕行形式进行介绍,从设置形式、延误计算和相关设计参数确定方法上进行了讨论。

(4) 第 5 章:为了让交叉口空间利用率得到提高,采用出口道动态控制的方法深度分析出口道动态控制所需的时间和空间,利用包括在信号周期中的时机以及交叉口几何设计的空间,来完成出口道动态控制的设置和运行。

(5) 第 6 章:为了对交叉口内部区域空间进行充分利用,采用左转待行区的交通组织方式,介绍了不同待行区的形式、通行规则、几何尺寸,以及信号相位类型对实施效果的影响。

(6) 第 7 章:为了避免车辆从出入口进入主要道路穿越困难的问题,采用"双向左转车道"这一共用车道的组织方式,介绍了共用车道的使用条件、各种几何尺寸的设计规则等。

(7) 第 8 章:为了改善混合行驶导致的交通混乱状况,采用慢行交通(行人、非机动车交通)一体化通行、左转非机动车二次过街的设计方式,介绍了这种模式针对机动车、非机动车和行人的空间设计要点。

(8) 第 9 章:为了最大化减少交叉口人车冲突,采用了行人专用相位的设置方法,介绍了设计的基本概念、基本控制参数的确定方法,并从安全和效率上进行了讨论。

### 10.1.3 对待新事物的方法

本书中所提出的各种新型设计方法,打破了传统的设计思路,并且从理论上进行了充分的论证,得到了理想的优化效果。但是,从理论设计方法到实际工程实施,二者间存在较大的差距,在实际实施过程中,需要根据实际情况和出行者的习惯对理论方法进行辩证的审核,结合实际进行合理的改造利用。

通过理论设计指导实际建设后,也应充分重视实施后的效果,及时了解出行者在新的设计模式下的使用情况。根据这些反馈,对设计进行进一步的修正,这不仅有利于实际运行的秩序和效率,也能够为进一步优化理论研究提供思路和数据。

### 10.1.4 造反未必有理

本书在介绍各种新型设计方法的同时,对新方法可能存在的弊端也进行了客观的讨论。由此可见,新方法虽然有其积极作用,但可能带来的负面影响也不容忽视。新方法在提高了某一方面效益的同时,往往可能会对其他方面造成不利的影响。

在这种情况下,一方面明确优化目标,采用不同的优化方法去减少负面影响;另一方面,每种新方法都有一定的适用范围,根据实际情况去判断是否适用,权衡利弊,有舍有得,以实现总体效益最大化。任何解决方案都有其固有的适用条件,若不考虑适用条件,盲目运用新型设计方法,只会适得其反。

## 10.2 "事在为人"

交通系统是一个复杂动态的综合系统,为了提高交通系统的整体效益,需要去完善优化各种设计方法,尝试突破与创新,核心的目的都是为了交通参与者——社会大众。

### 10.2.1 本源是为了服务人

当交通系统的通行效率得到提升后,人均出行延误会有所降低,人们的出行也会更加便捷、高效,从而降低出行的时间成本。当交通系统的秩序得到保障后,交通事故发生率和严重程度也会进一步降低，从而为交通出行者提供一个安全的出行环境，使得人们在使用交通系统设施的时候能够更加放心。无论是常规还是新型的交通设计，其本源目的都是为了更好地服务于交通系统的使用者。任何设计都应该从服务人的角度出发去优化和完善。

### 10.2.2　由使用者当裁判

对于新方法的实施，应当建立和健全相关的交通评价体系。交通评价体系指标的选取应当考虑全面，不仅仅是从管理者的角度去解决问题，更应该从使用者的角度去进行评价，关注使用者的反馈。

此外，也需要充分重视使用者的个人感受和体验，考虑多样化的使用群体，例如对道路交通环境熟悉程度不同的本地人和外来人口。不同用户对于实施效果的评价差异应得到重视，交通系统面向的是各个群体，新的方法是否在各个群体中具有普适性这一问题值得探讨，对于带来的问题也应当即时采取对应的措施规避。

一个新方法实施初期并不会立马获得较高的效益，随着不断使用、不断完善，使用者的使用习惯逐步养成，其效益也会不断加强，达到理想的效果，如图 10-1 所示。

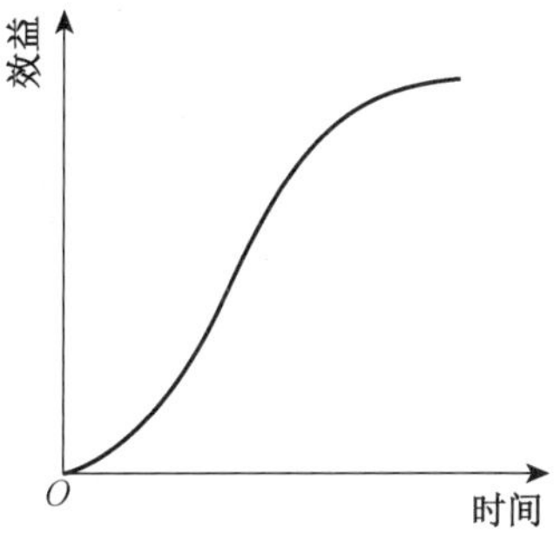


图 10-1　效益曲线

## 10.3　技术变革

随着科技的快速发展，新的技术不断应用在交通设计的改善上，本节将从多源信息采集和自动驾驶环境两方面进行展望，讨论这些新技术在交通设计应用中的前景。

### 10.3.1　有足够的信息之后

多源交通数据是指从交通现场通过数据采集设备获取的种类和来源多样的交通信息数据，是交通运行状况监测、交通运营管理、交通运行效率提升等方面科研与实践工作的数据基础。从数据种类上看，常见的多源交通数据主要分为道路沿线交通气象数据和交通状态数据两大类。交通气象数据指道路气象变化数据，如风、雨、雪、冰、能见度、温湿度等；交通状态数据可细分为交通组成数据与交通流数据两大类。其中，交通组成数据反映了车辆的型号和车辆占用道路资源的比例情况，交通流数据则主要包括车流量、车速、占有率、车长等。多源交通数据采集是现代交通信息系统的重要组成元素，对于交通信息化管理具有非常重要的作用。

车联网是以车内网、车际网和车载移动互联网为基础，按照约定的通信协议和数据交互标准，在车与车、车辆与互联网之间，进行无线通信和信息交换，以实现智能交通管理控制、车辆智能化控制和智能动态信息服务的一体化网络，车联网是物联网在智能交通系统领域的延伸。

车联网下的交通管理方式将车作为主要管理对象，以车作为信息节点，把接入系统的每辆汽车都作为信息感知源，再通过无线通信手段连接到网络中，将汽车和通信进行融合，从而实现对车辆的大规模统一管理。

车联网能够实现对入网所有车辆的属性信息和动、静态信息进行实时查询和利用，并根据不同需求对整个网络内的车辆主动实施信息共享、智能化管理和控制，为用户提供实时准确的车辆信息、路况信息、车辆位置信息和路径诱导。

多源信息采集获取手段成熟后，大大丰富了交通数据信息，能够从各个方面实时感知、精准预测交通状态，并且将这些信息运用到实际的交通规划、设计、管理和控制中。在车联网环境下，这些信息可以实现有效的传播，对车辆进行有效的诱导控制，进而取得更好的实施效果。

### 10.3.2 当车可以自动驾驶

自动驾驶汽车概念的提出始于 20 世纪，21 世纪初呈现出接近实用化的趋势。根据中国汽车工业协会已经起草了的智能网联汽车(Intelligent Connected Vehicles, ICV)定义，自动驾驶汽车是指：搭载先进的车载传感器、控制器、执行器等装置，并融合现代通信与网络技术，实现车与 X(人、车、路和后台等)的智能信息交换，具备复杂环境感知、智能决策、协同控制与执行等功能，可实现"安全、舒适、节能、高效"行驶，最终实现替代人来操作的新一代汽车。按其自动化驾驶程度，该类车辆通常有 6 个等级分类。按 2014 年美国汽车工程师协会(Society of Automotive Engineers, SAE)在美国高速公路安全管理局(National Highway Traffic Safety Administration, NHTSA)所提出的自动驾驶汽车智能化等级水平划分的基础上所发布的 SAEJ3016 标准，自动驾驶分为 6 个级别：

级别 0：完全无自动，即驾驶人需要完全掌控车辆。

级别 1：驾驶辅助，是指装有防抱死刹车和定速巡航等装置的汽车，这些装置可以接管驾驶中一些非关键性的操作，今天的汽车基本上都处于这一级别。

级别 2：部分自动化，自动驾驶系统可以在特定的情形下接管控制汽车，需要驾驶人随时监控系统，适用于高速公路，汽车可以在高速公路上自动驾驶。

级别 3：有条件自动化，驾驶人不必一直监视系统，不需要一直把手放在方向盘上，但要处于随时能够接管操作系统的状态，系统识别到紧急情况并发出警报时，驾驶人需要马上接管。

级别 4：高度自动化，当汽车能够自动停车就达到级别 4 了。这一等级的自动驾驶汽车在特定的使用情形下或旅途的某一段路上，完全不需要驾驶人操作，该阶段意味着环境设施及路段也应趋于规范化、标准化。

级别 5：完全自动化，系统能在整个旅程中自动处理所有的情况，完全不需要人的介入，这也意味着坐在车上的人并没有选择的余地。

各种新的道路交通设计方法将会颠覆传统，甚至在自动驾驶环境中，可以对车辆进行准确有效的控制。因而，新型道路设计方法将不仅有利于提升机动车驾驶模式，提升道路交通安全水平，还能协助建立更高效的道路交通体系。

## 参考文献

[1] 周户星. 车联网环境下交通信息采集与处理方法研究[D]. 长春：吉林大学，2013.
[2] 张林杰. 多源交通数据自动化采集与处理系统研发[D]. 西安：长安大学，2015.
[3] 吴云强. 关于自动驾驶车辆有关问题的思考[J]. 中国公共安全：学术版，2017(1)：103-104.